Meine Kräuterküche

GABRIELE KURZ

Meine Kräuterküche

Wiese, Garten und Balkon –
über 100 vegetarische Rezepte
mit überraschenden Aromen

Mit Fotos von Barbara Lutterbeck

LUDWIG

Bildnachweis:
Alle Innenfotos von Barbara Lutterbeck bis auf
S. 159/188 (Knoblauchrauke) © iStockphoto
S. 187 (Ingwer) © Matthias Krüger/panthermedia
S. 187 (Duftjasmin) © Angela Kail/panthermedia
S. 189 (Orangenbaum) © Angelika Zöllner/panthermedia
S. 190 (Wiesenbocksbart) © Rainer Lobinger/panthermedia

Verlagsgruppe Random House FSC-DEU-0100
Das FSC-zertifizierte Papier für dieses Buch
OpusPraximatt von Condat liefert Deutsche Papier.

Copyright © 2010 by Ludwig Verlag, München,
in der Verlagsgruppe Random House GmbH
Umschlaggestaltung: Eisele Grafik-Design, München
Umschlagfoto: Kay Blaschke, München
Satz und Layout: Matthias Reinhard Grafik-Design, Nürnberg
Litho: dietner, PrePrint-Produktion, München
Druck und Bindung: Mohn media Mohndruck GmbH, Gütersloh
Printed in Germany 2010
ISBN 978-3-453-28001-4

www.ludwig-verlag.de

Inhalt

Vorwort 7

Der Fenstergarten 8

Kräuter konservieren 10

Fensterbank und Balkon 12

Kräuter im Garten 48

Garten und Beet 52

Wilde Kräuter und Blüten 124

Wald und Wiese 128

Grundrezepte 184

Kleines Lexikon der Kräuter und Wildpflanzen 186

Rezeptregister 191

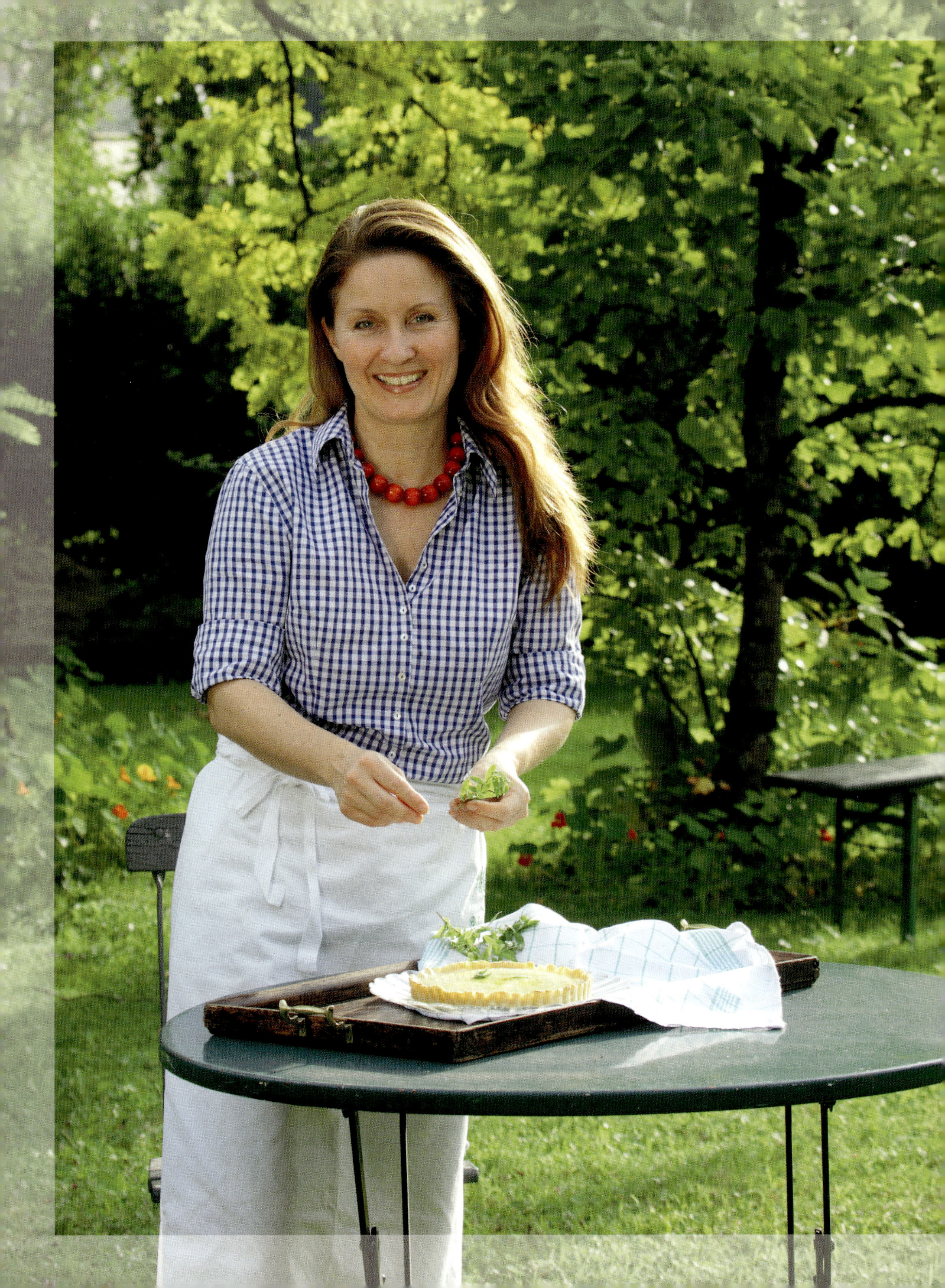

Vorwort

Kräuter begleiten mich seit frühester Kindheit. Aufgewachsen bin ich in einer der schönsten Gegenden Bayerns, dem Berchtesgadener Land. Der eigene Gemüsegarten war immer unmittelbar beim Haus. Und rundum Wälder und Bergwiesen voller aromatischer Kräuter. Die Natur ist da ganz selbstverständlicher Teil des täglichen Lebens.

Als Kind habe ich alles, was draußen wuchs, neugierig und spielerisch erkundet: Was passiert, wenn man dieses Blatt oder jene Blume in einem Wasserglas mit den Fingern zerreibt? Manche sind schleimig wie der Schnittlauch, manche duften intensiv und eigentümlich wie die Blätter des Holunderstrauchs. Tolle Farbnuancen im Wasser zaubern die zerriebenen Blüten der Geranien aus dem Balkonkasten... Meine Mutter sagt, sie konnte mich, ausgerüstet mit ein paar Wassergläsern, stundenlang allein im Garten spielen lassen, als ich noch klein war.

Die ganze Familie hat genüsslich davon profitiert, dass wir einige passionierte Sammler und Gärtner unter uns hatten. Junge Brennnesselspitzen vom Waldrand wurden zu unvergleichlich gutem Brennnesselspinat verarbeitet, lauwarmer bayerischer Kartoffelsalat, gewürzt mit Brunnenkresse, frisch aus dem nahe gelegenen Bach, die unentbehrlichen Schnittlauchstöcke im Garten, die jedes einfache Butterbrot adeln. So was prägt und fasziniert nachhaltig.

Mittlerweile sind Wild- und Kulturkräuter auch aus der professionellen Küche nicht mehr wegzudenken. Besonders meine Küche ist ohne all diese Kräuter schlichtweg unvorstellbar. Je frischer, umso besser: Am liebsten schneide ich sie unmittelbar vor Gebrauch ab. Dazu braucht man entweder eine sehr naturnahe Lage, beim Haus einen Kräutergarten oder zumindest Küchenpflanzen in Töpfen.

Es ist ein Privileg, dass ich sogar in Dubai für das Restaurant *Magnolia* im *Resort Madinat Jumeirah* einen eigenen Kräutergarten habe – in einem Wüstenklima, wo es im Sommer für ein paar Monate so heiß ist, dass man es sehr geschickt anstellen muss, wenn man nicht buchstäblich auf dem Trockenen sitzen will.

Damit möchte ich Ihnen, geschätzte Leser, vor allem eines auf die spannende kulinarische Reise in das Gebiet der aromatischen Kräuter und Blüten mitgeben:
Möglichkeiten gibt es überall, man muss sie nur finden und nutzen. In diesem Sinne wünsche ich Ihnen viel Freude beim Gärtnern, Sammeln, Kochen und Genießen.

Herzlich Ihre

Gabriele Kurz

Dubai, im März 2010

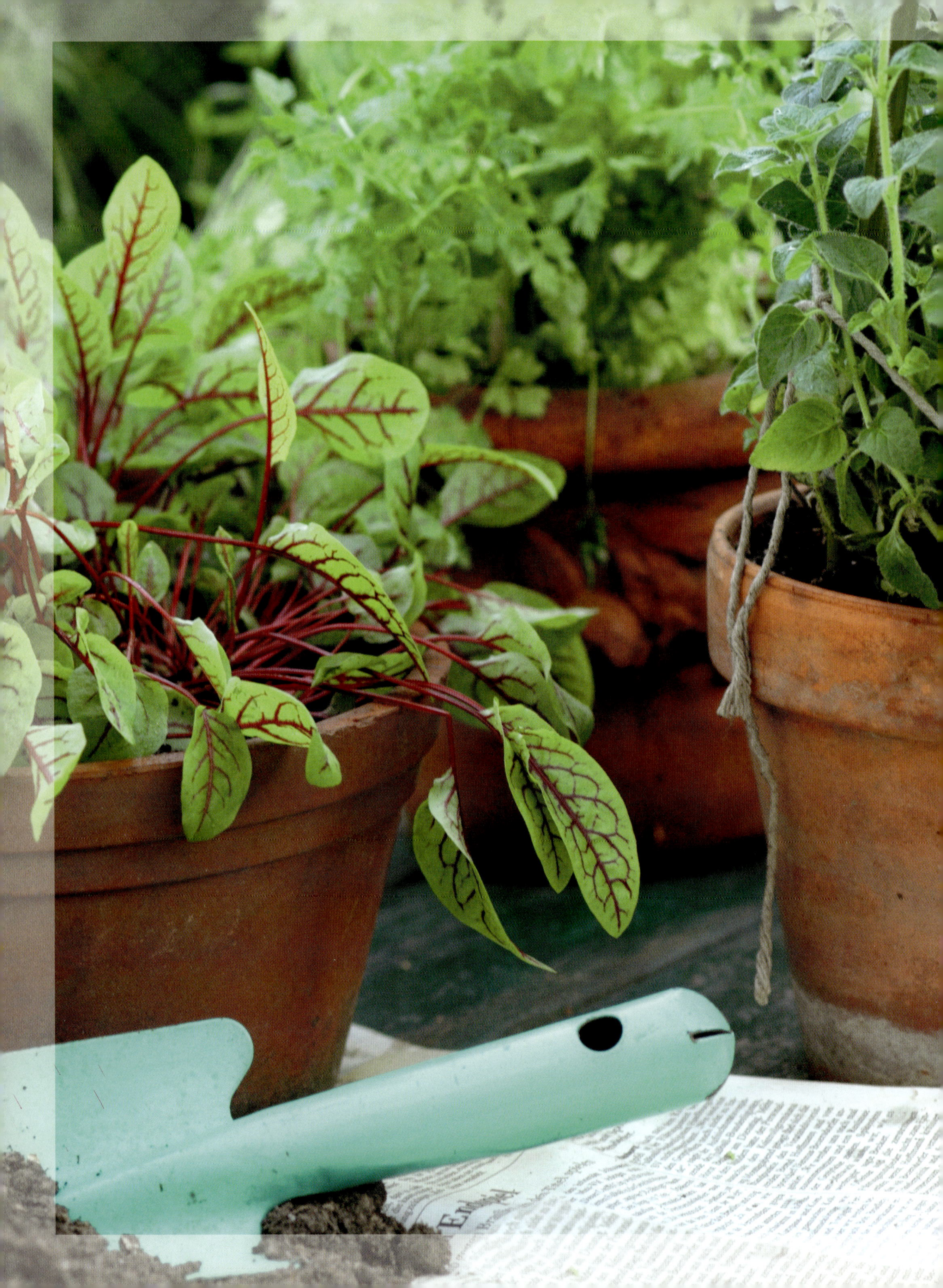
Endspiel

Der Fenstergarten

Möglichkeiten gibt es überall. Beginnen wir da, wo sie besonders begrenzt erscheinen: Für vieles genügt ganz einfach eine Fensterbank.
Im Winter, wenn die Gärten zugefroren und schneebedeckt sind, ist für mich die ideale Zeit, um meinen Fenstergarten anzulegen und Sprossen und Keime zu ziehen. In meiner Küche stehen dann aufgereiht verschiedene Gläser mit Alfalfa- und Radieschensprossen, gekeimten Kichererbsen, angekeimten Nüssen und vielem mehr – für Salate oder aufs Butterbrot. Ein Hochgenuss! Und außerdem sind diese sogenannten Living foods eine Vitamin- und Energiequelle von allerbester Qualität.

Sprossen ziehen

Sprossen ziehen können Sie aus vielen Samen. Dazu verwende ich am liebsten Gläser mit aufschraubbarem Siebdeckel (sogenannte Keimgläser), die es im Biofachhandel zu kaufen gibt. Sie geben einfach zwei bis drei Esslöffel der Samen in ein Keimglas (Fassungsvermögen 500 ml), füllen mit kaltem Wasser auf und lassen die Samen sechs bis zehn Stunden einweichen. Danach gießen Sie das Wasser durch den Siebdeckel ab. Lassen Sie die Samen nun ohne Wasser bei Licht und Raumtemperatur zwei bis drei Tage keimen und spülen Sie sie zweimal täglich gut durch. Die Sprossen sind bereits nach ein bis drei Tagen verzehrfertig, je nachdem, ob Sie es lieber gerade eben angekeimt oder mit mehr Grün haben möchten. Alfalfasprossen schmecken frisch und grasig, Radieschen eher scharf, Rauke würzig, Brokkoli mild und krautig, Mungobohnen grün und saftig, Kichererbsen nussig und mehlig. Nüsse wie Mandeln, Haselnüsse oder Sonnenblumenkerne keime ich nur einen Tag an und verwende sie, sobald sie knackig und saftig aufgequollen sind.

Kräuter in Töpfen

Am Fenster grünt in Töpfen üppig Petersilie, Schnittlauch, Kerbel, Rosmarin, Thymian, Estragon, Salbei, Dill, Zitronenverbene, Melisse, Bohnenkraut, Rauke, Majoran, Basilikum, Ysop, Pfefferminze, Koriander, Lorbeer, Aloe vera ... eine Augenweide und unverzichtbare Küchenhelfer! In der wärmeren Jahreszeit können die Kräuter von der Fensterbank nach draußen umgesiedelt werden und begrünen den Balkon oder Garten. Rosen, Malven, Kapuzinerkresse, Borretsch, Ringelblumen, Lavendel, Glockenblumen, Nachtkerzen und Duftgeranien bereichern dann das Bild mit fröhlichen Farbtupfern und erweitern den kulinarischen Radius mit ihren blumigen Aromen. Frischer geht's kaum!

Kräuter konservieren

Ich gebe zu, am besten schmecken die meisten Kräuter, wenn sie Saison haben. Und doch freue ich mich im Winter über alles, was ich im Frühjahr, Sommer und Herbst gesammelt und entweder getrocknet, eingefroren oder in Öl, Essig und Honig konserviert habe. So manche Schätze sind darunter wie der kostbare Fichtenwipfelhonig, Fliederessig, Veilchenhonig, gefrorene Kornelkirschen und Holunderbeeren …

Zum **Lufttrocknen** eignen sich alle aromatischen Teekräuter und einige wenige Küchenkräuter. Dazu erntet man sie an einem schönen, trockenen Tag und breitet sie luftig an einem kühlen, trockenen Ort großzügig auf Tüchern oder Pergamentpapier aus. Ich wende die Kräuter zweimal täglich, und nach zwei Tagen rascheln sie bereits beim Anfassen. Dann ist es Zeit, sie bis zur weiteren Verwendung in luftdichte Gläser zu verpacken.

Für Tee: Alle Zitronenkräuter, Pfefferminze, Schlüsselblume, Ringelblume, Holunderblüte und Holunderbeere, Mädesüß, Kamille, Veilchen, Malvenblüten, Gänseblümchen, Rose, Lavendel, Salbei, Brennnessel, Rosmarin.

Küchenkräuter: Oregano, Lorbeer, Wacholder, Berberitze, Kornelkirsche.

Räuchern: Eine Tradition, die in meiner bayerischen Heimat gleichermaßen gewürdigt wird wie in den Arabischen Emiraten, wenn auch auf ganz unterschiedliche Weise. Ich mag es sehr, wenn verschiedene balsamische Räucherdüfte durch den Raum schweben. Zum Räuchern verwende ich folgende Kräuter: Wacholder, Rosmarin, Salbei, Minze, Kamille, Rose, Lorbeer, Oregano, Holunderblüte, Mädesüß, Lavendel.

Eine ganz einfache und wirkungsvolle Methode ist es, **Kräuter und Blüten einzulegen**. So lassen sich ihre Aromen in Honig, Essig oder Öl einfangen und erhalten. Dazu erntet man die Blüten und Kräuter an einem schönen, trockenen Tag, gibt sie in ein verschließbares Glas und füllt mit Öl, Essig oder Honig auf. Das Glas fest verschließen, mindestens vier Wochen ruhen lassen und längstens ein Jahr aufheben.

Tiefkühlen ist nicht unbedingt mein Lieblingsverfahren, um Kräuter zu konservieren, aber ich sorge so für einen üppigen Vorrat an verschiedenen selteneren Beeren und Früchten, wie Holunderbeeren, Kornelkirschen, Berberitzen und Schlehen.

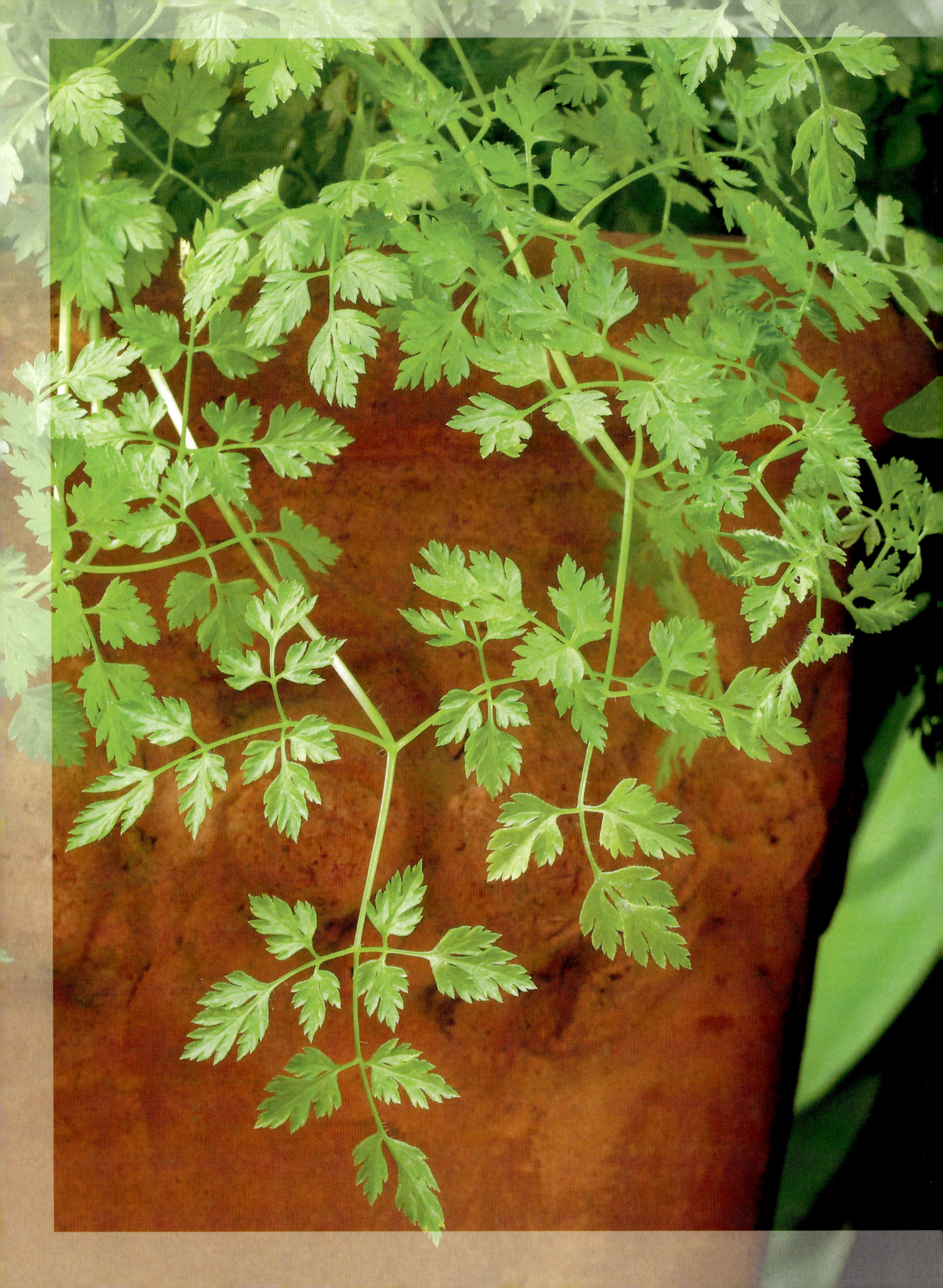

Fensterbank und Balkon

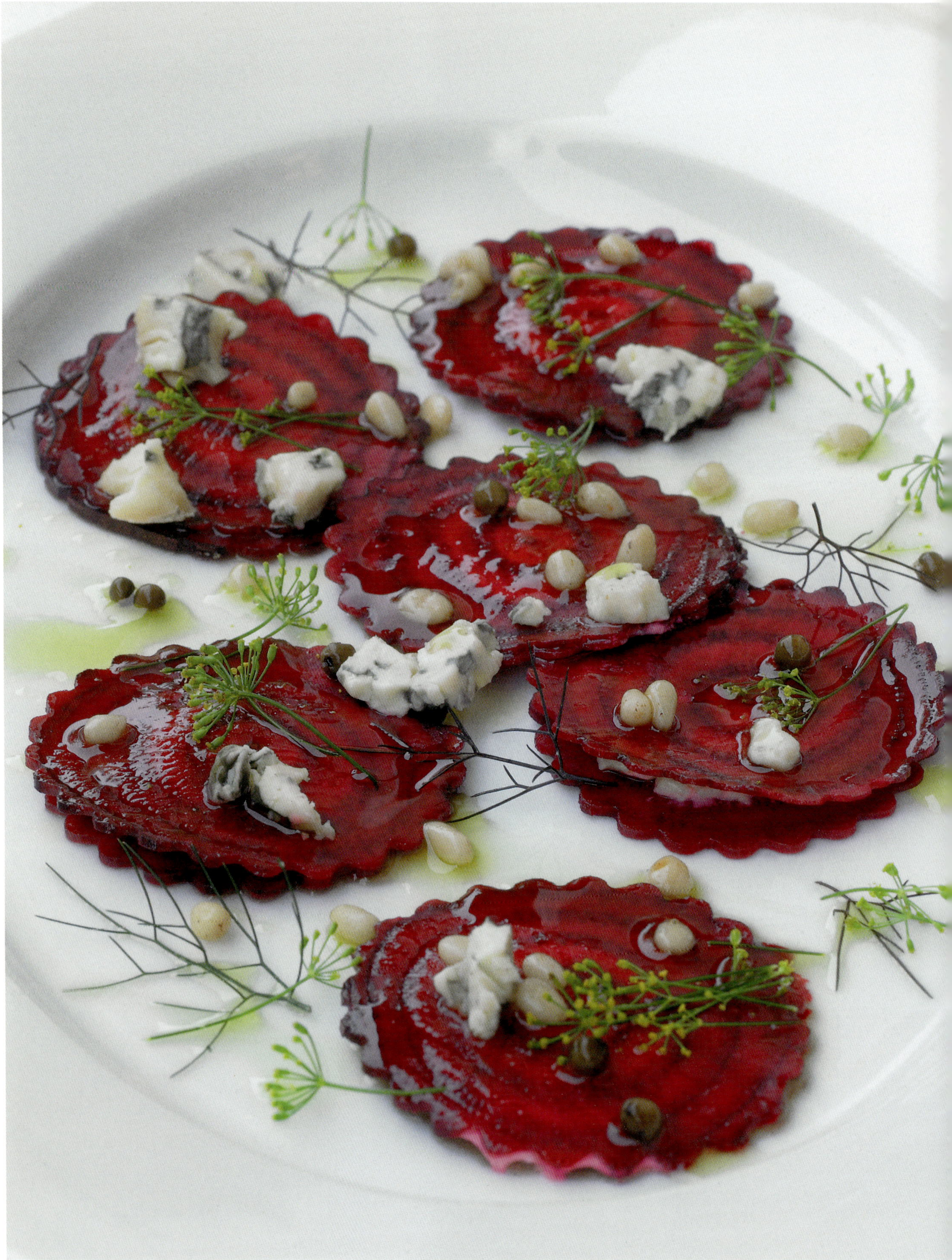

Rohe Rote-Bete-Ravioli
mit Dill und grünem Pfeffer

■ Den Meerrettich waschen und beiseitelegen. Den Dill waschen und trocknen. Die Blüten verlesen. Die Hälfte der Dillspitzen abzupfen, den Rest grob schneiden. Die Zitrone waschen und trocken reiben, etwas Schale dünn abreiben und den Saft auspressen.

■ Für das Dillöl die geschnittenen Dillblätter mit dem Olivenöl, 1 Spritzer Zitronensaft und etwas Salz im Mixer glatt pürieren. Die Mischung durch ein mit einem sauberen Tuch ausgelegten Sieb passieren. Das Tuch gut ausdrücken.

■ Die Rote Bete waschen und mit der Aufschnittmaschine oder auf dem Gemüsehobel in 40 hauchdünne Scheiben schneiden. Die Scheiben mit einem runden Ausstecher so groß wie möglich ausstechen, mit dem restlichen Zitronensaft und etwas Salz 10 Min. marinieren.

■ Inzwischen die Schalotte schälen und in kleine Würfel schneiden. Die Pinienkerne in einer trockenen Pfanne goldgelb rösten. Sauerrahm und Crème fraîche verrühren, die Schalotte und wenig Zitronenschale unterrühren. Die Sauerrahm-Mischung leicht salzen.

■ Auf 20 Rote-Bete-Rondellen je 1 Häufchen Sauerrahm-Mischung geben und darauf eine zweite Rondelle legen. Die Ravioli auf Vorspeisentellern anrichten und mit grünem Pfeffer, Pinienkernen, Dillblättern und -blüten bestreuen. Mit etwa 2 EL Dillöl beträufeln. Den Fourme d'Ambert darüberbröckeln und etwas Meerrettich darüberreiben.

Zutaten für 4 Portionen:

1 kleines Stück frischer Meerrettich
1 Bund Dill (möglichst mit Blüten)
1 Bio-Zitrone
80 ml Olivenöl
Kristallsalz
1 große Rote Bete
1 Schalotte
2 EL Pinienkerne
2 EL Sauerrahm
4 EL Crème fraîche
2 EL grüne Pfefferkörner
30 g Fourme d'Ambert (kräftig aromatischer Blauschimmelkäse)

Zubereitungszeit: 25 Min.

Tipp: Übriges Dillöl können Sie im Kühlschrank 1 Woche aufheben. Das würzige Öl können Sie beliebig mit anderen aromatischen Kräutern zubereiten, beispielsweise mit Schnittlauch, Petersilie oder Rauke.

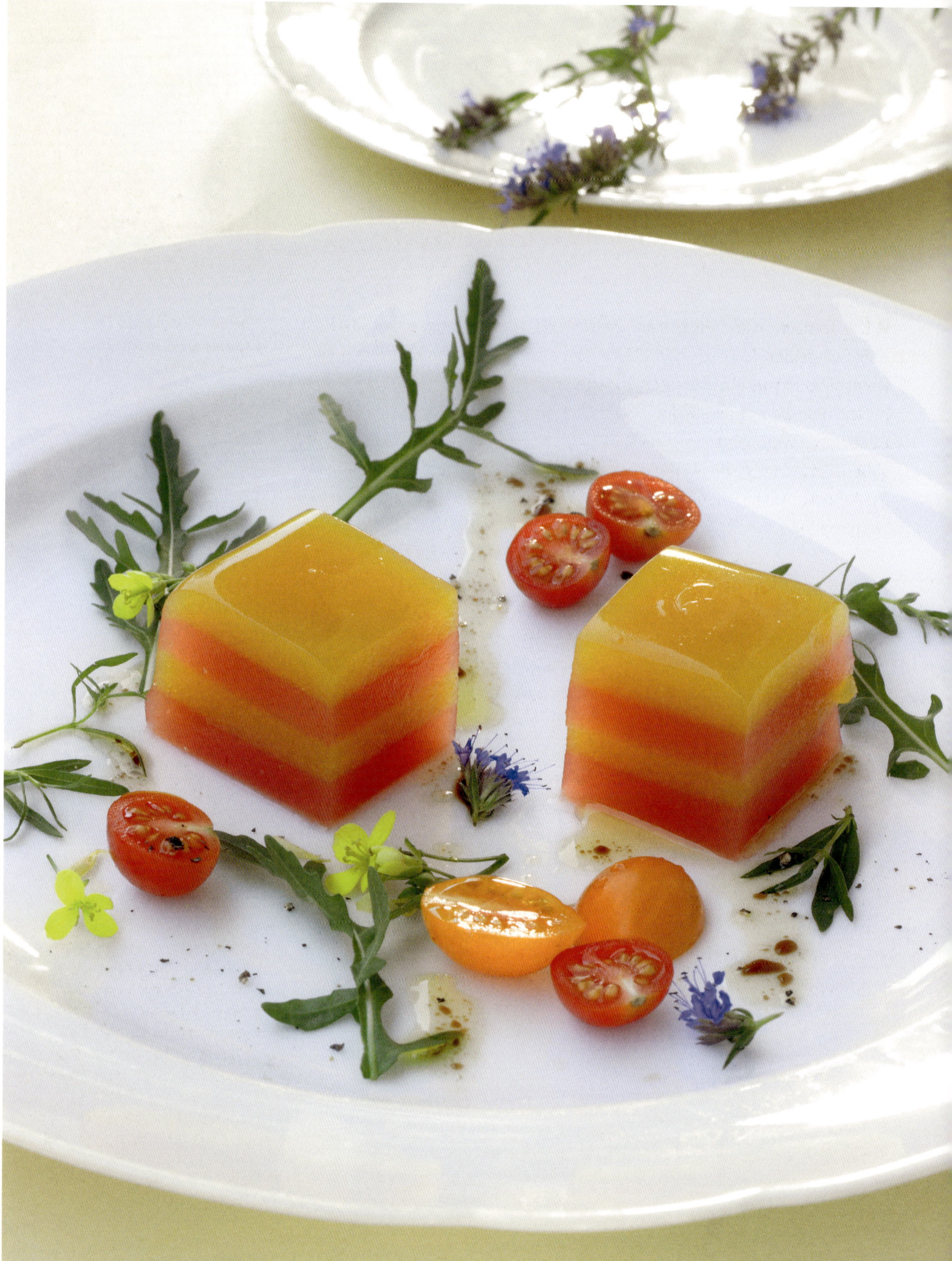

Tomatenterrine mit Raukesalat und Ysop-Vinaigrette

■ Die Tomaten waschen, trocken reiben und die Stielansätze herausschneiden. Die gelben Tomaten mit 125 ml Gemüsetee pürieren und durch ein feines Sieb passieren. Die roten Tomaten mit 125 ml Gemüsetee ebenfalls pürieren und durch ein feines Sieb passieren. Beide Flüssigkeiten abmessen. Es sollten jeweils genau 250 ml sein. Gegebenenfalls noch Gemüsetee dazugeben. Rote und gelbe Tomatenflüssigkeit separat mit jeweils 1 gestrichenen TL Agar-Agar aufkochen lassen. Dann jeweils mit Salz abschmecken und warm halten.

■ Eine Kasten- oder Terrinenform mit Klarsichtfolie auskleiden. So viel rote Tomatenflüssigkeit einfüllen, dass der Boden der Form etwa 3–5 mm hoch bedeckt ist. Die Flüssigkeit kalt stellen, bis sich eine tragfähige Haut an der Oberfläche gebildet hat (Fingerprobe machen). Dann die gleiche Menge gut warme gelbe Tomatenflüssigkeit vorsichtig darauflöffeln und wieder kalt stellen, bis sich eine Haut gebildet hat. Das Schichten so lange wiederholen, bis alles aufgebraucht ist. Die Terrine 2 Std. kalt stellen.

■ Rauke und Ysop waschen und trocknen. Die Raukeblätter verlesen. Die Ysopblätter fein schneiden. Die Blüten beiseitelegen. Den Knoblauch schälen und mit wenig Salz fein zerdrücken. Für die Vinaigrette den Knoblauch, geschnittenen Ysop, Essig, Honig und Olivenöl verrühren. Die Raukeblätter darin wenden. Die Terrine aus der Form stürzen und die Klarsichtfolie abziehen. Die Terrine in Würfel (ca. 5 x 5 cm) schneiden, mit Salat und Ysopblüten anrichten.

Zutaten für 1 Kasten- oder Terrinenform (750 ml Inhalt):

Für die Terrine:
3 reife rote Tomaten
3 reife gelbe Tomaten
250 ml Gemüsetee (Rezept Seite 184)
2 gestr. TL Agar-Agar
Kristallsalz

Für den Salat:
80 g Raukeblätter
4 Stängel Ysop (möglichst mit Blüten)
½ Knoblauchzehe
Kristallsalz
4 EL Balsamico
1 Msp. Akazienhonig
7 EL Olivenöl

Zubereitungszeit: 25 Min.
Kühlzeit: 2 Std.

Beim Schichten ist es wichtig, dass die Flüssigkeit der jeweils nächsten Schicht gut warm ist, damit sie sich mit der jeweils unteren verbindet. Das erfordert ein wenig Fingerspitzengefühl und Übung. Jedoch keine Angst, das Einzige, was passieren kann, ist, dass die Terrine am Ende beim Aufschneiden nicht exakt gestreift, sondern marmoriert ist.

Olivenbeignets
mit Zitronenthymian

Zutaten für 20 Stück:

50 g ungeschälte Mandeln
1 Bund Zitronenthymian
2 Eiweiß
1 Prise Kristallsalz
schwarzer Pfeffer
20 ml Bratöl
20 grüne Oliven ohne Stein

Zubereitungszeit: 15 Min.

■ Die Mandeln in einer trockenen Pfanne rösten und im Blitzhacker fein mahlen. Die gemahlenen Mandeln auf einem Teller etwas abkühlen lassen. Inzwischen den Thymian waschen, trocknen und etwa 20 stabile Zweige beiseitelegen. Die restlichen Thymianblätter abzupfen.

■ Die Eiweiße mit dem Salz steif schlagen. Mit etwas Pfeffer würzen und die abgezupften Thymianblätter unter den Eischnee ziehen. Das Bratöl in einer Pfanne erhitzen. Die Oliven erst im Eischnee, dann in den Mandeln wenden und im heißen Bratöl ausbacken, bis sie knusprig sind. Herausnehmen und auf Küchenpapier abtropfen lassen. Jede Olive auf einen kleinen Zweig Zitronenthymian spießen und zum Aperitif servieren.

Gefüllte Datteln
im Salbeimantel

■ Die Datteln so halbieren, dass die Hälften nicht getrennt werden, und entkernen. Die Walnusskerne grob hacken. Die Zwiebel schälen und in kleine Würfel schneiden.

■ 2 EL Olivenöl erhitzen, Zwiebel und Walnüsse darin anschwitzen, bis die Zwiebel glasig ist. Mit Salz und Pfeffer abschmecken. Die Salbeiblätter waschen und trocknen. Die Zwiebel-Nuss-Masse in die Datteln füllen. Jede Dattel mit einem Salbeiblatt umwickeln und mit einem Spießchen feststecken. Kurz vor dem Servieren 3 EL Olivenöl erhitzen und die Datteln darin in 2–3 Min. knusprig braten.

Zutaten für 4 Portionen:

20 große braune Datteln (frisch oder getrocknet)
30 g Walnusskerne
1 Zwiebel
5 EL Olivenöl
Kristallsalz
schwarzer Pfeffer
20 große Salbeiblätter
kleine Holz- oder Bambusspießchen

Zubereitungszeit: 20 Min.

Tipp: Es gibt unzählige Möglichkeiten zum Füllen meiner geliebten Datteln. Manchmal fülle ich sie mit Gorgonzola und schiebe sie unter den Grill. Oder ich fülle sie einfach mit Kichererbsenpüree (Rezept Seite 59).

FENSTERBANK UND BALKON

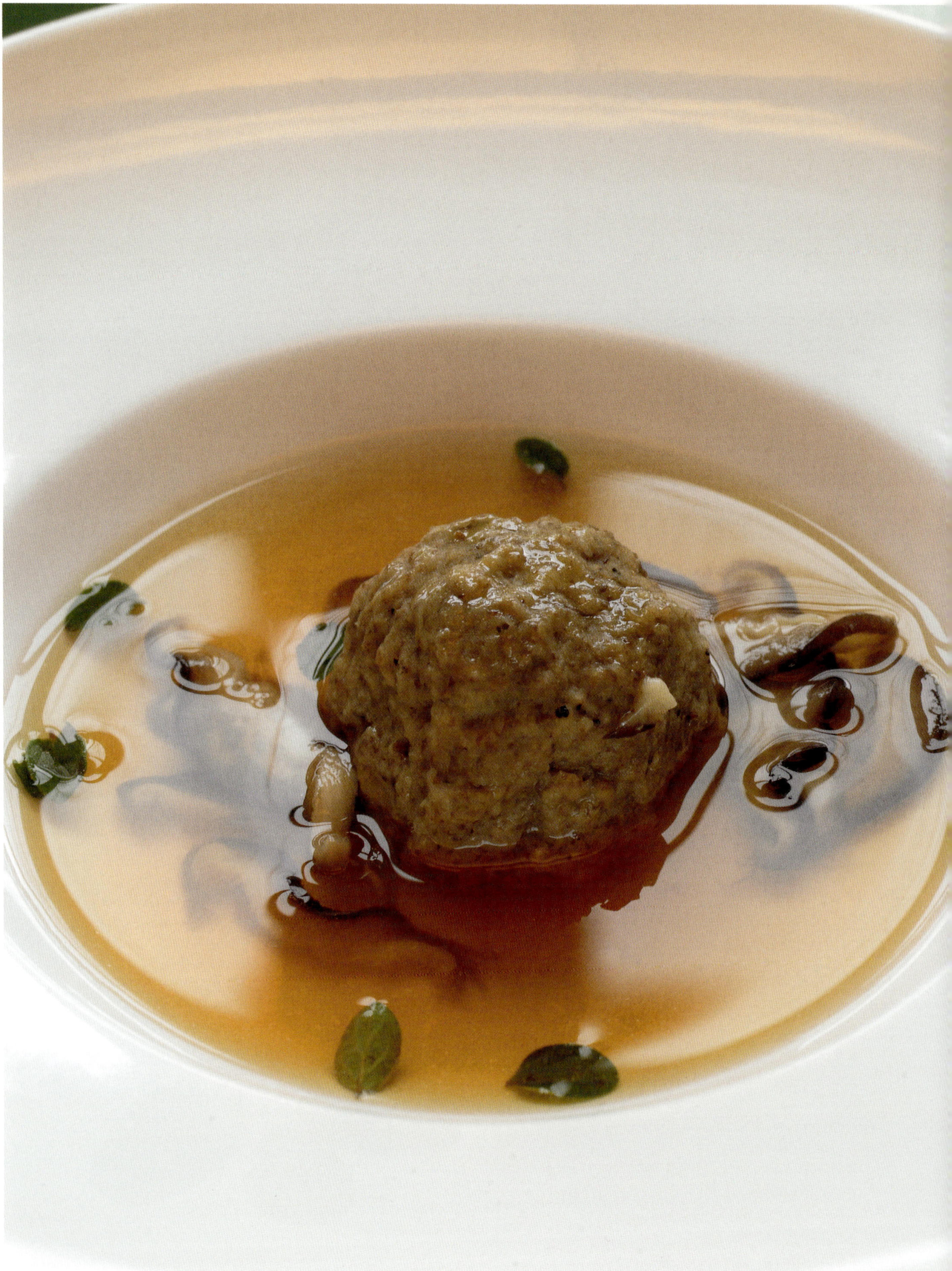

Linsenknödel
in aromatischer Pilzessenz
mit Majoran oder wildem Oregano

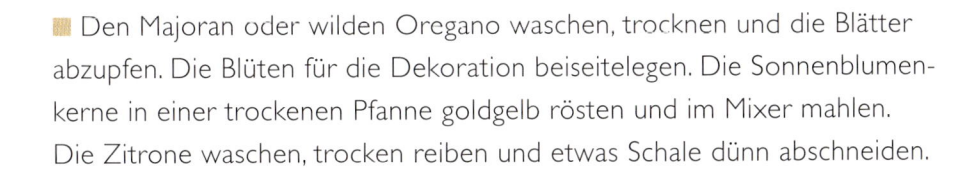

▪ Den Majoran oder wilden Oregano waschen, trocknen und die Blätter abzupfen. Die Blüten für die Dekoration beiseitelegen. Die Sonnenblumenkerne in einer trockenen Pfanne goldgelb rösten und im Mixer mahlen. Die Zitrone waschen, trocken reiben und etwas Schale dünn abschneiden.

▪ Die Zwiebeln schälen. 1 Zwiebel mit Nelken und Lorbeerblatt spicken. Den Gemüsetee mit der gespickten Zwiebel und den Linsen aufkochen und zugedeckt bei kleiner Hitze 30 Min. ausquellen lassen.

▪ Die restliche Zwiebel in Würfel schneiden. Das Olivenöl erhitzen, die Zwiebel darin glasig anschwitzen. Die Hälfte der Majoran- oder Oreganoblätter und die Semmelbrösel dazugeben und kurz mitschmoren.

▪ Die noch heißen Linsen mit Butter, Ei, Sojasauce, Salz und Pfeffer in den Mixer geben und pürieren. Die Zwiebel-Brösel-Mischung, Sonnenblumenkerne und etwas Zitronenschale unter die pürierten Linsen mischen. Aus der Masse mit nassen Händen 12 Knödel (ca. 3 cm Ø) formen. Die Knödel in einen Dämpfeinsatz geben und über Dampf 10 Min. garen.

▪ Für die Pilzessenz die Shiitakepilze entstielen und die Pilzköpfe in Streifen schneiden. Den Gemüsetee aufkochen und die Pilze darin bei kleiner Hitze 15 Min. köcheln lassen. Die Essenz mit Salz und Pfeffer abschmecken und kurz vor dem Servieren die Oreganoblüten hineinstreuen. Die Pilzessenz mit den Knödeln anrichten.

Zutaten für 4 Portionen:

Für die Knödel:
1 Bund Majoran oder wilder Oregano (Dost) mit Blüten
30 g Sonnenblumenkerne
1 Bio-Zitrone
2 Zwiebeln
3 Nelken
1 Lorbeerblatt
500 ml Gemüsetee (Rezept Seite 184)
200 g braune Linsen
3 EL Olivenöl
80 g Vollkornsemmelbrösel
20 g Butter
1 Ei
1 EL Sojasauce
Kristallsalz
schwarzer Pfeffer

Für die Essenz:
150 g Shiitakepilze
750 ml Gemüsetee (Rezept Seite 184)
Kristallsalz
schwarzer Pfeffer

Zubereitungszeit: 55 Min.

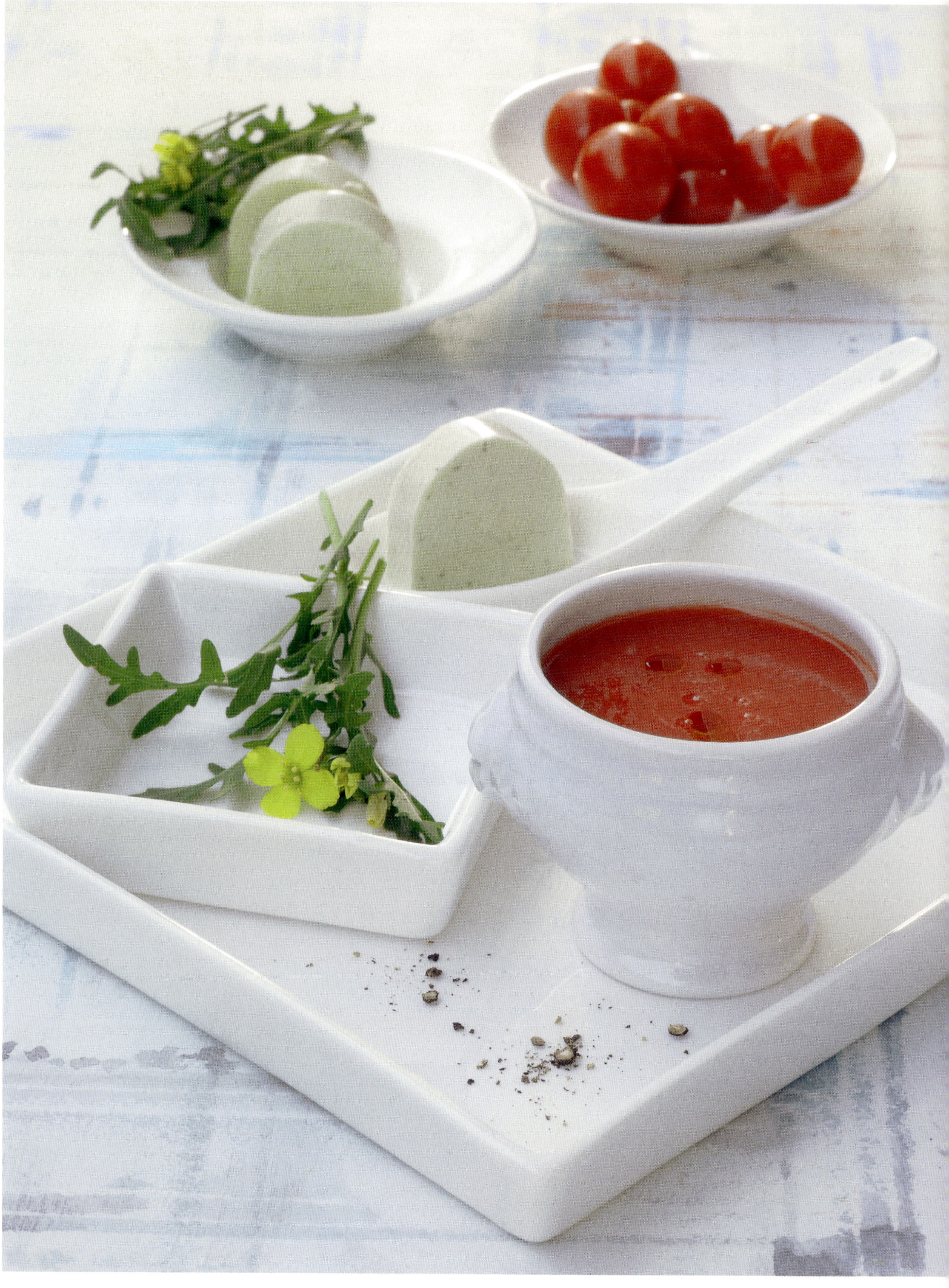

Tomatenkaltschale mit Rauketerrine und Raukeblüten

■ Für die Terrine die Raukeblätter waschen, verlesen, trocknen und klein schneiden. Das Olivenöl erhitzen, zwei Drittel der Blätter darin sehr kurz braten. Die Sahne in einem kleinen Topf erhitzen, die gebratenen Raukeblätter dazugeben und mit dem Pürierstab pürieren.

■ Die Sahne durch ein Sieb passieren und auffangen, dann mit Agar-Agar noch einmal kurz aufkochen lassen. Mit Salz und Pfeffer abschmecken. Die restlichen rohen Raukeblätter unterrühren. Die Terrinenform mit Klarsichtfolie auskleiden, die Raukesahne einfüllen und 2 Std. kalt stellen.

■ Für die Kaltschale die Tomaten waschen, die Stielansätze herausschneiden und die Tomaten vierteln. Die Zwiebel und den Knoblauch schälen und in grobe Stücke schneiden. Die Karotte waschen, putzen und in grobe Stücke schneiden. Rosmarin und Liebstöckel waschen und trocknen. Den Gemüsetee aufkochen lassen. Tomaten, Zwiebel, Knoblauch, Karotte und Kräuter dazugeben und das Gemüse 15 Min. garen, bis es weich ist.

■ Die Tomatenmischung im Mixer pürieren und durch ein feines Sieb passieren. Die Suppe mit Zitronensaft, Honig, Salz und Pfeffer abschmecken und 2 Std. kalt stellen.

■ Die Tomatenkaltschale in Suppenteller oder kleine Suppenterrinen verteilen. Die Terrine aus der Form stürzen. Die Klarsichtfolie ablösen, die Terrine in Scheiben schneiden und in die Kaltschale legen oder extra dazu reichen. Mit ein paar Tropfen Olivenöl und Raukeblüten garnieren und servieren.

Zutaten für 1 Terrinenform (25–30 cm Länge):

Für die Terrine:
200 g Raukeblätter
3 EL Olivenöl
250 ml Sahne
1 gestr. TL Agar-Agar
Kristallsalz
Pfeffer

Für die Kaltschale:
6 reife Tomaten
1 Zwiebel
1 Knoblauchzehe
1 kleine Karotte
1 Zweig Rosmarin
1 Zweig Liebstöckel
500 ml Gemüsetee
  (Rezept Seite 184)
1 TL Zitronensaft
1 Msp. Akazienhonig
Kristallsalz
Pfeffer
1 EL Olivenöl zum
  Beträufeln
einige Raukeblüten für die
  Dekoration (ersatzweise
  Brokkoli- oder Ringel-
  blumenblüten)

Zubereitungszeit: 35 Min.
Kühlzeit: 2 Std.

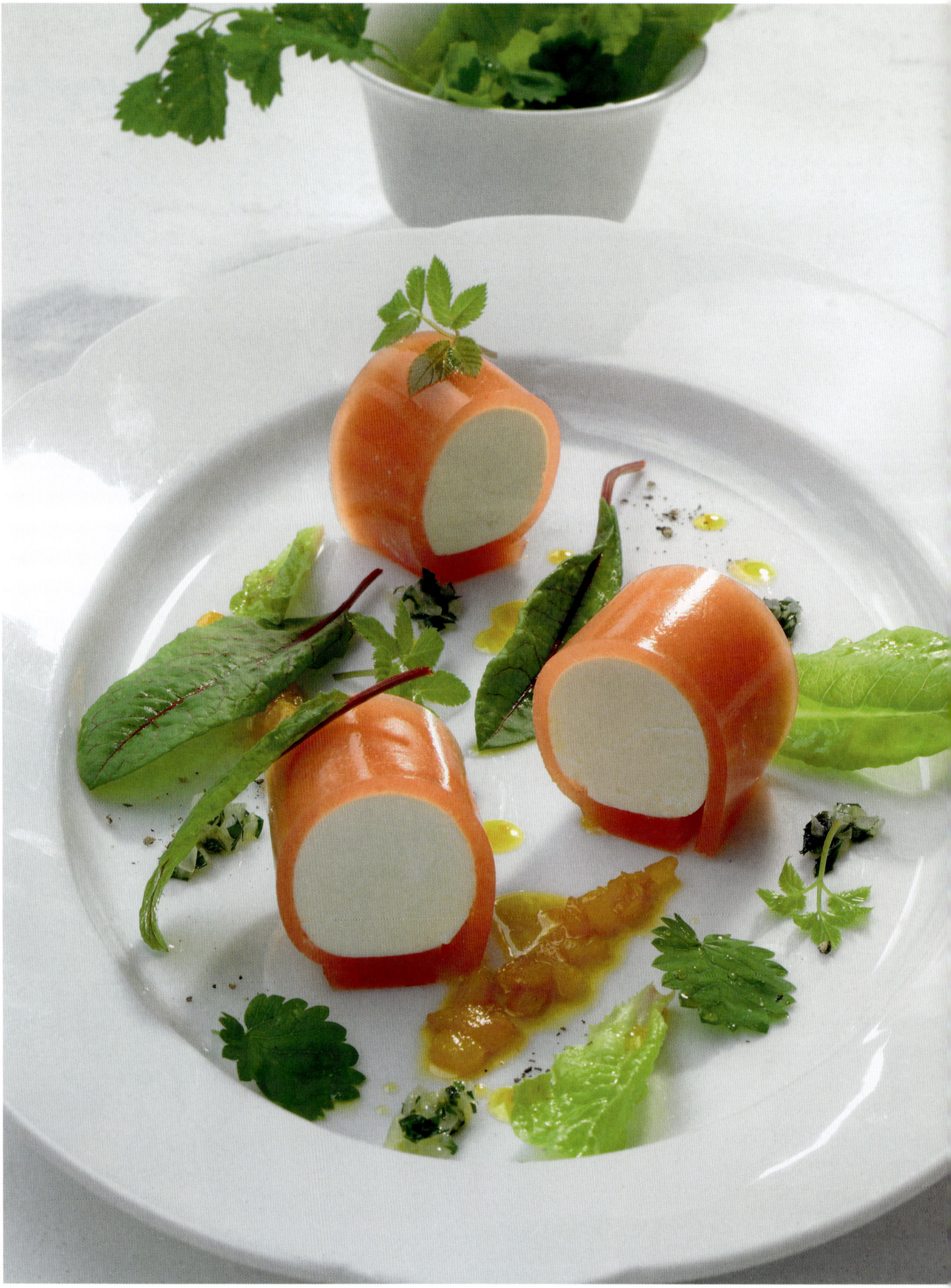

Wassermelonen-Roulade
mit Estragon-Frischkäse, Pflücksalat und Safranpaprika

■ Ein tiefes Backblech mit Klarsichtfolie auslegen. Die Melone schälen und mit etwas Wasser im Mixer pürieren. Das Püree durch ein feines Sieb passieren. Die Flüssigkeit (ca. 750 ml) auffangen und mit dem Agar-Agar aufkochen lassen. Die Melonenflüssigkeit so auf das Backblech gießen, dass der ganze Boden bedeckt ist. Zum Gelieren 30 Min. kalt stellen.

■ Inzwischen die Schalotte schälen und in feine Würfel schneiden. Den Estragon waschen, trocknen und die Blätter klein schneiden. Das Olivenöl erhitzen, die Schalotte darin glasig anschwitzen. Den Estragon dazugeben und 10 Sek. mit anschwitzen. Die Mischung vom Herd nehmen, damit der Estragon die grüne Farbe behält.

■ Die Mandeln im Blitzhacker fein reiben. Den Parmesan fein reiben. Die Estragonmischung mit Mandeln, Parmesan, Cayennepfeffer und Frischkäse zu einer steifen Masse verrühren und mit Salz abschmecken.

■ Ein Backblech mit Olivenöl bestreichen. Den Backofen auf 200° (Umluft 180°) vorheizen. Die Paprikaschoten halbieren, putzen, waschen und mit der Schnittfläche nach unten auf das Blech legen. Im Backofen (Mitte) etwa 20 Min. backen, bis die Haut beginnt Blasen zu werfen. Die Paprikahälften herausnehmen, in einem Frischhaltebeutel fest verschließen und abkühlen lassen. Die Paprikaschoten häuten und in Würfel schneiden.

■ Die Frischkäsemasse in einem dicken Strang auf das stabile Melonengelee geben und mit Hilfe der Folie vorsichtig aufrollen. Die Roulade in Klarsichtfolie hüllen und bis zur weiteren Verwendung kalt stellen.

■ Inzwischen den Pflücksalat waschen, putzen und trocken schleudern. Gemüsetee, Essig und Safran in einer kleinen Pfanne erwärmen. Paprikawürfel dazugeben und mit Salz und Pfeffer abschmecken. Die Roulade mit einem heißen Messer vorsichtig in mundgerechte Stücke schneiden. Mit dem warmen Paprika und Pflücksalat anrichten.

Zutaten für 4 Portionen:

600 g Wassermelone
6 TL Agar-Agar
1 Schalotte
1 Bund Estragon
2 EL Olivenöl
30 g geschälte Mandeln
30 g Parmesan
1 Msp. Cayennepfeffer
180 g Frischkäse
Kristallsalz
2 gelbe Paprikaschoten
80 g Pflücksalat
4 EL Gemüsetee
 (Rezept Seite 184)
2 EL weißer Balsamico
1 Msp. Safranfäden
 (oder Safranpulver)
schwarzer Pfeffer
1 EL Olivenöl für das
 Backblech

Zubereitungszeit: 50 Min.
Backzeit: 20 Min.

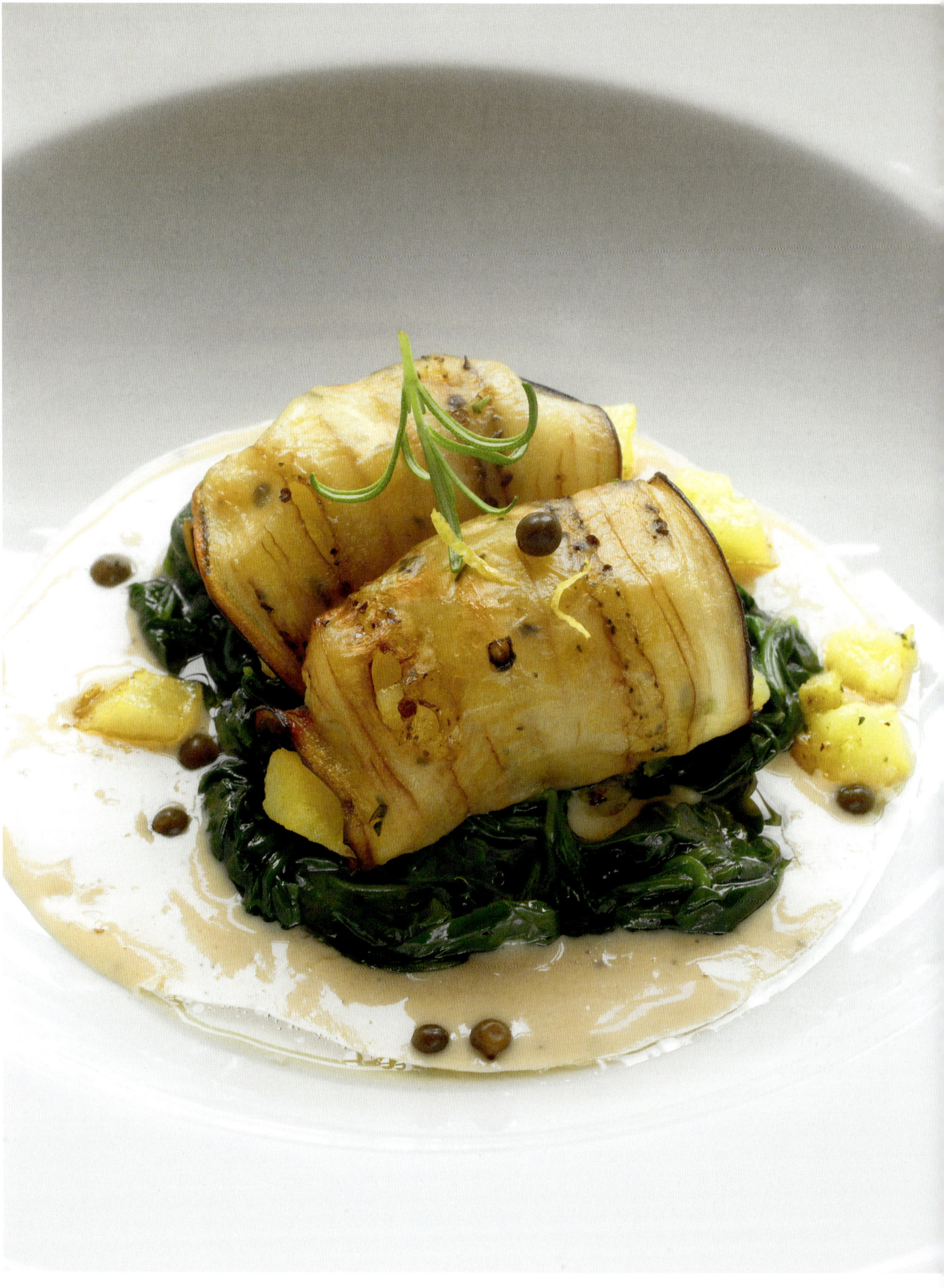

Auberginenröllchen
mit Rosmarinkartoffeln, Blattspinat und Pfeffersauce

■ Den Backofen auf 200° (Umluft 190°) vorheizen. Die Kartoffeln waschen, schälen und in Würfel schneiden. Die Kartoffelwürfel in einen Dämpfeinsatz geben und über Dampf in 15 Min. weich garen.

■ Inzwischen die Aubergine waschen, putzen und auf dem Gemüsehobel oder mit einem extrabreiten Sparschäler längs in sehr dünne Scheiben hobeln. Ein Backblech mit 50 ml Olivenöl einfetten. Die Auberginenscheiben darauf nebeneinander anordnen und im Backofen (Mitte) in 3–5 Min. goldgelb, aber nicht knusprig backen. Die heißen Auberginen sofort auf dem Blech übereinanderlegen, damit sie saftig bleiben.

■ Den Rosmarin waschen, trocknen und die Nadeln fein schneiden. Den Knoblauch schälen und zerdrücken. Die Zitrone waschen, trocken reiben und die Schale abreiben. Die Kartoffeln herausnehmen und mit Knoblauch, Rosmarin, Zitronenschale, Salz und Pfeffer abschmecken. Je 1 EL von der Kartoffelmasse auf 1 Auberginenscheibe geben. Die Auberginenscheibe aufrollen und auf das bereits geölte Backblech setzen. Die Röllchen im Backofen (Mitte) in 8 Min. knusprig backen.

■ Inzwischen für die Sauce die Zwiebel schälen und in Würfel schneiden. 2 EL Olivenöl erhitzen, die Zwiebel darin glasig anschwitzen. Pfefferkörner und Hefepaste dazugeben, die Sahne unterrühren und offen 5 Min. kochen lassen. Mit Salz abschmecken.

■ Den Spinat waschen, verlesen und trocken schleudern. Den Spinat in einen Dämpfeinsatz geben und über Dampf in 2 Min. zusammenfallen lassen. Den Spinat auf Tellern anrichten und die Auberginenröllchen obendrauf setzen. Mit der Pfeffersauce umgießen.

Zutaten für 4 Portionen:

4 Kartoffeln
1 große Aubergine
50 ml + 2 EL Olivenöl
4 Zweige Rosmarin
1 Knoblauchzehe
1 Bio-Zitrone
Kristallsalz
schwarzer Pfeffer
1 Zwiebel
2 EL grüne Pfefferkörner
1 TL Hefepaste
200 ml Sahne
200 g Blattspinat

Zubereitungszeit: 50 Min.
Backzeit: 13 Min.

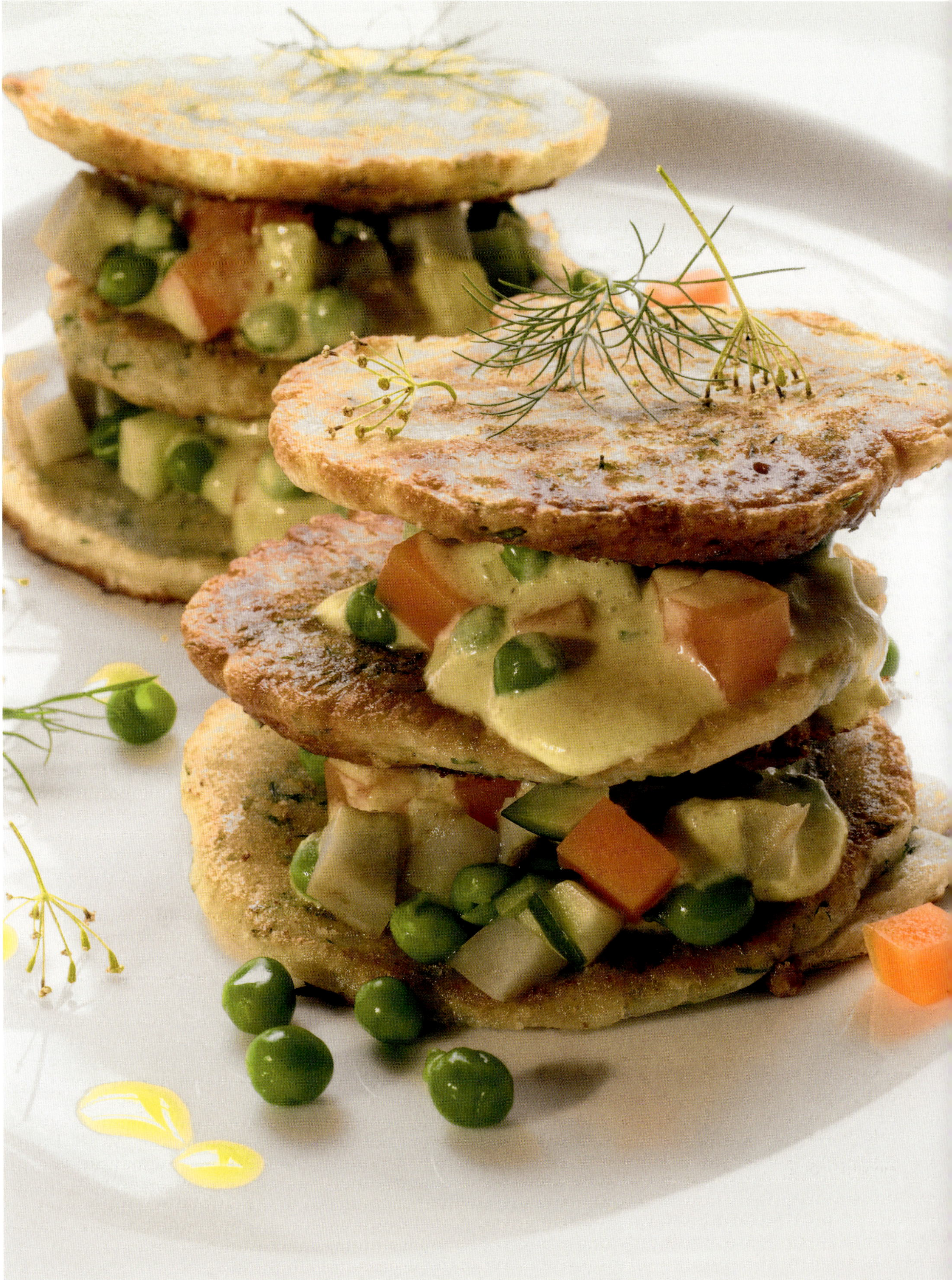

Dill-Pancake-Türmchen
mit Sommergemüsesalat

■ Für den Pancaketeig das Mehl mit Backpulver mischen und mit der Milch verrühren. Den Teig 30 Min. ruhen lassen.

■ Inzwischen den Saft der Zitronen auspressen. Die Artischocke waschen, den Stiel herausbrechen und die Blätter rundherum bis zum festen Boden abschneiden. Den Boden herauslösen, das Heu entfernen. Den Artischockenboden in kochendem Wasser mit 2 EL Zitronensaft 15 Min. garen. Den Artischockenboden würfeln. Die Karotte waschen, putzen, in Würfel schneiden und in einem Dämpfeinsatz über Dampf 8 Min. garen. Die Erbsen über Dampf 3 Min. garen. Die Gurke waschen, putzen und in Würfel schneiden.

■ Für die Senfcreme die Schalotte und den Knoblauch schälen. Beides in kleine Würfel schneiden und in einen Mixer geben. Mit dem restlichen Zitronensaft, Olivenöl, Senf, Cayennepfeffer, Currypulver, Honig, Salz, Pfeffer und Sahne zu einer Mayonnaise-ähnlichen Creme pürieren.

■ Den Dill waschen und trocknen. Die Dillspitzen fein schneiden, die Dillblüten beiseitelegen. Den Käse fein reiben. Die Eier trennen. Die Eiweiße mit 1 Prise Salz steif schlagen. Die Eigelbe dazugeben und so lange schlagen, bis die Masse luftig ist. Den Eierschaum unter die Mehl-Milch-Mischung heben. Dill und Käse untermischen.

■ Das Bratöl in einer Pfanne erhitzen. Aus dem Teig darin nacheinander 12 kleine luftige Pancakes (ca. 10 cm Ø) auf beiden Seiten goldgelb backen. Herausnehmen und auf Küchenpapier abtropfen lassen.

■ Das gegarte Gemüse und die Gurkenwürfel mit der Senfcreme mischen. Jeweils 3 Pancakes mit etwas Gemüsefüllung dazwischen aufeinandertürmen und auf Teller geben. Die Türmchen mit Dillblüten bestreuen und mit einigen Tropfen Dillöl beträufeln.

Zutaten für 4 Portionen:

80 g Dinkelvollkornmehl
1 TL Weinsteinbackpulver
250 ml Milch
2 Bio-Zitronen
1 Artischocke
1 Karotte
100 g frische ausgepalte Erbsen (oder TK-Erbsen)
1 kleine Salatgurke
1 Schalotte
1 Knoblauchzehe
2 EL Olivenöl
1 EL mittelscharfer Senf
1 Msp. Cayennepfeffer
½ TL Currypulver
1 Msp. Akazienhonig
Kristallsalz
schwarzer Pfeffer
250 ml Sahne
1 Bund Dill (möglichst mit Blüten)
80 g Pecorino
3 Eier
20 ml Bratöl
2 EL Dillöl (Rezept Seite 15)

Zubereitungszeit: 45 Min.

Dillblüten schmücken möglichst jedes Gericht, in dem ich Dill verarbeite. Die Blüten sind lieblicher im Aroma als die Blätter. Deshalb versuche ich immer, etwas Dill im Garten zum Blühen zu bringen, und schneide niemals alles ab.

Tipp

Pellkartoffeln und Auberginencreme
mit Bohnenkraut und Ysop

Zutaten für 4 Portionen:

6 festkochende Kartoffeln
6 Zweige Bohnenkraut
 (möglichst mit Blüten)
3 Zweige Ysop
 (möglichst mit Blüten)
1 Bio-Zitrone
1 große Aubergine
2 Zwiebeln
2 Knoblauchzehen
4 EL Olivenöl
250 ml Sahne
1 TL Hefepaste
Kristallsalz
schwarzer Pfeffer
2 EL grüne Pfefferkörner
2 EL Kapern

Zubereitungszeit: 50 Min.

▪ Die Kartoffeln waschen, in einen Dämpfeinsatz geben und über Dampf in 35 Min. weich garen. Inzwischen Bohnenkraut und Ysop waschen, trocknen und die Blätter abzupfen. Die Blüten beiseitelegen. Die Zitrone waschen, trocken reiben und etwas Schale abreiben.

▪ Die Aubergine waschen, putzen, schälen und in grobe Stücke schneiden. Zwiebeln und Knoblauch schälen und ebenfalls in grobe Stücke schneiden. Auberginenstücke, Zwiebeln und Knoblauch in einem Dämpfeinsatz über Dampf in 5 Min. weich garen.

▪ Die Kartoffeln herausnehmen, pellen und 5 Min. abkühlen lassen. Die Aubergine mit Zwiebeln, Knoblauch, etwas Zitronenschale, Olivenöl, Sahne und Hefepaste glatt pürieren. Das Püree einmal aufkochen lassen und mit Salz und Pfeffer abschmecken.

▪ Die noch warmen Kartoffeln in möglichst dünne Scheiben schneiden. Die Kartoffelscheiben auf Vorspeisetellern überlappend anrichten. Die Auberginencreme darauf verteilen, mit grünen Pfefferkörnern, Kapern, Ysop und Bohnenkraut bestreuen.

Estragon-Lauch-Püree
in der Pellkartoffel

■ Die Kartoffeln unter fließendem Wasser sauber abbürsten. Einen Deckel abschneiden und die Kartoffeln mit einem Parisienne-Ausstecher vorsichtig aushöhlen. Die ausgehöhlten Kartoffeln mit Deckel und dem Kartoffelinneren in einen Dämpfeinsatz geben und über Dampf in 15 Min. weich garen.

■ Inzwischen den Estragon waschen, trocknen und die Blätter fein schneiden. Den Lauch gründlich waschen, in grobe Stücke schneiden und in einem Dämpfeinsatz über Dampf in 5 Min. weich garen. Den Lauch in den Mixer geben. Mit Gemüsetee, der Hälfte des Estragons, Senf, Butter und Crème fraîche pürieren. Das Püree durch ein grobes Sieb passieren.

■ Das Kartoffelinnere mit einer Gabel grob zerdrücken. Das Lauchpüree und die übrigen Estragonblätter untermischen. Mit Salz und Pfeffer abschmecken. Die Masse in die heißen Kartoffelhüllen füllen, den Deckel draufsetzen und außen mit etwas zerlassener Butter bepinseln.

Tipp: Ich mag diese Kartoffeln gerne als warmes Zwischengericht. Manchmal serviere ich ein Tomatenkonfit (Rezept Seite 169) oder einen kleinen Blattsalat dazu.

Zutaten für 4 Portionen:

8 mittelgroße neue Kartoffeln
1 Bund Estragon
2 Stangen Lauch
200 ml Gemüsetee (Rezept Seite 184)
½ TL mittelscharfer Senf
2 EL Butter
100 ml Crème fraîche
Kristallsalz
weißer Pfeffer
zerlassene Butter zum Bepinseln

Zubereitungszeit: 50 Min.

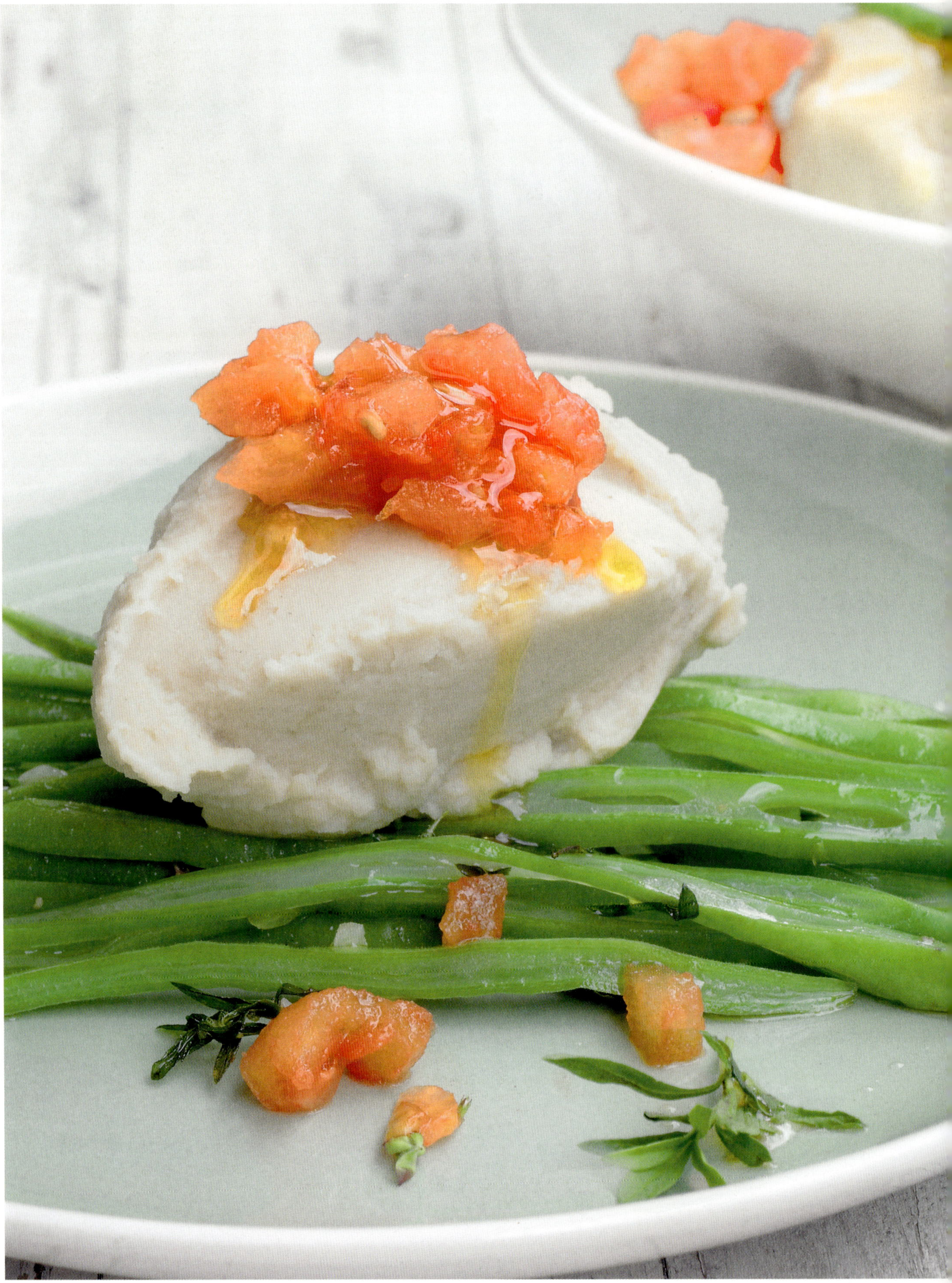

Püree von weißen Bohnen
mit Bohnenkraut

■ Die Bohnenkerne in Wasser geben und 24 Std. einweichen. Am nächsten Tag die Zwiebel schälen. Die Zwiebel mit Lorbeerblatt und Nelken spicken. Die eingeweichten Bohnenkerne abgießen und in einen Topf geben. Die gespickte Zwiebel und den Gemüsetee dazugeben und die Bohnen zugedeckt in 45 Min. weich garen.

■ Die grünen Bohnen waschen, putzen und längs in Streifen schneiden. Die Bohnenstreifen in einen Dämpfeinsatz geben und über Dampf 4 Min. garen. Die Tomaten waschen und die Stielansätze herausschneiden. Die Tomaten an der Oberseite kreuzförmig einritzen, in kochendem Wasser 8 Sek. brühen, herausnehmen, in Eiswasser abschrecken und häuten. Die Tomaten in Würfel schneiden. Das Bohnenkraut waschen, trocknen und die Blättchen abzupfen. 1 EL Olivenöl erhitzen, die Bohnenkrautblättchen darin kurz schwenken.

■ Den Knoblauch schälen und in Scheibchen schneiden. Die Chilischote längs aufschneiden, entkernen und waschen. Etwas Olivenöl erhitzen, Chili und Knoblauch darin kurz anschwitzen.

■ Die Zitrone waschen, trocken reiben und etwas Schale abreiben. Die noch heißen Bohnenkerne mit dem Sieblöffel herausheben. Mit der Knoblauch-Chili-Mischung und Zitronenschale im Mixer pürieren, dabei langsam so viel von dem restlichen Olivenöl hineinlaufen lassen, dass ein dickes Püree entsteht (Konsistenz wie Kartoffelpüree). Wenn nötig, noch etwas Kochflüssigkeit dazugeben. Mit Kristallsalz abschmecken. Die Bohnenstreifen mit den Bohnenkrautblättchen anrichten. Das Bohnenpüree daraufgeben und mit Tomatenwürfeln bestreuen.

Zutaten für 4 Portionen:

350 g dicke weiße Bohnenkerne (Jumbobohnen)
1 Zwiebel
1 Lorbeerblatt
2 Nelken
600 ml Gemüsetee (Rezept Seit 184)
200 g grüne breite Bohnen
2 Tomaten
1 Bund Bohnenkraut
80 ml Olivenöl
3 Knoblauchzehen
1 rote Chilischote
1 Bio-Zitrone
Kristallsalz

Zubereitungszeit: 30 Min.
Einweichen: 24 Std.

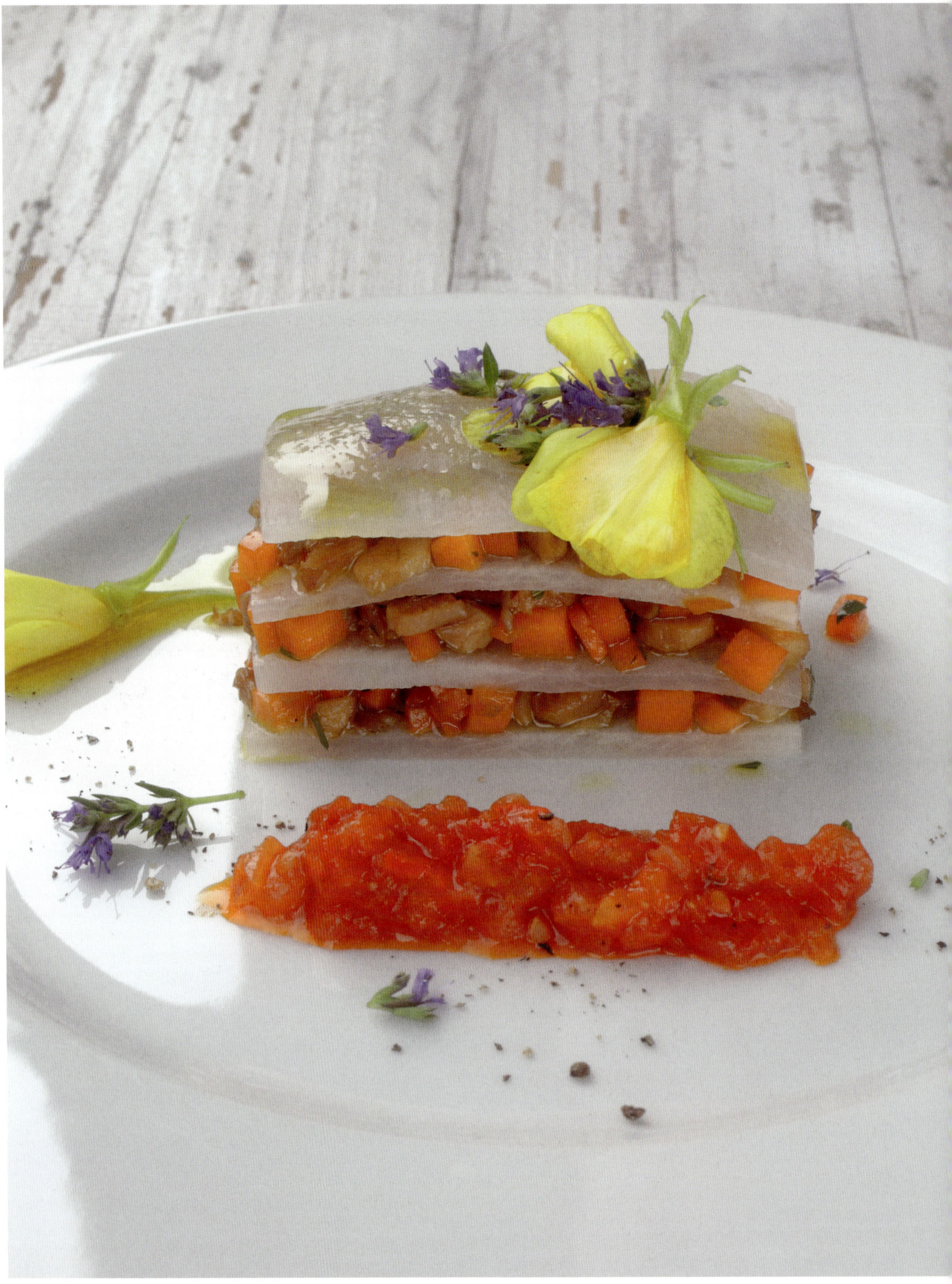

Rettichlasagne
mit Shiitakepilzen, Ysop und Nachtkerzenblüten

■ Den Rettich waschen und so zurechtschneiden, dass ein Rechteck entsteht. Den Rettich mit der Aufschnittmaschine oder auf dem Gemüsehobel in 12 möglichst dünne Scheiben (ca. 1–2 mm) schneiden. Den Ingwer waschen und ungeschält in Scheiben schneiden.

■ Den Gemüsetee mit dem Ingwer erhitzen, die Rettichscheiben darin 10 Min. garen, bis sie glasig sind. Den Rettich beiseitestellen und im Sud bei Zimmertemperatur abkühlen und 3 Std. mazerieren lassen.

■ Die Schalotte und den Knoblauch schälen und in kleine Würfel schneiden. Die Karotte putzen, waschen und klein würfeln. Die Pilze entstielen und die Pilzköpfe in Würfel schneiden. Das Olivenöl erhitzen, Schalotte, Knoblauch und Karotte darin 2–3 Min. anschwitzen. Die Pilze dazugeben und 5 Min. schmoren. Honig, Sojasauce und Essig dazugeben und 1 Min. einkochen lassen. Mit Salz und Pfeffer kräftig würzen.

■ Die Rettichscheiben in dem Sud erhitzen. Den Ysop waschen, trocknen und die Blätter abzupfen. Die Nachtkerzenblüten verlesen. Die Rettichscheiben abgießen.

■ Für die Lasagne je 1 Rettichscheibe auf einen Teller legen. Mit Pilzen belegen, 1 weitere Rettichscheibe darauflegen und diese ebenfalls mit Pilzen belegen. Mit 1 Rettichscheibe abschließen. Mit Ysop und Nachtkerzenblüten bestreuen. Das Tomatenkonfit warm oder kalt dazureichen.

Zutaten für 4 Portionen:

1 großer, fester weißer Rettich (ca. 400 g)
30 g frischer Ingwer
1 l Gemüsetee (Rezept Seite 184)
1 Schalotte
1 Knoblauchzehe
1 Karotte
12 Shiitakepilze
4 EL Olivenöl
1 TL Akazienhonig
1 EL Sojasauce
1 TL Balsamico
Kristallsalz
schwarzer Pfeffer
5 Zweige Ysop
12 Nachtkerzenblüten
4 EL Tomatenkonfit (Rezept Seite 169)

Zubereitungszeit: 45 Min.
Ruhezeit: 3 Std.

Anstelle von Rettich schmeckt auch Kohlrabi, im Ingwersud gekocht, sehr gut. Im Winter mache ich dasselbe Gericht anstelle mit Ysop und Nachtkerzenblüten mit selbst gezogenen Radieschen- oder Raukesprossen.

Dillgnocchi mit Möhrenblüten
im Parmesanteig und dicken Bohnen

Zutaten für 4 Portionen:

500 g Kartoffeln
8 Schalotten
2 Lorbeerblätter
3 EL Olivenöl
125 ml Gemüsetee
  (Rezept Seite 184)
400 g dicke Bohnen (oder
  gestreifte Käferbohnen)
Kristallsalz
schwarzer Pfeffer
2 Eiweiß
1 EL frisch geriebener
  Parmesan
1 EL + 50 g Dinkel-
  vollkornmehl
4 Dolden wilde Möhrenblüten
20 ml Bratöl
1 Bund Dill
etwas frisch geriebene
  Muskatnuss
2 Eigelb

Zubereitungszeit: 45 Min.
Kühlzeit: 30 Min.

■ Die Kartoffeln über Dampf in 45 Min. weich garen. Pellen, noch heiß durch die Kartoffelpresse drücken und in 30 Min. abkühlen lassen.

■ Die Schalotten schälen und längs halbieren. Schalotten und Lorbeerblätter in Olivenöl anschwitzen. Den Gemüsetee dazugießen und bei kleiner Hitze 15 Min. köcheln lassen. Die Bohnenkerne aus den Schoten lösen und über Dampf 4 Min. garen. Dann die Haut abziehen. Die Bohnen unter die Schalotten mischen, mit Salz und Pfeffer abschmecken.

■ Die Eiweiße mit 1 Prise Salz steif schlagen. Parmesan und 1 EL Dinkelmehl untermischen. Die Möhrenblüten verlesen. Das Bratöl erhitzen. Die Blüten in den Teig tauchen und im heißen Bratöl in 2 Min. knusprig ausbacken. Herausnehmen und auf Küchenkrepp abtropfen lassen.

■ Den Dill fein schneiden. Die Kartoffelmasse mit Muskat, Eigelben, Salz, Pfeffer und Dill mischen. So viel Dinkelmehl dazugeben, dass ein griffiger Teig entsteht. Aus dem Teig Gnocchi formen, mit einer Gabel eindrücken und in siedendem Wasser 5–10 Min. garen. Herausnehmen und mit den Bohnen und Schalotten erwärmen. Mit den Möhrenblüten anrichten.

Polenta in der Nachtkerzenblüte gebacken
und Zucchinigemüse mit Salbei

▪ Milch und Gemüsetee aufkochen lassen. Die Polenta zügig einrühren und zugedeckt bei kleiner Hitze 10 Min. ausquellen lassen. Den Parmesan reiben. Den Schnittknoblauch waschen, trocknen und fein schneiden. Schnittknoblauch, Butter und Parmesan unter die heiße Polenta rühren. Die Polenta mit Salz abschmecken und in 30 Min. abkühlen lassen.

▪ Die Nachtkerzenblüten verlesen. Den Backofen auf 200° (Umluft 180°) vorheizen. Ein Backblech mit Butter einfetten. Die Polenta mit einem Teelöffel in die Blüten füllen. Die Blüten auf das Backblech setzen, mit zerlassener Butter bestreichen und im Backofen (Mitte) 5–8 Min. backen.

▪ Die Patissons oder die Zucchini waschen und putzen. Die Patissons in Achtel oder die Zucchini in Scheiben schneiden. Salbeiblätter waschen und trocknen. Olivenöl in einer Pfanne erhitzen, die Salbeiblätter darin einige Sek. braten, bis sie knusprig sind. Herausnehmen und auf Küchenpapier abtropfen lassen. Die Patissons oder Zucchini in demselben Olivenöl 3–5 Min. schmoren. Mit Salz und Pfeffer abschmecken. Am Ende der Garzeit mit dem Essig ablöschen. Das Gemüse mit den gefüllten Blüten anrichten.

Zutaten für 4 Portionen:

250 ml Milch
250 ml Gemüsetee
   (Rezept Seite 184)
200 g Polenta
30 g Parmesan
8 Halme Schnittknoblauch
20 g Butter
Kristallsalz
28 Nachtkerzenblüten
12 Mini-Patissons
   oder 2 Zucchini
20 große Salbeiblätter
4 EL Olivenöl
schwarzer Pfeffer
2 EL Balsamico
Butter für das Backblech
zerlassene Butter
   zum Bestreichen

Zubereitungszeit: 25 Min.
Backzeit: 8 Min.
Kühlzeit: 30 Min.

Mit Schafskäse gefüllte Grünkernbällchen auf Rosmarinspießchen

Zutaten für 4 Portionen:

1 kleine Karotte
1 kleine Petersilienwurzel
120 g Grünkern, geschrotet
1 Lorbeerblatt
250 ml Gemüsetee
   (Rezept Seite 184)
16 stabile Zweige Rosmarin
1 Knoblauchzehe
2 EL Olivenöl
25 g Semmelbrösel
1 TL mittelscharfer Senf
Kristallsalz
schwarzer Pfeffer
1 Eigelb
60 g Schafskäse

Zubereitungszeit: 45 Min.

■ Die Karotte und Petersilienwurzel waschen, putzen und in Würfel schneiden. Die Gemüsewürfel mit Grünkern, Lorbeerblatt und Gemüsetee aufkochen und den Grünkern zugedeckt bei kleiner Hitze 20 Min. ausquellen lassen.

■ Den Rosmarin waschen, trocknen und die Nadeln von den unteren zwei Dritteln der Zweige abstreifen. Die Nadeln klein schneiden und die Rosmarinzweige für die Spieße beiseitelegen. Den Knoblauch schälen und fein schneiden. Das Olivenöl erhitzen, Knoblauch und geschnittenen Rosmarin darin anschwitzen, bis der Knoblauch glasig ist. Die Semmelbrösel dazugeben und 1 Min. mitbraten.

■ Für die Bällchen den gekochten Grünkern mit Senf, Salz und Pfeffer abschmecken. Die Semmelbröselmischung und das Eigelb dazugeben und die Masse verkneten. Den Schafskäse in 16 gleich große Stücke teilen. Mit nassen Händen aus der Grünkernmasse 16 walnussgroße Bällchen formen, dabei jeweils ein Stück Schafskäse in die Mitte drücken. Die Bällchen in einem Dämpfeinsatz über Dampf 10 Min. garen. Die Rosmarinzweige in die Bällchen stecken und die Spieße als Fingerfood servieren. Dazu passt Rosmarin-Ananas-Relish (Rezept Seite 184).

Roggen-Gewürz-Fladen
mit Wacholdersauerkraut

▪ Koriandersamen und Kümmel im Mörser grob zerstoßen. Mit Roggen- und Dinkelmehl, 1 Prise Salz und dem Wasser zu einem festen und elastischen Teig verkneten. Den Teig in Klarsichtfolie hüllen und 15 Min. ruhen lassen.

▪ Inzwischen das Sauerkraut abtropfen lassen und klein schneiden. Die Zwiebel und den Knoblauch schälen und in Würfel schneiden. Den Apfel waschen, halbieren, entkernen und ebenfalls würfeln. Den Schnittlauch waschen, trocknen und fein schneiden. Den Wacholder im Mörser zerdrücken. Das Olivenöl erhitzen. Zwiebel, Knoblauch, Apfel und Wacholderbeeren darin anschwitzen, bis die Zwiebel und der Knoblauch glasig sind. Das Sauerkraut dazugeben und kurz mitschmoren. Eventuell leicht salzen.

▪ Den Roggenteig auf einer bemehlten Arbeitsfläche dünn ausrollen. Den Teig in gleich große Quadrate (ca. 20 x 20 cm) schneiden und mit etwas zerlassener Butter bepinseln. Die Fladen in einer beschichteten Pfanne auf beiden Seiten jeweils in 2–3 Min. knusprig backen. Die Fladen herausnehmen und mit Sauerrahm bestreichen. Das warme Sauerkraut und den Schnittlauch daraufgeben, die Fladen aufrollen.

Zutaten für 4 Portionen:

1 TL Koriandersamen
1 TL Kümmel
100 g Roggenvollkornmehl
100 g Dinkelvollkornmehl
Kristallsalz
150 ml Wasser
200 g milchsaures Sauerkraut
1 Zwiebel
1 Knoblauchzehe
1 Apfel
1 Bund Schnittlauch
1 EL Wacholderbeeren
3 EL Olivenöl
4 EL Sauerrahm
Roggenmehl für die Arbeitsfläche
zerlassene Butter zum Braten

Zubereitungszeit: 30 Min.

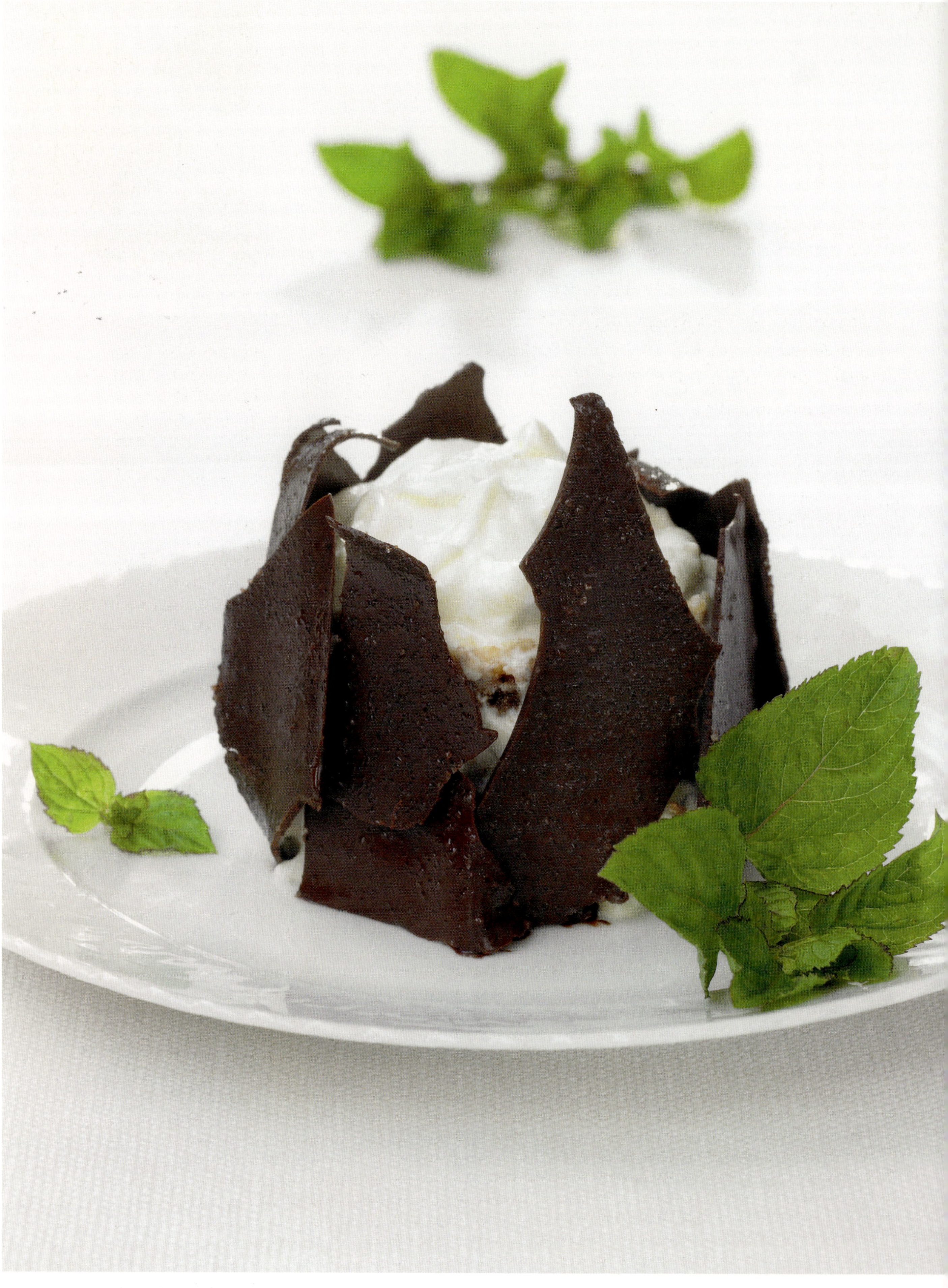

Pfefferminz-Schokoladen-Cassata

■ Den Biskuit nach dem Rezept auf Seite 113 vorbereiten und mit einem runden Ausstecher (ca. 4–5 cm Ø) 12 Rondellen ausstechen. Die Minze waschen und trocknen, einige Blätter für die Dekoration beiseitelegen und den Rest fein schneiden.

■ Ein Backblech mit Klarsichtfolie auslegen. 50 g Schokolade raspeln. Den Rest im warmen Wasserbad schmelzen lassen. Den Vollrohrzucker und das Pfefferminzöl unterrühren. Die geschmolzene Schokolade dünn auf dem Blech ausstreichen. Bis zur weiteren Verwendung ins Gefrierfach stellen.

■ Orangensaft und Orangenmarmelade pürieren, die Hälfte der geschnittenen Minzeblätter unterrühren und beiseitestellen. Die Sahne halb steif schlagen, den Honig unterrühren und steif schlagen. Die Sahne mit dem Ricotta, der Hälfte der geschnittenen Minzeblätter und den Schokoladenraspeln mischen.

■ Zum Servieren je eine Biskuitrondelle mit der Marmeladenmischung bestreichen, etwas Ricottamasse daraufstreichen, eine weitere Biskuitrondelle darauflegen und den Vorgang nochmals wiederholen. Mit einer Biskuitrondelle abdecken. Die obere Rondelle mit Marmelade und Ricottamasse bestreichen und mit den restlichen Minzeblättern dekorieren. Die Schokolade aus dem Gefrierfach nehmen und in Zacken brechen. Die Schokoladenzacken um den Rand der Cassata drücken.

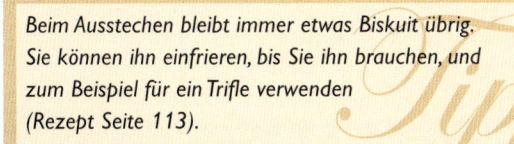

Zutaten für 4 Portionen:

- 1 Rezept Schokoladenbiskuit (Kasten Seite 113)
- 1 Bund Pfefferminze
- 300 g honiggesüßte Zartbitterschokolade (Bioladen)
- 1 EL Vollrohrzucker
- 1 Tropfen ätherisches Bio-Pfefferminzöl
- Saft von 1 Orange
- 4 EL honiggesüßte Zartbitterorangenmarmelade (Bioladen)
- 125 ml Sahne
- 35 g Akazienhonig
- 200 g Ricotta

Zubereitungszeit: 55 Min.
Kühlzeit: 10 Min.

Tipp: Beim Ausstechen bleibt immer etwas Biskuit übrig. Sie können ihn einfrieren, bis Sie ihn brauchen, und zum Beispiel für ein Trifle verwenden (Rezept Seite 113).

Himbeer-Pfirsich-Salat
mit Zitrusaromen

Zutaten für 4 Portionen:

50 g Mandeln
4 Zweige Zitronenverbene
2 Zweige Zitronenmelisse
1 Bio-Zitrone
4 reife weiße Pfirsiche
200 g Himbeeren
20 g Akazienhonig
1 Msp. Naturvanille
 (Bioladen)

Zubereitungszeit: 15 Min.
Ruhezeit: 6 Std.

■ Die Mandeln mit kochendem Wasser überbrühen, kurz ziehen lassen und die Haut abziehen. Die abgezogenen Mandeln mindestens 6 Std. in Wasser einlegen.

■ Die Verbene und Melisse waschen, trocknen und die Blätter fein schneiden. Den Saft der Zitrone auspressen. Die Pfirsiche waschen, halbieren und entsteinen. Die Pfirsichhälften in Spalten schneiden. Die Himbeeren verlesen. Zitronensaft mit Honig und Vanille verrühren. Die Kräuter, Pfirsichspalten und Himbeeren dazugeben. Die Mandeln abgießen und zum Fruchtsalat geben und alles vorsichtig mischen.

Nüsse einzuweichen ist eine wunderbare Methode, um sie knackig und zugleich saftig zu machen. Sie sind so auch zum Knabbern sehr lecker.

Tipp

Zitronenmelisse-Sorbet

■ Die Zitrone waschen, schälen und in grobe Stücke schneiden. Die Zitronenmelisse waschen, trocknen und grob schneiden. Mit dem stillen Wasser und dem Honig in den Mixer geben und pürieren. Die Flüssigkeit durch ein feines Sieb passieren und in der Eismaschine in 50 Min. gefrieren lassen. Oder die Flüssigkeit in eine Metallschüssel geben, zugedeckt im Gefrierfach in 3–4 Std. fest werden lassen. Dabei alle 15 Min. mit einem Schneebesen umrühren.

■ Zum Servieren das Sorbet mit einem heißen Löffel abstechen und in schöne Gläser geben. Mit Zitronenmelisseblättern und Ringelblumenblütenblättern bestreuen.

Zutaten für 4 Portionen:

1 Bio-Zitrone
20 Zweige Zitronenmelisse
1 l stilles Wasser
50 g Akazienhonig
Zitronenmelisseblätter und Ringelblumenblüten zum Garnieren

Zubereitungszeit: 10 Min.
Kühlzeit: 50 Min.

Tipp

Das Sorbet können Sie nach der Zubereitung sehr gut einfrieren – entweder bereits in Gläser gefüllt oder in einem größeren Behältnis. Besonders cremig ist es aber, wenn Sie es direkt aus der Eismaschine anrichten und servieren. Pobieren Sie dasselbe Rezept auch einmal mit Minze oder Verbene aus.

Feigen-Carpaccio
mit Duftgeranium-Sabayon

Zutaten für 4 Portionen:
1 Bio-Zitrone
4 Zweige Duftgeranium (möglichst mit Blüten)
200 ml Sahne
1 Prise Kristallsalz
3 Eigelb
40 g Akazienhonig
6 große Feigen

Zubereitungszeit: 20 Min.

■ Die Zitrone waschen, trocken reiben und etwas Schale dünn abschneiden. Das Geranium verlesen, die Blätter abzupfen und die Blüten für die Dekoration beiseitelegen.

■ Für die Sabayon die Sahne in einen Topf geben. Die Geraniumblätter, Zitronenschale und das Salz hinzufügen. Die Sahne aufkochen und offen 5 Min. kochen lassen. Die Eigelbe mit dem Honig schaumig schlagen. Den Eierschaum in die heiße Sahne rühren und eindicken lassen. Die Mischung durch ein Sieb abgießen und auffangen.

■ Die Feigen waschen und in möglichst dünne Scheiben schneiden. Die Feigenscheiben auf Dessertteller legen. Die warme Sabayon darüberlöffeln. Mit den Duftgeraniumblüten bestreuen.

Dinkel-Muffins
mit Salbei und Zwiebeln

▊ Die Zwiebeln und den Knoblauch schälen und in Würfel schneiden. Den Salbei waschen, trocknen und die Blätter fein schneiden. Das Olivenöl in einer Pfanne erhitzen. Zwiebeln, Knoblauch und Salbei darin anschwitzen, bis die Zwiebeln und der Knoblauch glasig sind.

▊ Die Vertiefungen der Muffinform mit Butter einfetten. Den Backofen auf 195° (Umluft 175°) vorheizen. Den gemahlenen Dinkel mit dem Backpulver mischen. Die warme Zwiebel-Salbei-Mischung mit dem Öl, der Milch und dem Salz unterrühren. Den Teig in die Vertiefungen der Form füllen und im Backofen (Mitte) 15–20 Min. backen. Herausnehmen, die noch warmen Muffins aus der Form lösen.

Zutaten für 20 Stück:

2 Zwiebeln
1 Knoblauchzehe
1 Bund Salbei
5 EL Olivenöl
400 g fein gemahlener Dinkel
2 TL Weinsteinbackpulver
350 ml Milch
1 TL Kristallsalz
Butter für eine 20er-Muffinform (oder Einzelförmchen)

Zubereitungszeit: 20 Min.
Backzeit: 20 Min.

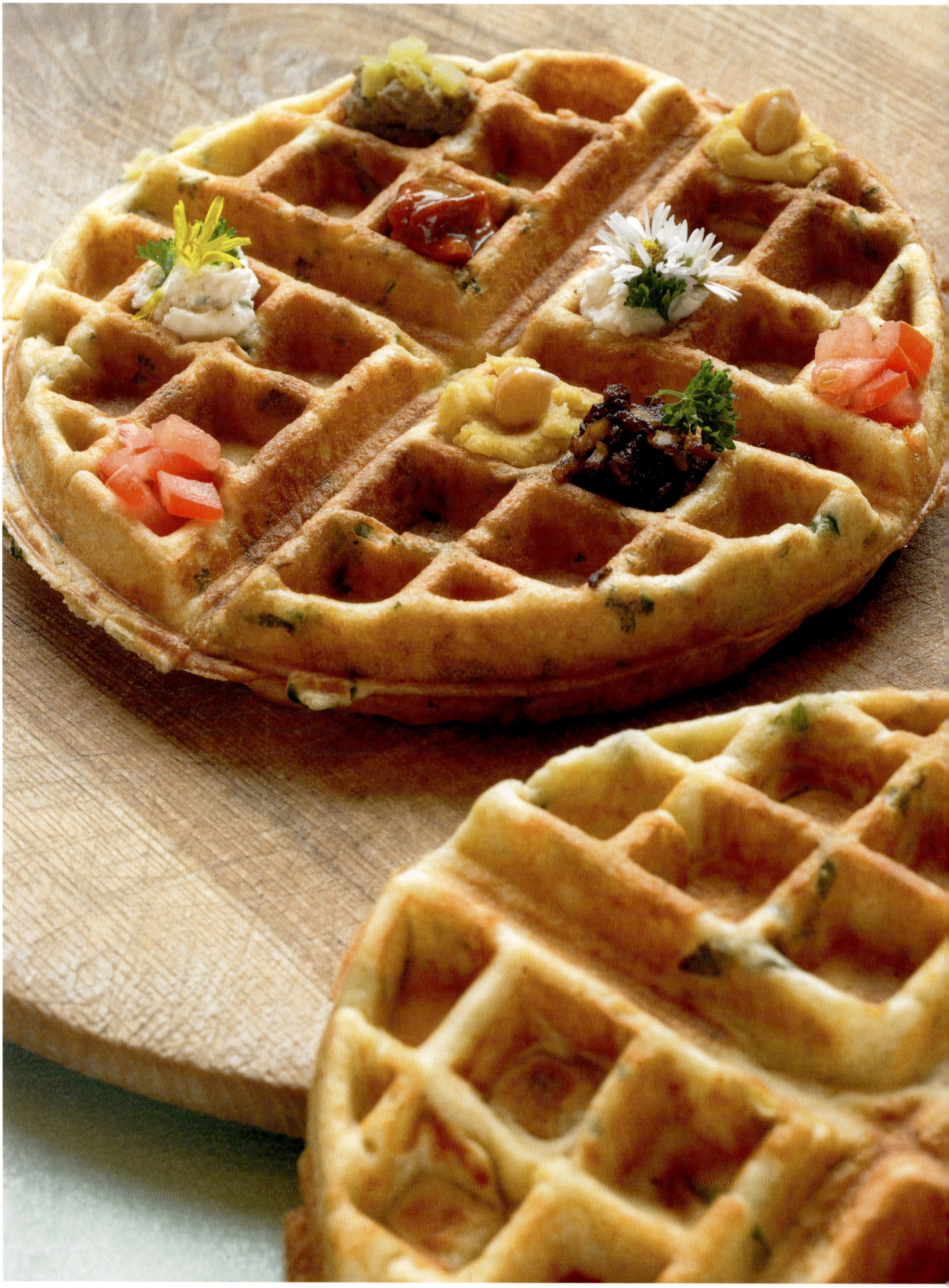

Meine Kerbel-Käse-Waffeln

■ Den Kerbel waschen, trocknen und die Blätter fein schneiden. Die Zwiebel schälen und in Würfel schneiden. Das Olivenöl erhitzen, die Zwiebel darin glasig anschwitzen und beiseitestellen. Den Käse reiben. Die Eier trennen. Die Eiweiße mit 1 TL Salz steif schlagen. Die Eigelbe unterschlagen.

■ Das Kamutmehl mit Backpulver mischen. Mit Milch, Butter, Crème fraîche, Zwiebel, Kerbel und Käse unter die Eiermasse mischen. Mit etwas Pfeffer würzen. Der Waffelteig sollte zähflüssig sein. Wenn er zu fest ist, noch etwas Milch dazugeben.

■ Das Waffeleisen nach den Angaben des Herstellers erhitzen. Die Unter- und Oberseite des Waffeleisens mit etwas Butter einfetten. Pro Waffel eine Kelle Teig auf die Unterseite geben und glatt streichen. Das Waffeleisen schließen und den Teig in 2–3 Min. knusprig backen.

Zutaten für 4 Portionen:

1 Bund Kerbel
1 Zwiebel
2 EL Olivenöl
70 g Gruyère-Käse
3 Eier
Kristallsalz
300 g fein gemahlener Kamut
1 TL Weinsteinbackpulver
400 ml Milch
120 g zimmerwarme Butter
80 g Crème fraîche
schwarzer Pfeffer
Butter für das Waffeleisen

Zubereitungszeit: 30 Min.
Backzeit: 10 Min.

Die warmen Waffeln schmecken einfach so hervorragend zum Aperitif oder mit Salat. Oder Sie füllen, wie hier auf dem Bild, in die kleinen Vertiefungen etwas Tomatencoulis (Rezept Seite 95), Frischkäse mit Frühlingskräutern (Rezept Seite 139), Berberitzenchutney (Rezept Seite 153), geschmorte Shiitakepilze (aus Rezept Rettichlasagne Seite 35) oder Kichererbsenmus (aus Rezept gefüllte Kapuzinerkresseblätter Seite 59).

FENSTERBANK UND BALKON

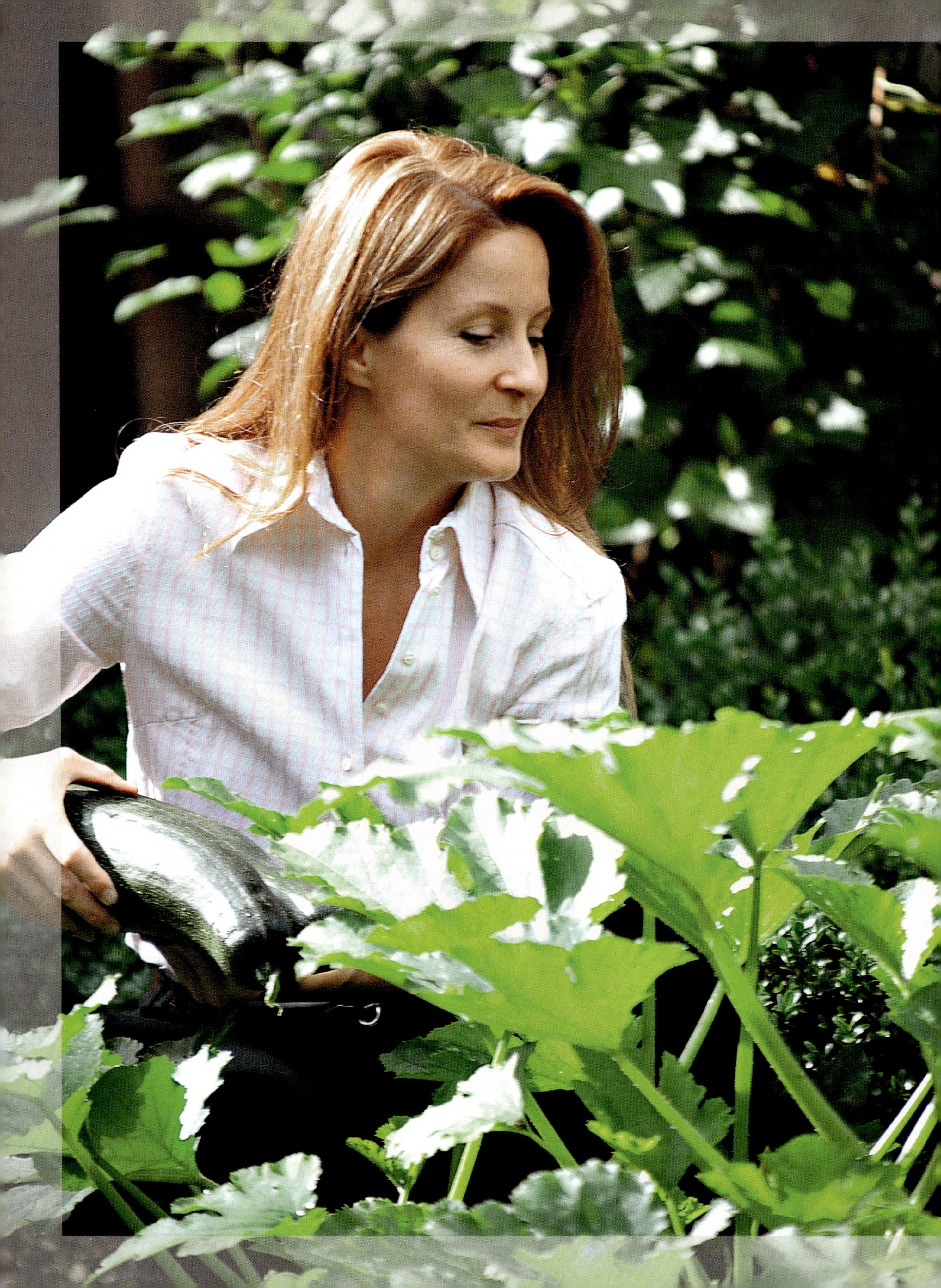

Kräuter im Garten

Ein Gemüse- und Kräutergarten ist sehr viel mehr als ein reiner Herstellungsort von feinen, frischen Küchenzutaten. Wer es versteht, eine Vielfalt üppigen Grüns und kreativ platzierte Farben in Form von Blüten, Früchten und Beeren geschickt zu verbinden, der kann ein wahres Paradies erschaffen, das den Betrachter zum Verweilen, Lustwandeln und Entdecken einlädt. So wird ein Garten zu einem ganz besonderen, geliebten Ort, dessen Ruhe, Duft und Schönheit den praktischen Nutzen beinahe in den Hintergrund rücken lassen.

Da gilt es zu experimentieren und die Bodenbeschaffenheit und klimatischen Bedingungen zu prüfen, um für jede Pflanze den geeigneten Platz zu finden. Ein spannendes Abenteuer, das so schnell nicht zu Ende ist. Als passionierte Köchin und Gartenfreundin darf ich an zwei Orten Erfahrungen machen, die unterschiedlicher nicht sein könnten. In Berchtesgaden, meiner eigentlichen Heimat, mit dem rauen, niederschlagsreichen Klima der Kalkalpen und veritablen vier Jahreszeiten, wo das Thermometer im Winter empfindlich unter die Null-Grad-Grenze sinkt. Und in Dubai, seit einigen Jahren meine zweite Heimat, mit Meer, Wüste, hoher Luftfeuchtigkeit, reichlich Sonnenschein und im Sommer einer Hitze, die ihresgleichen sucht. An beiden Orten gibt es einen schönen Garten, der für die jeweilige Restaurantküche herrlich frische Zutaten liefert und gleichzeitig seine Besucher in eine entspannte, fast feierliche Stimmung versetzt.

Der **Berchtesgadener Garten** weist durch seine Höhenunterschiede an einem sonnigen Südhang und einem Waldstück oben am Berg unterschiedliche Klimazonen auf, woraus sich eine ganz natürliche Einteilung in verschiedene Bereiche und Ebenen ergibt. Vieles darf dort wachsen, wo es will. Der Gärtner beobachtet genau und gestaltet behutsam. Bewässert wird nur moderat, an vielen Stellen ist es nicht einmal notwendig.
Da gibt es den in der Nähe der Küche gelegenen Nutzkräutergarten für den täglichen Bedarf mit Schnittlauch, Melisse, Liebstöckel, Petersilie, Salbei, Thymian, Kerbel und vielem mehr. Dann einen Gemüsegarten, der mit seinen alten, oft vergessenen Gemüsesorten ein Kleinod und die Quelle feiner Gaumenfreuden ist.
Es folgt ein bunter Blütengarten mit verschiedenen Duftrosen, Lavendel, Monarden, Kapuzinerkresse, Ringelblumen und Polstern von betörend riechenden Veilchen. Duftnelken hängen über niedrige Steinmauern, in Beeten gedeihen essbare Chrysanthemen. Den Rand säumen Magnolienbäume und Flieder. Dazwischen spitzt immer wieder frech der sich wie wild vermehrende Kerbel hervor.
Nur seinem feinen Geschmack hat er es zu verdanken, dass ihm nicht Einhalt geboten wird!

Der Naschgarten liefert Monatserdbeeren, Stachelbeeren, Brombeeren, Himbeeren und Johannisbeeren. Dort stehen Apfel-, Kirsch- und Birnenbäume, sogar Weintrauben und Kiwi hängen üppig von einer Pergola über einem gemütlichen Sitzplatz auf luftiger Anhöhe mit Bergblick.
Weiter oben am Hang, wo es mühsamer wird, den Garten zu bewirtschaften, befindet sich der sogenannte Wildgarten, wo sich unter Berberitzen und Holunderbüschen neben wilder Minze, Leimkraut, Löwenzahn, Lungenkraut und verschiedenfarbigen Taubnesseln auch so genannte »Unkräuter« wie Giersch, Brennnessel und Vogelmiere ausbreiten dürfen.
Im angrenzenden Waldgarten wachsen Spitzahorn, Buche, Haselnusssträucher und die üppige Fichtenhecke, die die aromatischen Knospen für den Honig liefert. Den Boden bedecken an manchen Stellen Teppiche von Walderdbeeren, die sich von selbst ihren Platz suchen.

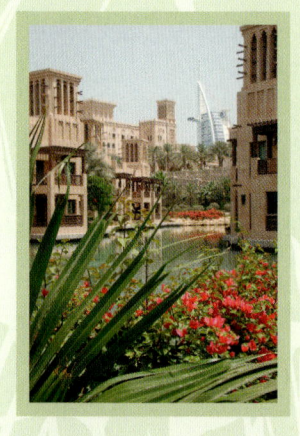

Bei **meinem Kräutergarten in der Wüste** hingegen kann man nichts dem Zufall überlassen.
Zunächst wurde der Sandboden 50 cm tief ausgehoben, mit Kompost vermischt und wieder eingefüllt. Dann hat man ein wohldurchdachtes Bewässerungssystem angelegt. Zahlreiche Schläuche, zwischen den Pflanzenreihen angeordnet, besprengen automatisch in den kühleren Nachtstunden unsere Kräuter. Das kostbare Pflanzengut wächst unter dem schützenden Schatten hoher Dattelpalmen, Bananensträucher und Papayabäume, die im Garten verschieden intensive, angenehme Schattenzonen schaffen.
Die Beete säumt Ingwer, zu üppigen Büschen gewachsen. Man isst zwar nur dessen Rhizom, das unterirdisch wächst, aber die Blätter und Blüten sind enorm und brauchen Platz! Dahinter stehen Kaffir-Limettenbäume, deren Blätter unter anderem unser berühmtes Kräuterwasser aromatisieren. Große Aloe vera strecken ihre fleischigen Blätter aus. Die langen, dunkelgrünen Pandanblätter, das intensiv anisartige Thai-Basilikum und aromatische Zitronengras wachsen in verschwenderischen Mengen und finden in mir und meinem Küchenteam dankbare Abnehmer. Dazwischen ducken sich Rosmarin, verschiedene Thymian- und Minzesorten, Majoran, Salbei, Currykraut und eine spezielle indische Spinatsorte, die es gerne besonders warm mag. Zeitweise blüht sogar Kapuzinerkresse.
Zur Zeit experimentieren wir mit verschiedenen Kompostsystemen. Wir beobachten, lernen und verbessern.

Während in Berchtesgaden im Winter mein geliebter Garten für ein paar Monate unter einer dicken Schneedecke verschwindet, blüht der Wüstengarten gerade auf. Umgekehrt reduzieren wir im sehr heißen Dubaier Sommer die Anzahl der zarten Pflanzen auf ein Minimum, weil nur die hitzeresistenten überleben. So hat alles seine Zeit und seinen Ort. Die Herausforderung und die Freude liegen darin, aus gegebenen Bedingungen das Bestmögliche herauszuholen.

Dazu will ich Ihnen eine amüsante Anekdote zum entspannten **Gärtnern ganz ohne Garten** (Sie haben richtig gelesen!) nicht vorenthalten. Ein lieber Freund unserer Familie war mit einem Begleiter auf einem gemeinsamen Spaziergang unterwegs, als dieser überraschenderweise plötzlich vom Weg abbog und querfeldein das Ufer eines Flusses ansteuerte. Er bückte sich, schien etwas zu pflücken und kam freudestrahlend mit ein paar frisch geernteten, prachtvollen Lauchstangen zurück.
Er verriet unserem Freund seine selbst erfundene Methode:
Besorge dir ein paar Samen oder Setzlinge. Suche ein stilles, lichtes, sonniges Plätzchen in der Nähe eines Flusses oder Sees mit ausgeruhtem Boden, wo niemand vorbeikommt. Säe oder pflanze hier und da in kleinen, unauffälligen Mengen zum Beispiel Lauch, Karotten, Pflücksalat oder Petersilie. Dann warte, komm ab und zu auf einem Spaziergang vorbei und schau nach. Irgendwann kannst du ernten ...
Der Mann hatte zwar keinen eigenen Garten, aber selbst gezogenes Gemüse!
Danke Helmut, ich habe diese Geschichte nie vergessen, jedoch leider noch nicht ausprobiert.

KRÄUTER IM GARTEN | 51

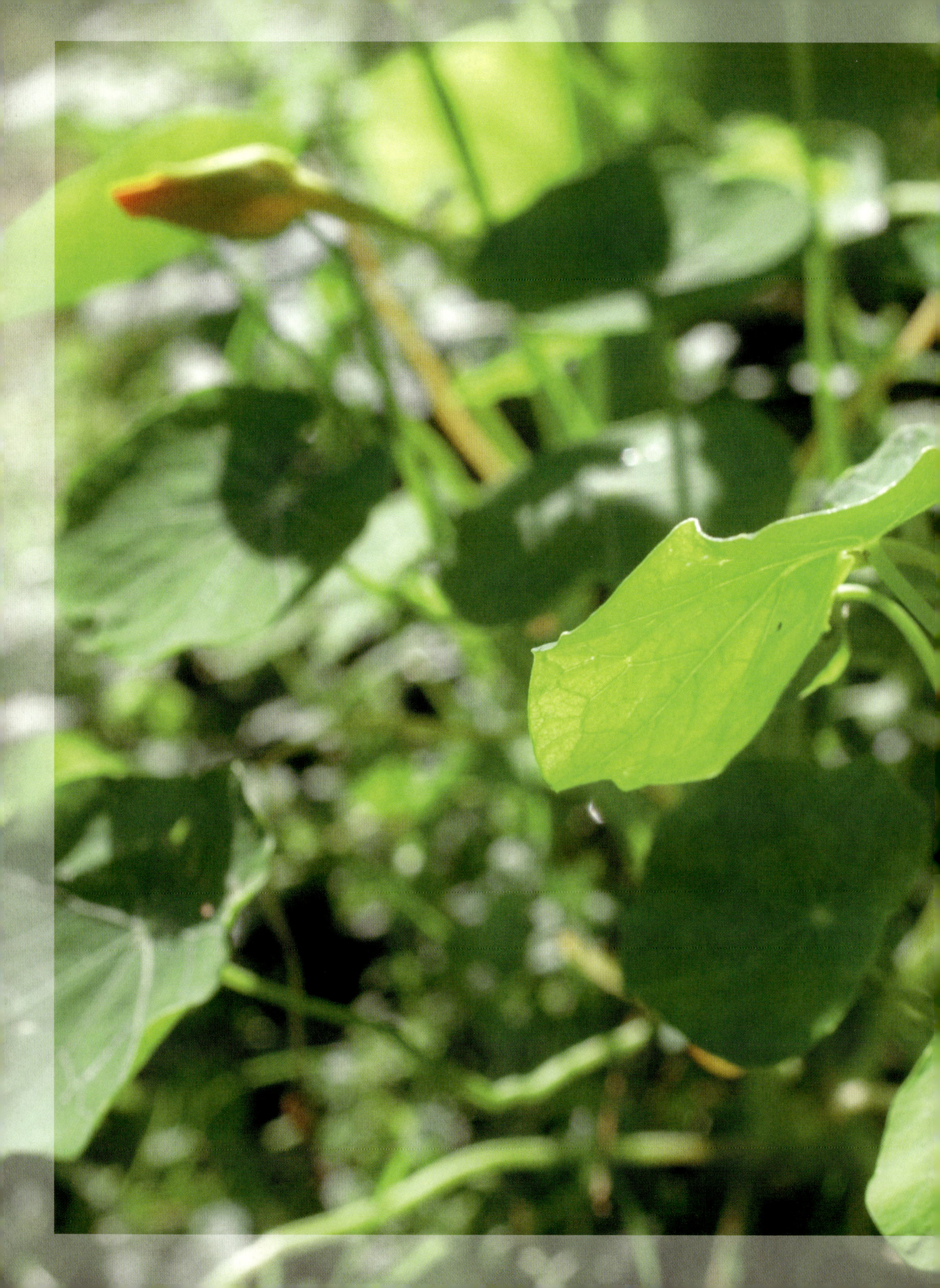

Garten und Beet

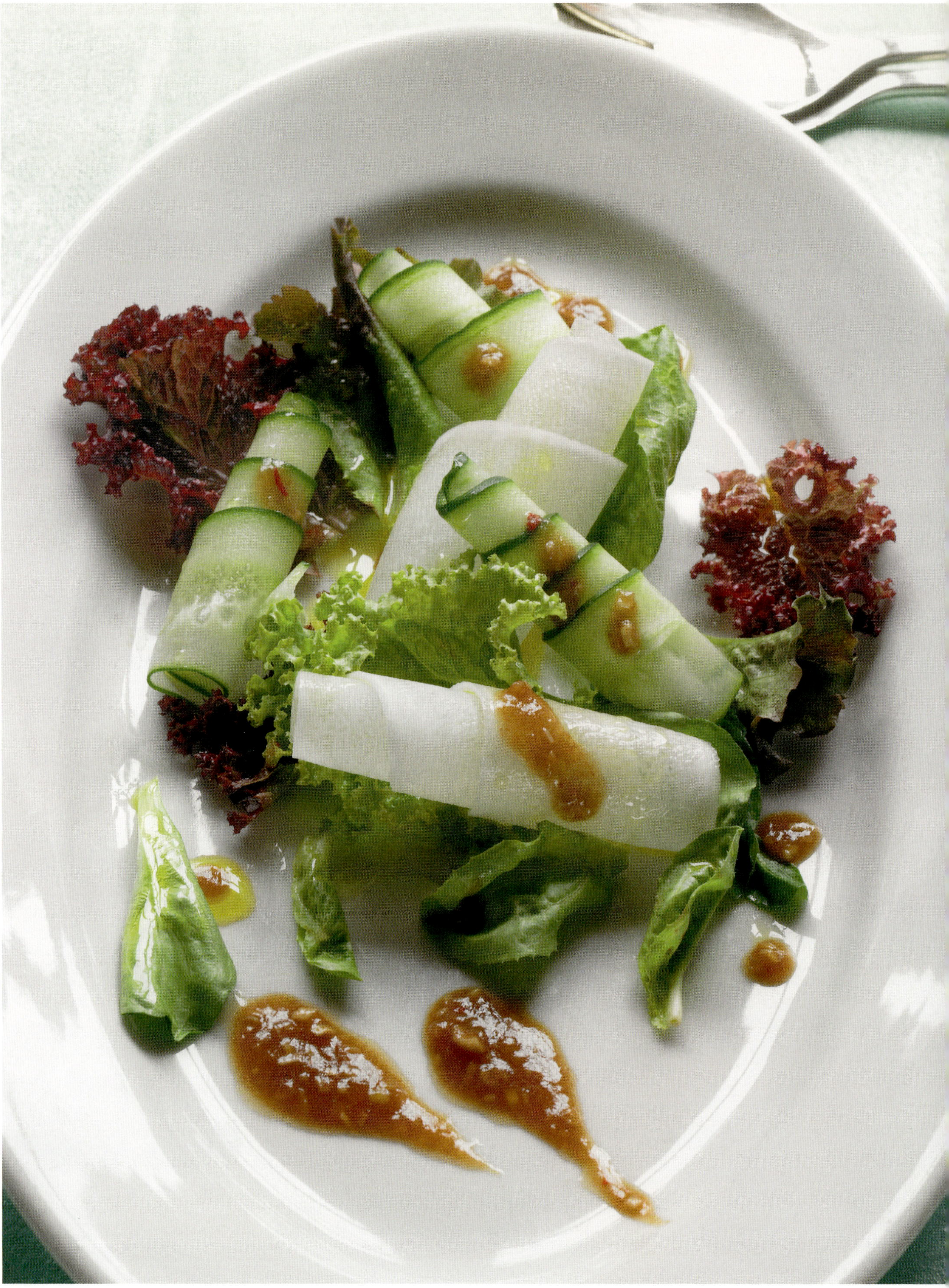

Rohe Rettich- und Gurkenlocken
mit Zitronengras-Tamarinden-Vinaigrette

■ Den Rettich schälen und die Gurke waschen. Den Rettich und die Gurke mit einem breiten Sparschäler in sehr dünne Längsstreifen schneiden und die Streifen aufrollen. Den Salat waschen, putzen, verlesen und trocken schleudern.

■ Für die Vinaigrette die Tamarindenschoten aufbrechen und das Mark aus der Schale pellen. Das Tamarindenmark in ein wenig kochendem Wasser auflösen und zum Entfernen der Kerne durchsieben.

■ Den Saft der Limetten auspressen. Die Chilischote längs aufschneiden, entkernen, waschen und sehr klein würfeln. Den Ingwer, die Schalotte und den Knoblauch schälen. Das Zitronengras und die Kaffir-Limettenblätter waschen und trocknen. Ingwer, Schalotte, Knoblauch, Zitronengras und Kaffir-Limettenblätter in sehr kleine Würfelchen schneiden.

■ Die gewürfelten Zutaten mit der Tamarindenpaste, dem Limettensaft, Honig, Salz und Sesamöl verrühren. Die Mischung mit dem Salat, den Rettich- und Gurkenlocken auf Tellern anrichten. Mit Dillöl beträufeln.

Zutaten für 4 Portionen:

1 schlanker, weißer Rettich
1 junge Salatgurke
80 g Pflücksalat
 (oder 1 kleiner Kopfsalat)
3 Tamarindenschoten
 (oder 2 EL Tamarinden-
 paste; Asienladen)
2 Limetten
1 Chilischote
1 kleines Stück
 frischer Ingwer
1 Schalotte
1 Knoblauchzehe
1 Stängel Zitronengras
3 Kaffir-Limettenblätter
 (Asienladen)
1 TL Akazienhonig
Kristallsalz
3 EL geröstetes Sesamöl
2 EL Dillöl
 (Rezept Seite 15)

Zubereitungszeit: 30 Min.

Salat von wilder Bachkresse mit Radieschen auf marinierten Purpur-Kartoffeln

Zutaten für 4 Portionen:

8 mittlere blaue Kartoffeln (Purpur-Kartoffeln)
100 g Bachkresse
1 Bund Radieschen
1 Frühlingszwiebel
1 Knoblauchzehe
3 EL Apfel- oder Fliederessig (Rezept Seite 123)
1 TL Akazienhonig
1 TL mittelscharfer Senf
4 EL Olivenöl
Kristallsalz
schwarzer Pfeffer

Zubereitungszeit: 40 Min.

■ Die Kartoffeln waschen, in einen Dämpfeinsatz geben und über Dampf in 30 Min. weich garen.

■ Inzwischen die Bachkresse waschen, verlesen und trocknen. Die Radieschen waschen, die Wurzeln und das Grüne entfernen und die Radieschen in Stifte schneiden. Die Frühlingszwiebel waschen, putzen und in feine Ringe schneiden. Den Knoblauch schälen und zerdrücken.

■ Für die Vinaigrette den Essig mit Honig, zerdrücktem Knoblauch, Senf und Olivenöl verrühren. Mit Salz und Pfeffer abschmecken.

■ Die Kartoffeln pellen und etwas ausdampfen lassen. Die noch warmen Kartoffeln in Scheiben schneiden und schuppenartig auf Tellern anrichten. Die Kartoffelscheiben mit der Hälfte der Vinaigrette beträufeln. Die Bachkresse, Frühlingszwiebel und Radieschen in der restlichen Vinaigrette wenden und auf den Kartoffelscheiben verteilen.

Tomaten-Wassermelonen-Ceviche
mit Avocado und Vogelmiere-Basilikum-Salat

■ Die Tomaten waschen und die Stielansätze herausschneiden, die Tomaten in Würfel schneiden. Die Wassermelone schälen, entkernen und ebenfalls in Würfel schneiden. Den Staudensellerie waschen und putzen, dabei das zarte helle Grün abzupfen. Den Staudensellerie in Würfel schneiden.

■ Die Avocado halbieren und den Stein entfernen. Das Fruchtfleisch mit einem Esslöffel herauslösen und in Würfel schneiden. Den Saft der Limetten auspressen und gleich über die Avocado gießen. Tomaten, Wassermelone, Staudensellerie und Avocado locker mischen und in Gläsern anrichten.

■ Für die Vinaigrette den Essig mit Olivenöl, Salz und Pfeffer verrühren. Die Vogelmiere waschen, verlesen und trocken tupfen. Das Basilikum waschen, trocknen und die Blätter abzupfen. Die Vogelmiere, die Basilikum- und Sellerieblätter mischen und in der Vinaigrette wenden. Den Salat auf den Wassermelonensalat geben und servieren.

Zutaten für 4 Portionen:

4 Tomaten
500 g Wassermelone
150 g Staudensellerie
1 Avocado
2 Limetten
2 EL Balsamico
4 EL Olivenöl
Kristallsalz
schwarzer Pfeffer
100 g Vogelmiere
4 Zweige Basilikum

Zubereitungszeit: 20 Min.

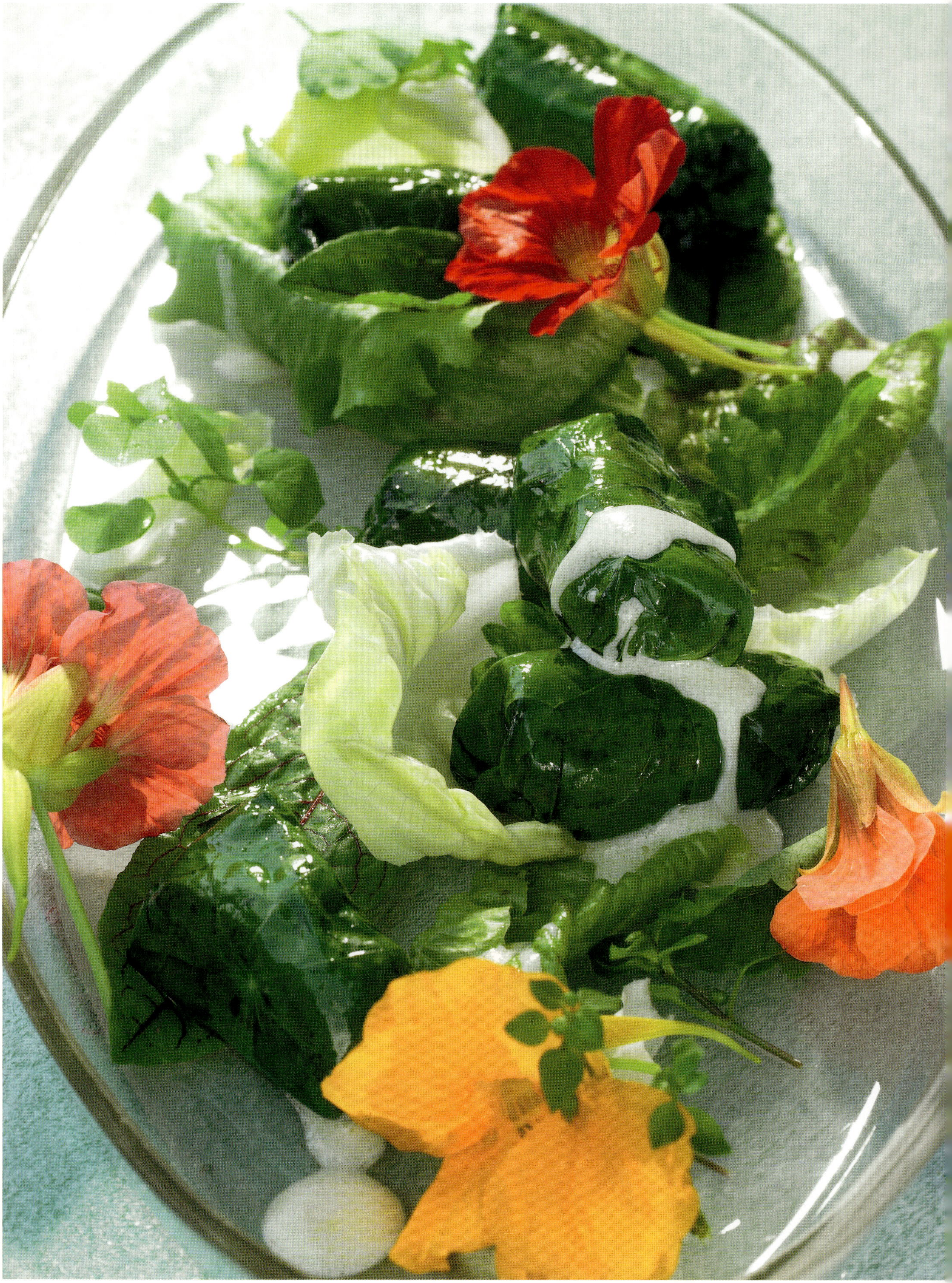

Kapuzinerkresseblätter mit Kichererbsenmusfüllung auf Kapuzinerblütensalat

■ Für die Füllung die gekeimten Kichererbsen und den Gemüsetee aufkochen, dann zugedeckt 10 Min. kochen lassen. Inzwischen den Knoblauch schälen. Die Zitrone waschen und trocken reiben, etwas Schale dünn abreiben und den Saft auspressen. Die Chilischote waschen.

■ Die Kichererbsen in ein Sieb abgießen und das Kochwasser auffangen. Die noch heißen Kichererbsen mit etwas Kochwasser, Zitronenschale, Knoblauch, der ganzen Chilischote, zerstoßenem Eis und 70 ml Olivenöl in den Mixer geben und zu einer festen glatten Paste pürieren. Gegebenenfalls während des Pürierens noch etwas Kochwasser dazugießen. Das Mus mit Salz abschmecken.

■ Die Kapuzinerkresseblätter waschen, trocknen und die Stiele entfernen. Die Blätter auf einer Arbeitsfläche ausbreiten, das Kichererbsenmus auf die Blätter geben und die Blätter aufrollen.

■ Den Kopfsalat putzen, waschen, trocken schleudern und klein zupfen. Die Kapuzinerkresseblüten verlesen. Für das Dressing 5 EL Olivenöl mit Zitronensaft, Joghurt, Salz und Pfeffer verrühren. Die Blätter und Blüten darin wenden. Den Salat anrichten.

■ Das übrige Olivenöl in einer Pfanne erhitzen, die gefüllten Kapuzinerkresseblütenblätter darin von allen Seiten 2 Min. braten. Dann herausnehmen und auf den Salat legen.

Zutaten für 4 Portionen:

250 g Kichererbsen, gekeimt
500 ml Gemüsetee (Rezept Seite 184)
2 Knoblauchzehen
1 Bio-Zitrone
1 Chilischote
2 EL zerstoßenes Eis
100 ml + 5 EL Olivenöl
Kristallsalz
16 große Kapuzinerkresseblätter
½ kleiner Kopfsalat
24 Kapuzinerkresseblüten
2 EL Joghurt
schwarzer Pfeffer

Zubereitungszeit: 30 Min.

Warm marinierte Artischocken
mit Würzkräutersalat

Zutaten für 4 Portionen:

4 große Artischocken
2 Bio-Zitronen
6 EL Sauerrahm
1 Msp. Akazienhonig
1 EL mittelscharfer Senf
6 EL Olivenöl
Kristallsalz
schwarzer Pfeffer
½ Bund Dill
½ Bund glatte Petersilie
40 Gierschblätter
1 Bund Basilikum
2 EL Schnittlauchblüten
   (ersatzweise gekeimte
   Raukesamen)

Zubereitungszeit: 35 Min.

■ Die Artischocken waschen, den Stiel herausbrechen und das obere Drittel der Blätter abschneiden. Jeweils die Artischockenböden herauslösen und das Heu herauskratzen. Die Artischockenböden in dünne Scheiben schneiden und in kochendem Wasser 8 Min. garen.

■ Den Saft der Zitronen auspressen und zwei Drittel davon mit Sauerrahm, Honig, Senf und 4 EL Olivenöl verrühren. Die Marinade mit Salz und Pfeffer abschmecken. Die Artischocken abgießen und noch warm in der Sauerrahmmarinade wenden.

■ Die Kräuter waschen, trocknen, verlesen und die Blätter abzupfen. Die Kräuter mit dem übrigen Zitronensaft und dem restlichen Olivenöl, wenig Salz und Pfeffer mischen. Artischocken und Kräutersalat anrichten und mit Schnittknoblauch bestreuen.

Ich serviere die Artischocken lauwarm, da sind sie am besten! Für den Würzkräutersalat gibt es unzählige Kombinationsmöglichkeiten. Dieses Rezept ist nur eine Empfehlung dafür, wie gut sich intensiv aromatische Kräuter als Salat zubereiten lassen. Zum Beispiel schmeckt auch Rucola darin sehr gut oder Pimpernelle anstelle der Gierschblätter.

Tipp

Aloe-vera-Salat
mit Koriander und Pomelo

■ Die Aloe-vera-Blätter waschen, schälen und das Fruchtfleisch in Würfel schneiden. In kaltem Wasser mehrmals gründlich spülen, dann das Wasser abgießen. Das Koriandergrün waschen, trocknen und die Blätter abzupfen.

■ Die Salatgurke waschen, halbieren und in Würfel schneiden. Die Tomaten waschen und die Stielansätze herausschneiden. Die Tomaten an der Oberseite kreuzförmig einritzen, in kochendem Wasser 8 Sek. brühen, herausnehmen, in Eiswasser abschrecken und häuten. Die Tomaten vierteln, entkernen und in Würfel schneiden. Die Pomelo schälen, die Haut von den Spalten abziehen und die Fruchtsegmente lose zerzupfen. Den Kopfsalat putzen, waschen, trocken schleudern und zerzupfen.

■ Für die Vinaigrette den Akazienhonig mit Essig und Salz verrühren, das Sesamöl dazugeben und unterschlagen. Die Erdnüsse im Mörser grob zerstoßen. Alle vorbereiteten Zutaten locker unter die Vinaigrette heben.

Zutaten für 4 Portionen:

2 Aloe-vera-Blätter
½ Bund Koriandergrün
1 kleine Salatgurke
2 Tomaten
½ Pomelo
1 kleiner Kopfsalat
1 TL Akazienhonig
4 EL weißer Balsamico
Kristallsalz
5 EL geröstetes Sesamöl
2 EL gesalzene Erdnüsse

Zubereitungszeit: 25 Min.

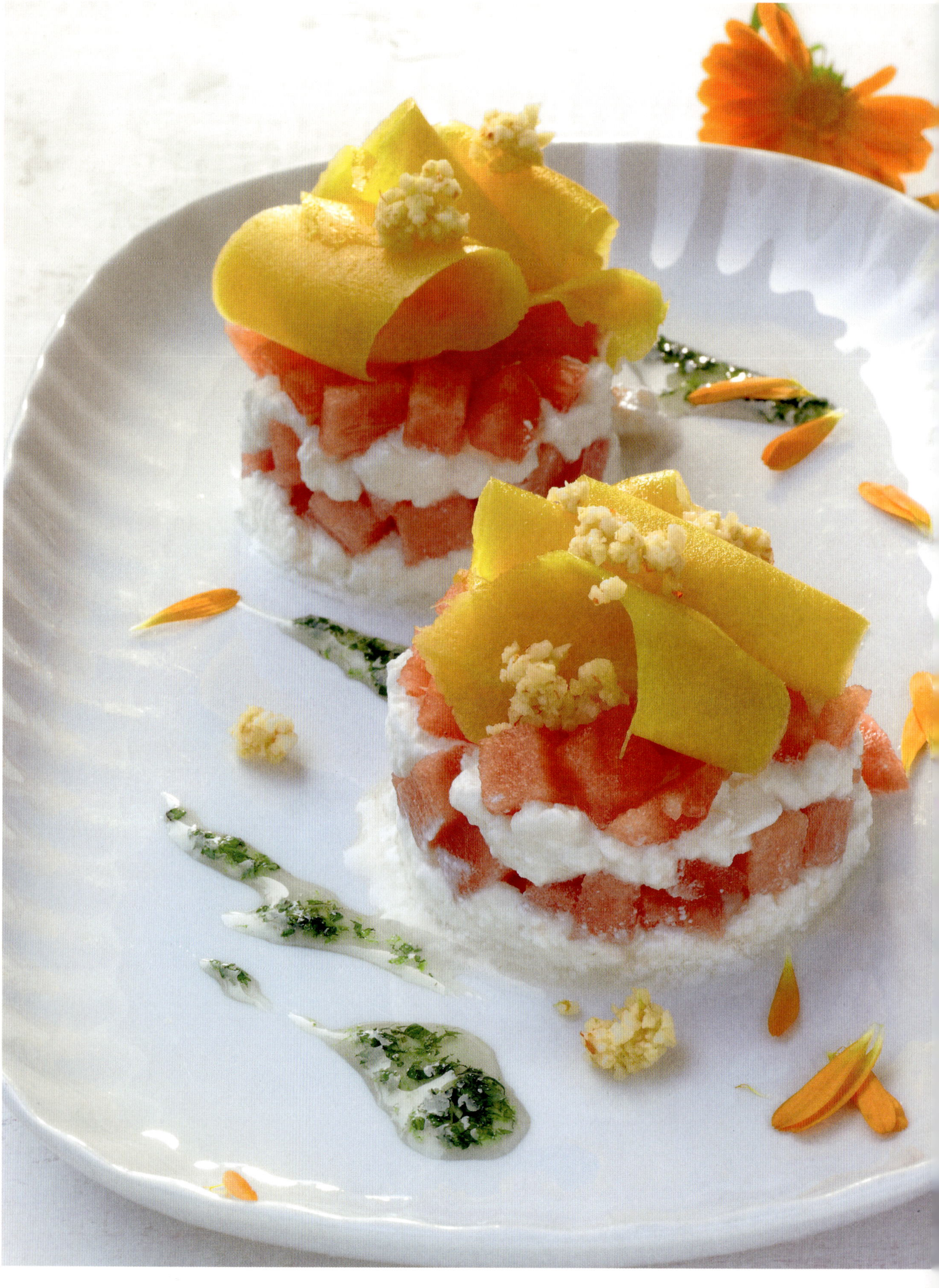

Hüttenkäse-Wassermelonen-Türmchen
mit Mango und Ringelblumenpesto mit Zitronenmelisse

■ Für das Pesto die Ringelblumen verlesen und die Blütenblätter abzupfen. Zwei Drittel der Blütenblätter mit Mandeln und Schokolade in einem Blitzhacker fein zerkleinern.

■ Für die Türmchen die Wassermelone schälen und in kleine Würfel schneiden. Die Mango schälen und das Fruchtfleisch mit dem Sparschäler in breiten Streifen vom Stein hobeln.

■ Die Zitronenmelisse waschen, trocknen und die Blätter abzupfen. Die Hälfte der Blätter klein schneiden. Die Limette waschen, trocken reiben und die Schale fein abreiben. Die Limettenschale mit dem Honig und den geschnittenen Melisseblättern mischen und beiseitestellen.

■ Zum Servieren einen Ring oder Ausstecher jeweils auf die Teller setzen. Dann abwechselnd Hüttenkäse und Melone einfüllen. Den Ring oder Ausstecher vorsichtig entfernen. Die Mangostreifen obendrauf geben. Mit dem aromatisierten Honig beträufeln und das Pesto daraufgeben.

Zutaten für 4 Portionen:

12 Ringelblumenblüten
30 g geschälte Mandeln
60 g weiße Schokolade
400 g kernlose Wassermelone
1 Mango
6 Zweige Zitronenmelisse
1 Bio-Limette
2 EL Akazienhonig
200 g Hüttenkäse
1 Ring oder runder Ausstecher (ca. 7 cm Ø)

Zubereitungszeit: 25 Min.

Übriges Pesto können Sie gut verschlossen einige Tage im Kühlschrank aufheben und anderweitig verwenden.

Hüttenkäse mit Zitrusaromen

4 Zweige Zitronenthymian waschen, trocknen und die Blätter abzupfen. Je 1 Bio-Orange und Bio-Zitrone waschen, trocken reiben und jeweils etwas Schale fein abreiben. Die Blütenblätter von 2 Taglilienblüten fein schneiden. Mit Orangen- und Zitronenschale, Thymianblättern und 2 EL Leinöl unter 250 g Hüttenkäse rühren. Den Hüttenkäse salzen. In 4 flötenförmige Gläser je 1 Taglilienblüte mit der Öffnung nach oben setzen. Den Hüttenkäse zu Kugeln formen und in die Blüten füllen. 1 EL rote Pfefferkörner im Mörser leicht zerdrücken und darüberstreuen. Jeweils mit 1 Zweig Zitronenthymian garnieren.

GARTEN UND BEET

Toastdreiecke
mit Kapuzinerkresse und Kapern

Zutaten für 4 Portionen:

8 Scheiben Vollkorntoast
2 EL zimmerwarme Butter
2 Tomaten
2 Frühlingszwiebeln
40 g Raukeblätter
20 Kapuzinerkresseblätter
120 g Frischkäse
2 EL Kapern
Kristallsalz
1 TL edelsüßes Paprikapulver
1 EL mittelscharfer Senf

Zubereitungszeit: 10 Min.

■ Den Backofen auf 200° (Umluft 190°) vorheizen. Die Toastscheiben dünn mit Butter bestreichen, auf ein Backblech legen und im Backofen (Mitte) in 5 Min. knusprig toasten.

■ Die Tomaten waschen und die Stielansätze herausschneiden. Die Tomaten an der Oberfläche kreuzförmig einritzen, 8 Sek. in kochendem Wasser brühen, herausnehmen, in Eiswasser abschrecken und häuten. Die Tomaten vierteln und entkernen.

■ Die Frühlingszwiebeln waschen, putzen und in feine Ringe schneiden. Die Rauke- und Kapuzinerkresseblätter waschen, trocknen und verlesen. Den Frischkäse mit den Frühlingszwiebeln, den Kapern, etwas Salz und dem Paprikapulver verrühren.

■ Die Toastscheiben zuerst mit Senf bestreichen, dann mit Kapuzinerkresseblättern belegen und anschließend mit Frischkäse bestreichen. Das Tomatenfruchtfleisch auf 4 Toastscheiben verteilen. Die Raukeblätter und die restlichen Toastscheiben darauflegen, andrücken und die Toasts diagonal in Dreiecke schneiden.

Reiswraps mit asiatisch gewürztem Spitzkohl und Sprossen

■ Die Limette waschen und trocken reiben, etwas Schale dünn abreiben und den Saft auspressen. Das Gemüse waschen und putzen. Den Spitzkohl in dünne Streifen hobeln. Die Karotte in Stifte raspeln. Den Ingwer schälen und fein reiben. Die Kräuter waschen und trocknen. Den Schnittknoblauch fein schneiden und die Korianderblätter abzupfen. Die Chilischote längs aufschneiden, entkernen, waschen und fein schneiden. Die Sprossen in einem Sieb abspülen und abtropfen lassen.

■ Sojasauce mit Honig, Limettensaft und -schale, Sesamöl, Ingwer und Chili verrühren. Die Marinade mit etwas Salz abschmecken. Das Gemüse, die Kräuter und die Sprossen darin wenden. Die Reisblätter mit wenig Wasser bepinseln, sodass sie elastisch werden. Den asiatischen Salat darauf verteilen und die Reisblätter eng aufrollen. Die Wraps in mundgerechte Stücke schneiden. Mit Sojasauce zum Dippen servieren.

Zutaten für 4 Portionen:

1 Bio-Limette
¼ junger Spitzkohl (ca. 120 g)
1 Karotte
10 g frischer Ingwer
1 Bund Schnittknoblauch (oder Schnittlauch)
5 Stängel Koriandergrün
1 rote Chilischote
je 2 EL gekeimte Sonnenblumenkerne, Radieschen- und Alfalfasamen
1 EL Sojasauce
1 Msp. Akazienhonig
2 EL geröstetes Sesamöl
Kristallsalz
4 Bio-Reisblätter
Sojasauce zum Dippen

Zubereitungszeit: 15 Min.

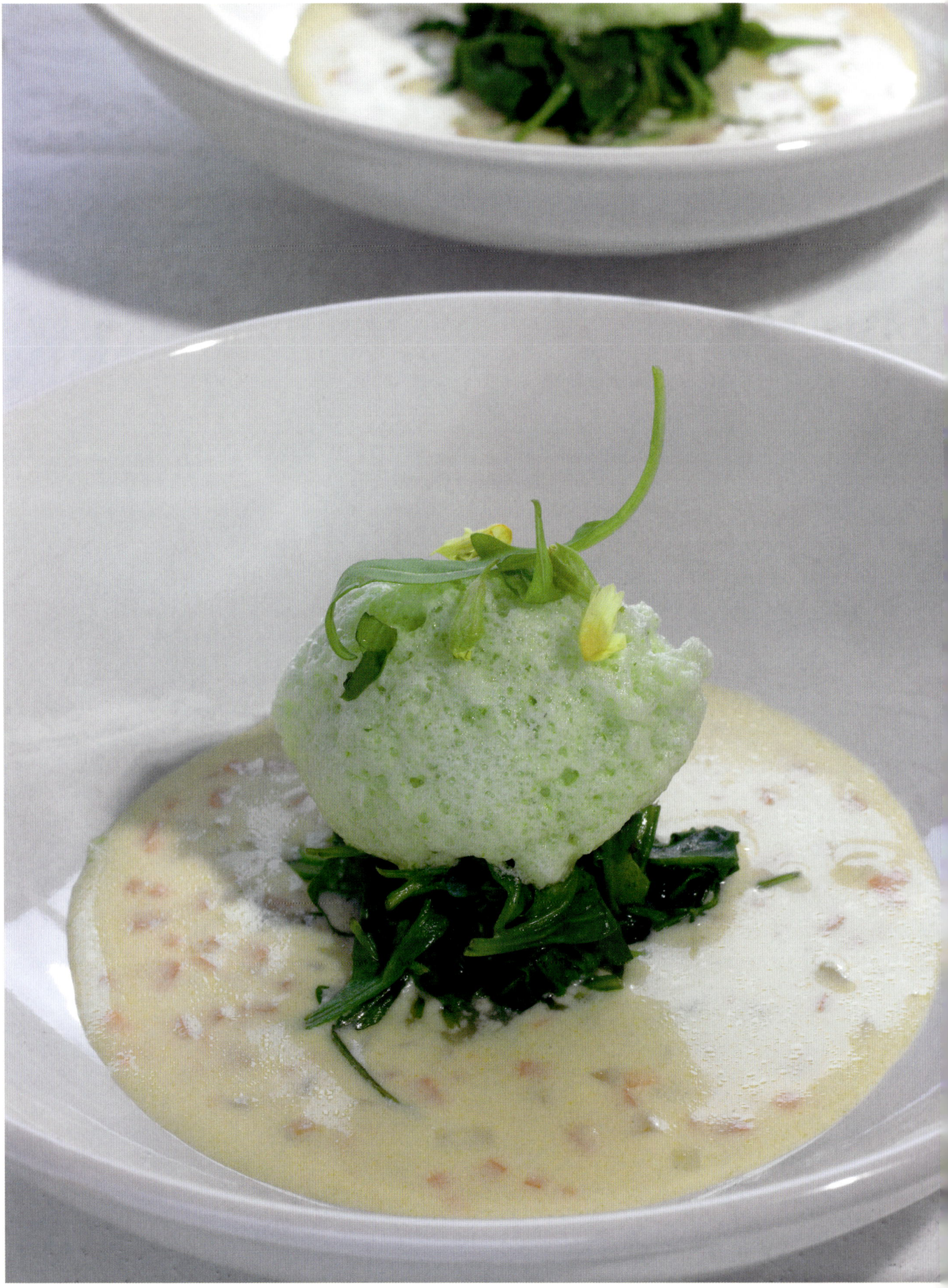

Petersilien-Schneebällchen
auf Senfsüppchen mit Senfspinat

■ Die Zitrone waschen und trocken reiben, etwas Schale dünn abschneiden und den Saft auspressen. Die Petersilie waschen, trocknen und fein schneiden. Die Hälfte der Petersilie mit dem Zitronensaft und 2 EL Wasser im Mixer sehr fein pürieren. Das Püree durch ein Sieb passieren, um alle Stiele herauszufiltern. Den Rest der Petersilie beiseitelegen.

■ Die Eiweiße mit 1 Prise Salz steif schlagen. Den Petersiliensaft tropfenweise unterschlagen, sodass eine feste Schaummasse entsteht. In einem weiten Topf 2 l Wasser zum Sieden bringen. Von der Schaummasse mit zwei Esslöffeln Nocken abstechen. Die Nocken in das heiße, nicht kochende Wasser gleiten lassen und zugedeckt 3 Min. garen. Die Nocken wenden und offen in weiteren 3 Min. fertig garen. Mit einem Schaumlöffel herausnehmen und in kaltem Wasser bis zur weiteren Verwendung ruhen lassen.

■ Für das Senfsüppchen die Schalotte schälen. Die Karotte waschen und putzen. Beides in kleine Würfel schneiden. Akazienhonig und 2 EL Olivenöl erhitzen, die Senfkörner, Schalotten- und Karottenwürfeln darin 2–3 Min. anschwitzen. Mit Gemüsetee und Sahne ablöschen. Den Senf dazugeben und alles bei kleiner Hitze 5 Min. köcheln lassen. Mit Salz und Pfeffer abschmecken.

■ Die Senfblätter waschen, trocknen und verlesen. 2 EL Olivenöl erhitzen, die Senfblätter darin in 1 Min. zusammenfallen lassen. Mit Salz und Pfeffer abschmecken. Die Schneebällchen in der restlichen Petersilie wenden. Das Süppchen in tiefe Vorspeiseteller füllen, einen Sockel aus Senfspinat in die Mitte geben und je 1–2 Petersilien-Schneebällchen obendrauf setzen. Mit den Blüten garnieren.

Zutaten für 4 Portionen:

1 Bio-Zitrone
1 Bund glatte Petersilie
3 Eiweiß
Kristallsalz
1 Schalotte
1 kleine Karotte
1 Msp. Akazienhonig
4 EL Olivenöl
1 EL Senfkörner
150 ml Gemüsetee
 (Rezept Seite 184)
150 ml Sahne
1 EL mittelscharfer Senf
schwarzer Pfeffer
200 g Senfblätter
2 EL Senfblüten
 (ersatzweise Brokkoli-
 oder Raukeblüten)

Zubereitungszeit: 35 Min.

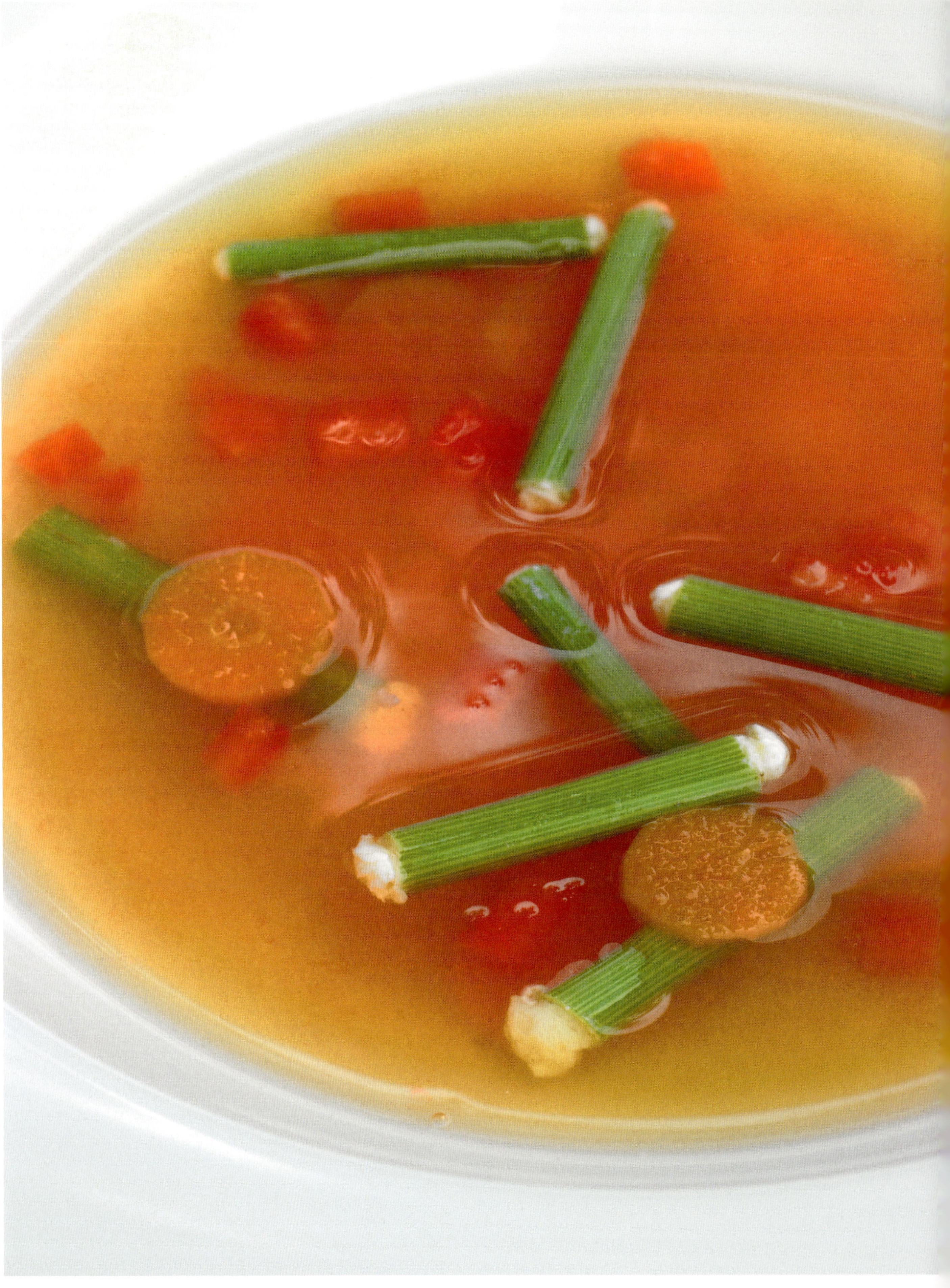

Karotten-Tomaten-Essenz
mit gefüllten Liebstöckelstielen

■ Für die Essenz die Karotten waschen, putzen und in dünne Scheiben schneiden. Die Tomaten waschen und die Stielansätze herausschneiden. Die Tomaten an der Oberseite kreuzförmig einritzen, in kochendem Wasser 8 Sek. brühen, herausnehmen, in Eiswasser abschrecken und häuten. Die Tomaten vierteln und entkernen. Die Kerne in einen Mixer geben und pürieren, dann durch ein Sieb passieren und die Flüssigkeit auffangen. Das Fruchtfleisch in Würfel schneiden.

■ Den aufgefangenen Tomatensaft mit dem Gemüsetee erhitzen. Das Lorbeerblatt und die Karottenscheiben dazugeben, alles aufkochen und bei kleiner Hitze 10 Min. köcheln lassen. Die Essenz mit Salz, Pfeffer, Sojasauce und Honig abschmecken und warm halten.

■ Für die gefüllten Liebstöckelstiele den Liebstöckel waschen, die Stiele mit dem größten Hohlraum abtrennen und beiseitelegen. Den restlichen Liebstöckel fein schneiden. Für die Füllung die Crème fraîche mit dem Eigelb verrühren.

■ Die Füllung mit Salz und Pfeffer abschmecken, in eine Einwegspritze ohne Nadel ziehen und die Hohlräume der Liebstöckelstiele damit füllen. Die gefüllten Stiele in einen Dämpfeinsatz geben und über Dampf 8 Min. garen. Die Stiele herausnehmen, leicht abkühlen lassen und in 2 cm lange Stücke schneiden. Die Essenz anrichten. Die Tomatenstücke, den geschnittenen Liebstöckel und die gefüllten Stiele dazugeben. Die Karotten-Tomaten-Essenz sofort servieren.

Zutaten für 4 Portionen:

2 kleine Karotten
3 Tomaten
750 ml Gemüsetee
 (Rezept Seite 184)
1 Lorbeerblatt
Kristallsalz
schwarzer Pfeffer
1 TL Sojasauce
1 Msp. Akazienhonig
8 dicke Liebstöckelstiele
 mit Blatt
50 ml Crème fraîche
1 Eigelb
1 Einwegspritze
 ohne Nadel

Zubereitungszeit: 30 Min.

Karotten-Vichysoisse
mit Knuspergiersch

Zutaten für 4 Portionen:

300 g Karotten
1 Zwiebel
1 Bio-Orange
600 ml Gemüsetee
   (Rezept Seite 184)
Kristallsalz
weißer Pfeffer
2 EL Akazienhonig
1 Spritzer Zitronensaft
2 EL goldgelbe Leinsaat
25 junge Gierschblätter
30 ml Bratöl
4 EL Sauerrahm
neutrales Öl
   für das Backblech

Zubereitungszeit: 25 Min.
Gefrierzeit: 50 Min.

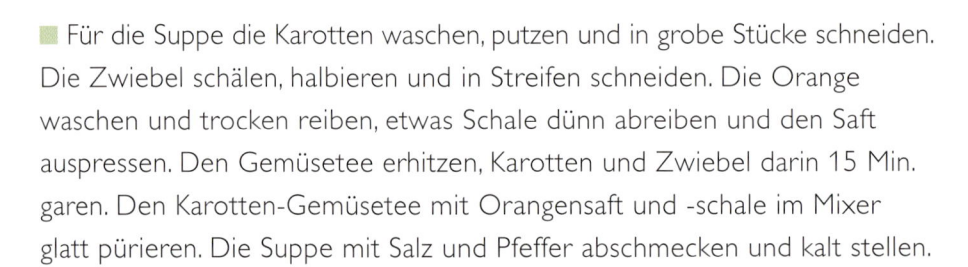

■ Für die Suppe die Karotten waschen, putzen und in grobe Stücke schneiden. Die Zwiebel schälen, halbieren und in Streifen schneiden. Die Orange waschen und trocken reiben, etwas Schale dünn abreiben und den Saft auspressen. Den Gemüsetee erhitzen, Karotten und Zwiebel darin 15 Min. garen. Den Karotten-Gemüsetee mit Orangensaft und -schale im Mixer glatt pürieren. Die Suppe mit Salz und Pfeffer abschmecken und kalt stellen.

■ Inzwischen ein Backblech mit Öl einfetten. Für das Leinsaatkrokant den Honig und Zitronensaft in eine Pfanne geben und den Honig hellgelb schmelzen lassen. Die Leinsaat dazugeben und 1 Min. karamellisieren lassen, dann auf das Backblech gießen und 50 Min. ins Gefrierfach stellen. Den eisgekühlten Leinsaatkrokant in mundgerechte Stücke brechen.

■ Den Giersch waschen und trocknen. Das Bratöl erhitzen, den Giersch darin knusprig ausbacken. Herausnehmen und auf Küchenpapier abtropfen lassen. Die kalte Suppe in tiefe Teller füllen und je 1 EL Sauerrahm daraufgeben. Mit den Gierschblättern und Leinsaatkrokant bestreut servieren.

Gebratene Hopfenknospen und Fenchel
mit aromatischem Fenchelpüree

- Den Knoblauch schälen und in Scheibchen schneiden. Den Fenchel waschen und putzen. 2 Fenchelknollen grob zerkleinern, in einen Dämpfeinsatz geben und über Dampf in 10 Min. weich garen. Die restlichen Fenchelknollen in hauchdünne Scheiben schneiden.

- 2 EL Olivenöl erhitzen, zwei Drittel der Knoblauchscheibchen und den Sternanis darin anschwitzen, bis der Knoblauch glasig ist. Mit Sahne ablöschen und bei kleiner Hitze 10 Min. köcheln lassen. Den Sternanis entfernen. Die Knoblauchsahne und die gegarten Fenchelstücke in den Mixer geben und glatt pürieren. Das Püree mit dem Zitronensaft, Salz und Pfeffer abschmecken.

- Die Hopfendolden verlesen. 2 EL Olivenöl in einer Pfanne erhitzen, die Hopfendolden, Fenchelscheiben und die restlichen Knoblauchscheiben darin goldgelb braten. Die Dolden mit dem Fenchelpüree anrichten und mit dem beiseitegelegten Fenchelgrün garnieren.

Zutaten für 4 Portionen:

4 Knoblauchzehen
4 Fenchelknollen
4 EL Olivenöl
1 Sternanis
125 ml Sahne
1 TL Zitronensaft
Kristallsalz
weißer Pfeffer
4 Hopfendolden vor der Blüte

Zubereitungszeit: 35 Min.

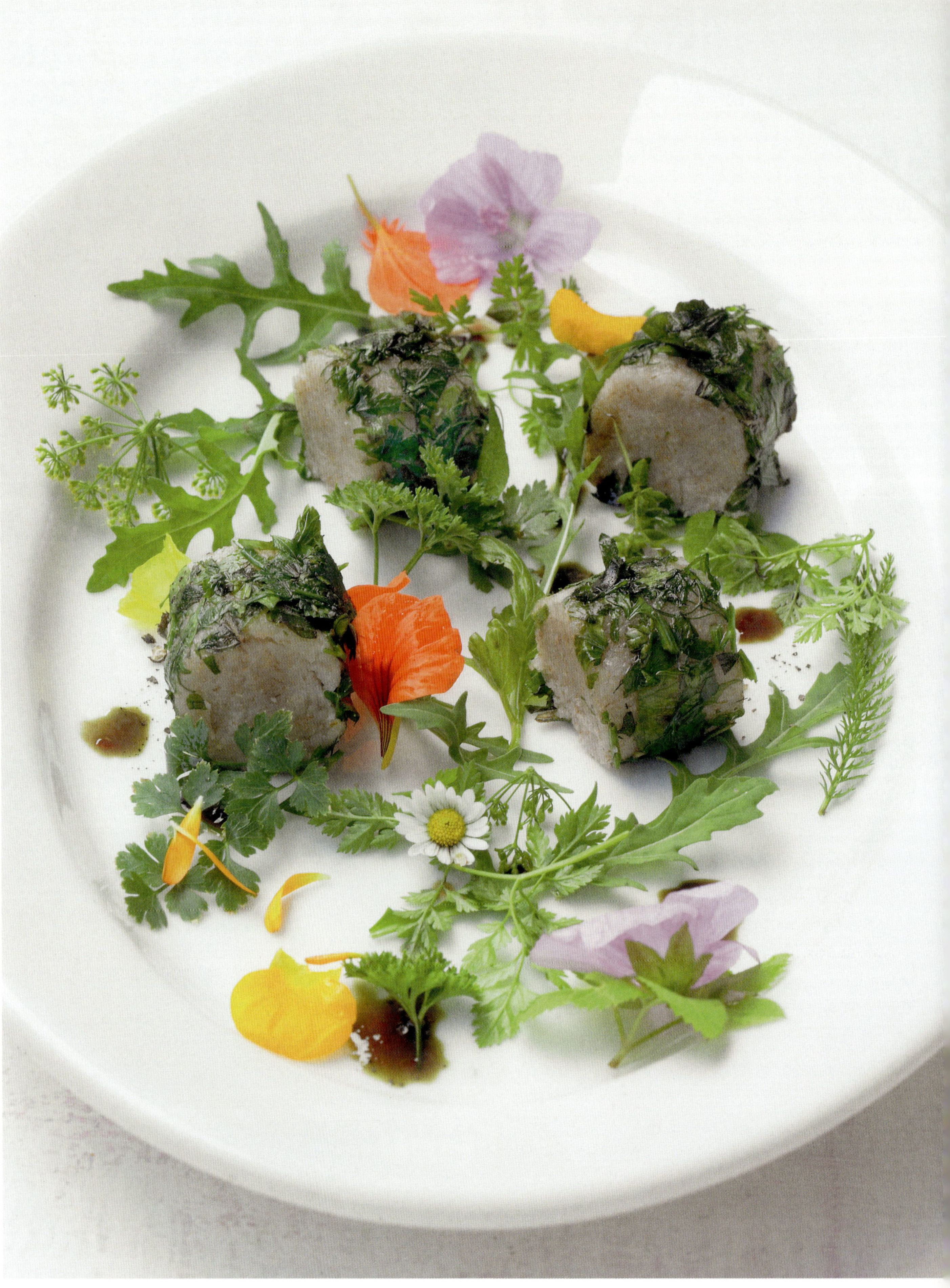

Gekräuterte Grießroulade
mit Sommerblütensalat und Kürbiskernöl

■ Die Milch und den Gemüsetee mit 1 Prise Salz, Lorbeerblatt und etwas Muskat in einem Topf erhitzen. Den Grieß mit einem Schneebesen zügig einrühren und einmal aufkochen lassen. Den Topf vom Herd ziehen und den Grieß zugedeckt 15 Min. ausquellen lassen.

■ Inzwischen den Parmesan reiben. Die Kräuter waschen, trocknen, verlesen und fein schneiden. Die Butter und den Parmesan unter den Grieß rühren, eventuell noch etwas salzen. Die Masse auf Handtemperatur abkühlen lassen. Die noch handwarme Masse auf ein ausreichend großes Stück Klarsichtfolie geben und mit Hilfe der Folie zu einer glatten Rolle (ca. 3–3,5 cm Ø) formen. Die Grießroulade mindestens 1 Std. in den Kühlschrank stellen.

■ Die Kräuter mit reichlich grob gemahlenem Pfeffer mischen. Die Rolle aus der Folie nehmen und in der Kräutermischung wälzen. Die Grießroulade in ca. 2,5 cm lange Stücke schneiden.

■ Für den Blütensalat die Raukeblätter waschen, trocknen und verlesen. Die Blüten verlesen. Die Blütenblätter der Ringelblume und Rose abzupfen. Für die Vinaigrette den Knoblauch schälen und mit etwas Salz sehr fein zerdrücken. Den Knoblauch mit Essig, Oliven- und Kürbiskernöl verrühren.

■ Zum Servieren das übrige Olivenöl erhitzen, die Grießstücke darin 2 Min. braten. Die Blätter und Blüten in der Vinaigrette wenden. Den Blütensalat mit der warmen Grießroulade servieren.

Zutaten für 4 Portionen:

Für die Roulade:
200 ml Milch
200 ml Gemüsetee (Rezept Seite 184)
Kristallsalz
1 Lorbeerblatt
etwas frisch geriebene Muskatnuss
200 g Kamutgrieß
35 g Parmesan
je 5 Zweige glatte Petersilie, Dill, Liebstöckel, Thymian oder Zitronenthymian und Basilikum
25 g Butter
schwarzer Pfeffer aus der Mühle
2 EL Olivenöl

Für den Salat:
100 g Raukeblätter
5 Ringelblumenblüten
10 Kapuzinerkresseblüten
16 Borretschblüten
16 Nachtkerzenblüten
1 Rosenblüte
1 Knoblauchzehe
Kristallsalz
3 EL Balsamico
2 EL Olivenöl
2 EL Kürbiskernöl

Zubereitungszeit: 45 Min.
Kühlzeit: 1 Std.

Tipp: Die Auswahl der Blüten und Kräuter können Sie beliebig variieren – je nach Verfügbarkeit. Es ist ein typisches »Gartengericht« – einfach querbeet – und optimal für Gäste, weil es sich sehr gut vorbereiten lässt.

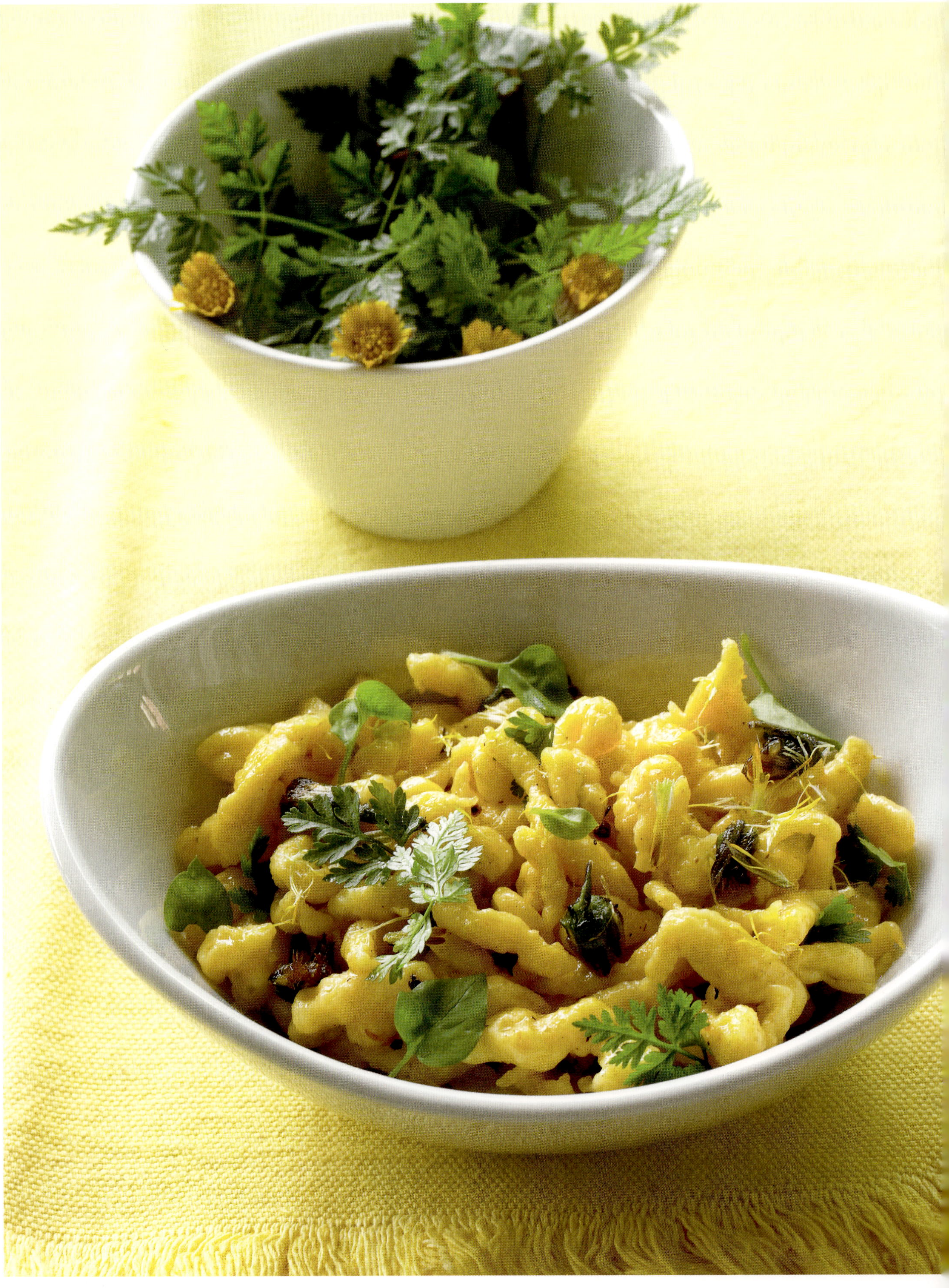

Topfenspätzle
mit Kerbel, Huflattichblüten und Vogelmiere

■ Für die Spätzle den Topfen mit Mehl, Eiern und Salz verrühren. Den Spätzleteig 15 Min. ruhen lassen.

■ Inzwischen Wasser in einem großen Topf aufkochen lassen. Den Käse grob reiben. Die Frühlingszwiebel waschen, putzen und in Ringe schneiden. Die Huflattichblüten, den Kerbel und die Vogelmiere waschen, verlesen und trocknen. Die Kerbelblätter abzupfen und zerzupfen.

■ Den Spätzleteig durch ein Spätzlesieb in das siedende Wasser streichen. Die Spätzle 5–8 Min. ziehen lassen, bis sie an der Oberfläche schwimmen. Die Spätzle mit dem Sieblöffel vorsichtig abschöpfen.

■ Die Butter in einer Pfanne schmelzen lassen, die Frühlingszwiebel und Huflattichblüten darin anschwitzen, bis die Frühlingszwiebel glasig ist. Die Spätzle dazugeben und darin schwenken, mit Salz und Pfeffer würzen. Käse und Kerbel untermischen. Die Spätzle anrichten und mit der Vogelmiere bestreut servieren.

Zutaten für 4 Portionen:

200 g Topfen (trockener Quark)
200 g gesiebtes Dinkelvollkornmehl
2 Eier
Kristallsalz
25 g Emmentaler Käse
1 Frühlingszwiebel
30 g Huflattichblüten
50 g Kerbel
30 g Vogelmiere
20 g Butter
schwarzer Pfeffer

Zubereitungszeit: 35 Min.

GARTEN UND BEET

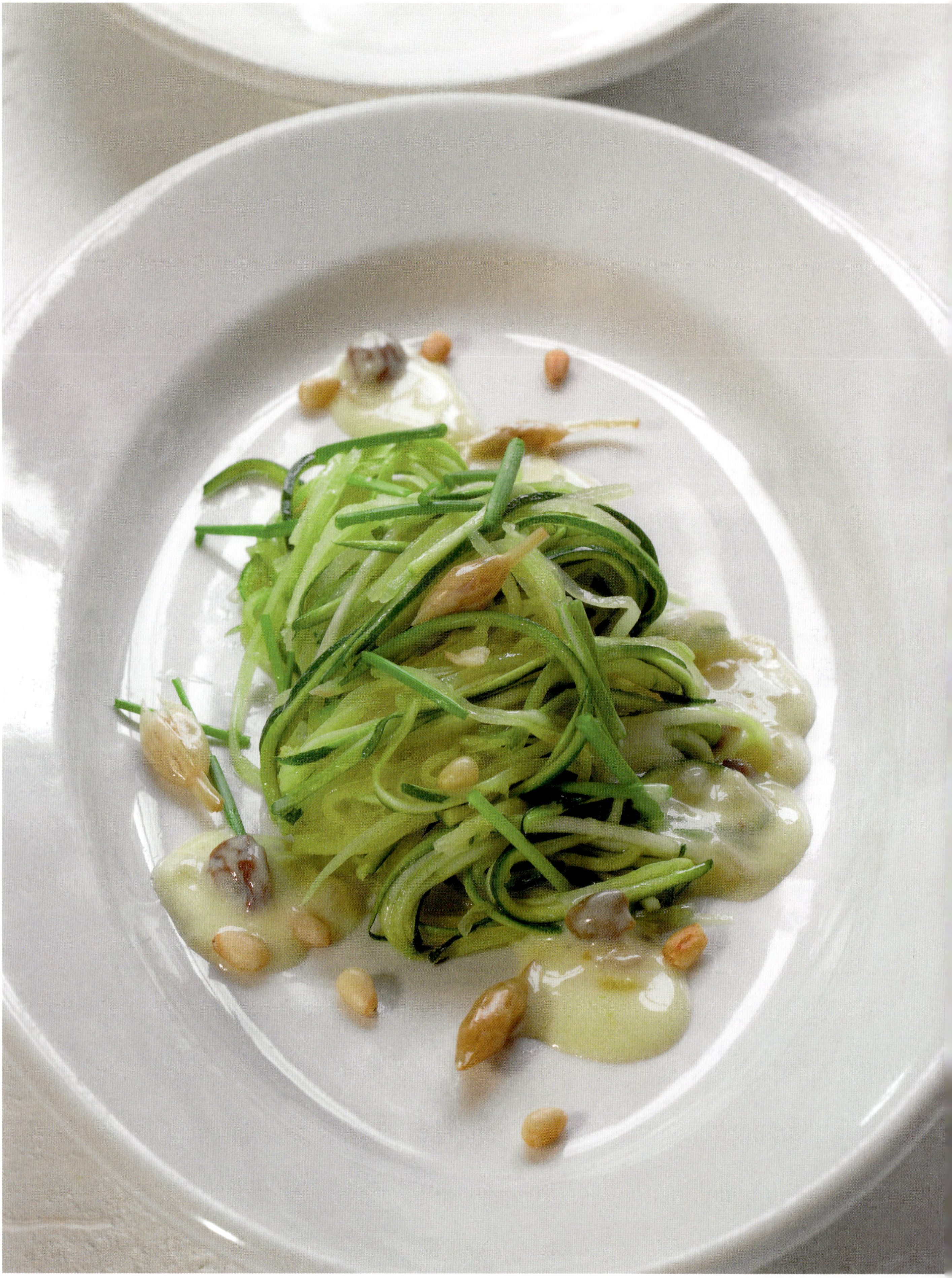

Zucchinispaghetti
mit gebratenen Schnittlauchknospen und Schnittknoblauch-Kapern-Sauce

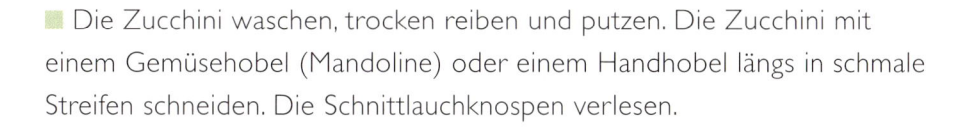

■ Die Zucchini waschen, trocken reiben und putzen. Die Zucchini mit einem Gemüsehobel (Mandoline) oder einem Handhobel längs in schmale Streifen schneiden. Die Schnittlauchknospen verlesen.

■ Die Pinienkerne in einer trockenen Pfanne goldgelb rösten. Die Orange waschen und trocken reiben, mit dem Zestenreißer etwas Schale abziehen und den Saft auspressen. Die Rosinen im Orangensaft einweichen.

■ Für die Sauce die Schalotte schälen und in kleine Würfel schneiden. 2 EL Olivenöl erhitzen, die Schalottenwürfel, Kapern, Orangenschale und Honig dazugeben und anschwitzen, bis die Schalotte glasig ist. Die eingeweichten Rosinen mit dem Orangensaft dazugießen und bei kleiner Hitze 5 Min. köcheln lassen.

■ Den Schnittknoblauch waschen, trocknen und fein schneiden. Schnittknoblauch, Pinienkerne und Crème fraîche unter die Sauce rühren. Die Sauce mit etwas Salz und Pfeffer abschmecken.

■ 2 EL Olivenöl in einer Pfanne erhitzen, die Schnittlauchknospen darin kurz anbraten, dann die Zucchinistreifen darin 2 Min. wenden. Mit Salz und Pfeffer abschmecken und mit der Sauce servieren.

Zutaten für 4 Portionen:

2 grüne Zucchini
2 gelbe Zucchini
24 Schnittlauchknospen
25 g Pinienkerne
1 Bio-Orange
2 EL Rosinen
1 Schalotte
4 EL Olivenöl
2 EL Kapern
1 TL Akazienhonig
1 Bund Schnittknoblauch
2 EL Crème fraîche
Kristallsalz
schwarzer Pfeffer

Zubereitungszeit: 25 Min.

Tipp

Gemüsespaghetti können Sie aus fast allen Gemüsesorten zubereiten. Statt der pikanten Schnittknoblauch-Kapern-Rosinen-Sauce passt genauso eine klassische Parmesan- oder Tomatensauce dazu.

Und anstelle von Schnittknoblauch können Sie Frühlingszwiebelgrün und 1 zerdrückte Knoblauchzehe verwenden.

Grillierte Lorbeer-Schalotten-Spieße
mit Berberitzen-Relish

Zutaten für 4 Portionen:

3 Zwiebeln
1 Bio-Orange
80 g Berberitzen
1 EL Pimentkörner
1 Muskatblüte
7 EL Olivenöl
2 EL Akazienhonig
Kristallsalz
16 Schalotten
12 möglichst frische Lorbeerblätter
schwarzer Pfeffer
4 lange Holzspieße

Zubereitungszeit: 25 Min.
Grillzeit: 15 Min.

■ Für das Relish die Zwiebeln schälen und in Würfel schneiden. Die Orange waschen, trocken reiben und etwas Schale dünn abschälen. Die Berberitzen verlesen. Die Zwiebelwürfel, Orangenschale, Pimentkörner, Muskatblüte, Berberitzen, 3 EL Olivenöl und den Honig in einem Topf aufkochen, dann 15 Min. kochen lassen. Das Relish mit Salz abschmecken.

■ Inzwischen für die Spieße die Schalotten schälen. Die Schalotten und Lorbeerblätter abwechselnd auf die Holzspieße stecken. Die Spieße auf Alufolie auf den heißen Holzkohlegrill legen und mit 4 EL Olivenöl beträufeln. Die Spieße 15 Min. grillen. Oder in einer Grillpfanne braten. Mit Salz und Pfeffer würzen und mit dem Relish servieren.

Ofengebackenes Gemüse
mit würzigem Korianderpesto

■ Den Backofen auf 200° vorheizen. Das Gemüse waschen und putzen. Den Kürbis entkernen. Rote Rübe, Kürbis, Karotten und Pastinake in Spalten oder grobe Stücke schneiden. 3 EL Olivenöl mit dem Honig verrühren und die Gemüsespalten darin kurz marinieren.

■ Das Gemüse leicht salzen, pfeffern und auf ein Backblech legen. Mit den Korianderkörnern bestreuen und mit Alufolie abdecken. Das Gemüse im Backofen (Mitte, Umluft 190°) 45 Min. backen.

■ Inzwischen für das Pesto den Knoblauch schälen. Das Koriandergrün waschen, trocknen und grob schneiden. Die Chilischote längs aufschneiden, entkernen und waschen. Den Parmesan fein reiben. Die Pinienkerne in einer trockenen Pfanne goldgelb rösten. Die Zitrone waschen, trocken reiben und etwas Schale abreiben. Knoblauch, Koriandergrün, Chili, Parmesan, Pinienkerne und 6 EL Olivenöl pürieren. Das Pesto mit Salz und Zitronenschale abschmecken und zum Gemüse servieren.

Zutaten für 4 Portionen:

¼ Hokkaido-Kürbis
1 Rote Rübe
2 Karotten
1 Pastinake
9 EL Olivenöl
1 TL Akazienhonig
Kristallsalz
schwarzer Pfeffer
1 EL Korianderkörner
3 Knoblauchzehen
1 Bund Koriandergrün
1 Chilischote
50 g Parmesan
30 g Pinienkerne
1 Bio-Zitrone

Zubereitungszeit: **50 Min.**
Backzeit: **45 Min.**

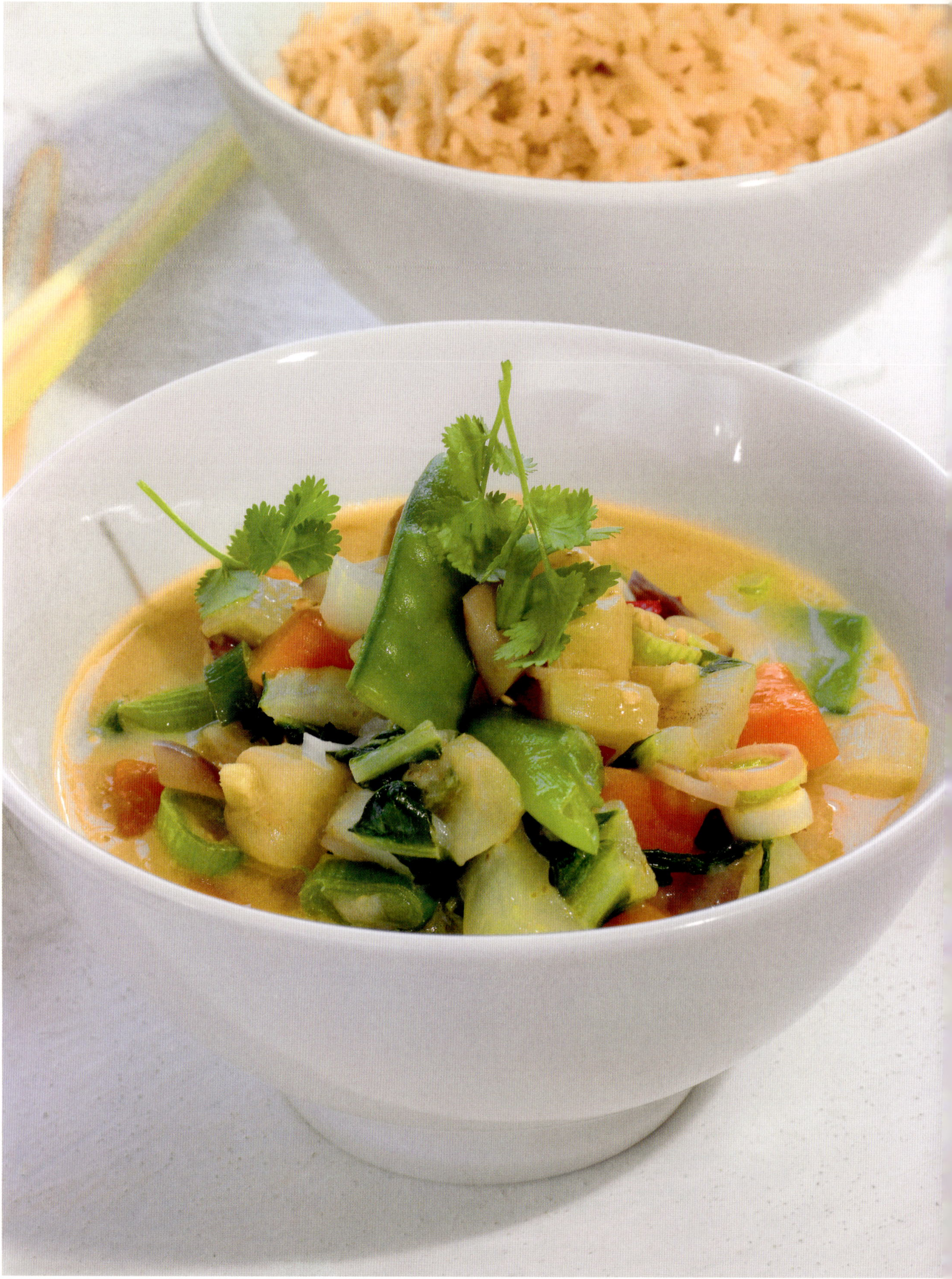

Aromatischer Gemüsecurry
mit Kokosmilch

■ Die Frühlingszwiebeln waschen, putzen und in 2 cm lange Stücke schneiden. Die Champignons abreiben, putzen und in Viertel schneiden. Den Kürbis schälen, entkernen und in Würfel schneiden. Die Aubergine waschen, putzen und würfeln. Den Knoblauch schälen und in Scheibchen schneiden. Das Zitronengras waschen, trocknen und die Stängel aufklopfen. Die Chilischoten längs aufschneiden, entkernen, waschen und würfeln. Den Ingwer schälen und in Würfel schneiden.

■ Das Olivenöl in einem ausreichend großen Topf oder Wok erhitzen. Alle geschnittenen Zutaten und die Kaffir-Limettenblätter dazugeben und 2 Min. anschwitzen. Mit Gemüsetee ablöschen und das Gemüse 10 Min. garen. Inzwischen den Pak Choy putzen, waschen, trocknen und in 2 cm breite Streifen schneiden. Pak Choy und Kokosmilch dazugeben und alles weitere 5 Min. garen.

■ Die Limette waschen und trocken reiben, etwas Schale abreiben und den Saft auspressen. Das Koriandergrün und Basilikum waschen, trocknen und die Blätter abzupfen. Den Curry mit Limettensaft und -schale, Salz, Koriandergrün und Basilikum abschmecken und in Schalen mit gekochtem Reis servieren.

Zutaten für 4 Portionen:

3 Frühlingszwiebeln
8 Champignons
1 Stück Muskatkürbis (ca. 200 g)
1 kleine, feste Aubergine
1 Knoblauchzehe
2 Stängel Zitronengras
1–2 Chilischoten
1 kleines Stück frischer Ingwer
4 EL Olivenöl
4 Kaffir-Limettenblätter (Asienladen)
125 ml Gemüsetee (Rezept Seite 184)
1 kleiner Pak Choy
200 ml Kokosmilch (Dose)
1 Limette
½ Bund Koriandergrün
½ Bund Thai-Basilikum (oder Basilikum)
Kristallsalz

Zubereitungszeit: 50 Min.

Thai-Basilikum hat ein stark anisartiges Aroma und ist viel kräftiger und nachhaltiger auf der Zunge als unser süßes Basilikum aus dem Mittelmeerraum. Sollten Sie kein Thai-Basilikum zur Hand haben, dürfen Sie etwas mehr von dem »süßen« Basilikum verwenden.

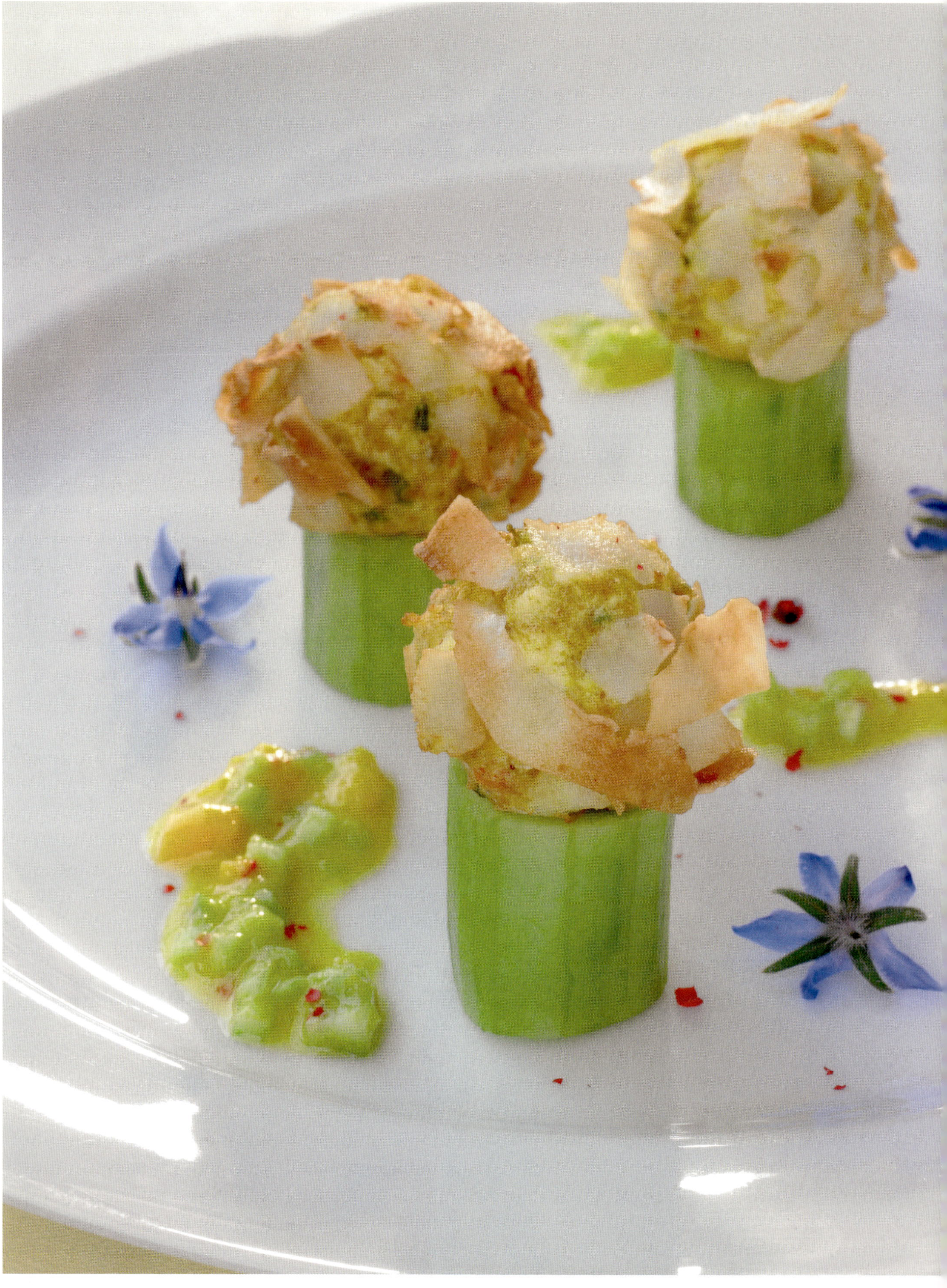

Knusprige Tofu-Kokos-Pralinen
und Gurken-Mango-Marmelade mit Borretsch

■ Frühlingszwiebeln, Zucchino und Karotte waschen und putzen. Die Karotte, den Zucchino und die Knollen der Frühlingszwiebeln in feine Würfel schneiden. Das Frühlingszwiebelgrün in Ringe schneiden. Den Knoblauch schälen und zerdrücken.

■ Das Olivenöl in einer Pfanne erhitzen, Karotte, Zucchino und Knoblauch darin anschmoren. Die Semmelbrösel und das Kurkumapulver dazugeben und 2 Min. mitschmoren. Das Frühlingszwiebelgrün dazugeben und die Pfanne vom Herd ziehen.

■ Die Eier trennen. Die Hälfte von dem Tofu zerdrücken. Die andere Hälfte und die Eigelbe in den Mixer geben und pürieren. Das Püree mit der Gemüsemischung und dem zerdrückten Tofu mischen. Die Masse mit Salz abschmecken. Mit nassen Händen aus der Tofumasse 16 Bällchen (ca. 1,5–2 cm Ø) formen. Die Eiweiße mit 1 Prise Salz steif schlagen. Das Bratöl erhitzen. Die Tofubällchen zuerst im Eischnee, dann in den Kokoschips wenden und im heißen Bratöl kross ausbacken. Herausnehmen und auf Küchenpapier abtropfen lassen.

■ Die Limette waschen und trocken reiben, etwas Schale abreiben und den Saft auspressen. Die Gurke waschen, schälen, längs halbieren und mit einem Parisienne-Ausstecher oder einem Teelöffel entkernen. Die Gurkenkerne beiseitelegen. Das Gurkenfleisch in kleine Würfel schneiden. Die Mango schälen, das Fruchtfleisch vom Stein schneiden und die Hälfte des Fruchtfleischs in kleine Würfel schneiden. Den Rest der Mango mit Gurkenkernen, Limettensaft, Limettenschale und Olivenöl im Mixer pürieren. Die Gurken- und Mangostücke unter das Püree mischen. Mit Salz abschmecken. Die Borretschblätter waschen, trocknen, fein schneiden und ebenfalls untermischen. Die Tofu-Kokos-Pralinen eventuell auf Gurkenstücke setzen. Mit der Gurkenmarmelade anrichten und mit den Borretschblüten garnieren.

Zutaten für 4 Portionen:

Für die Pralinen:
2 Frühlingszwiebeln
1 kleiner Zucchino
1 kleine Karotte
1 Knoblauchzehe (oder 5 Bärlauchblätter)
4 EL Olivenöl
50 g Vollkornsemmelbrösel
1 EL Kurkumapulver
2 Eier
200 g mittelfester weißer Tofu
Kristallsalz
25 ml Bratöl
50 g Kokoschips

Für die Marmelade:
1 Limette
1 schlanke Salatgurke
1 reife kleine Mango
4 EL Olivenöl
Kristallsalz
16 Borretschblätter und -blüten

Zubereitungszeit: 45 Min.

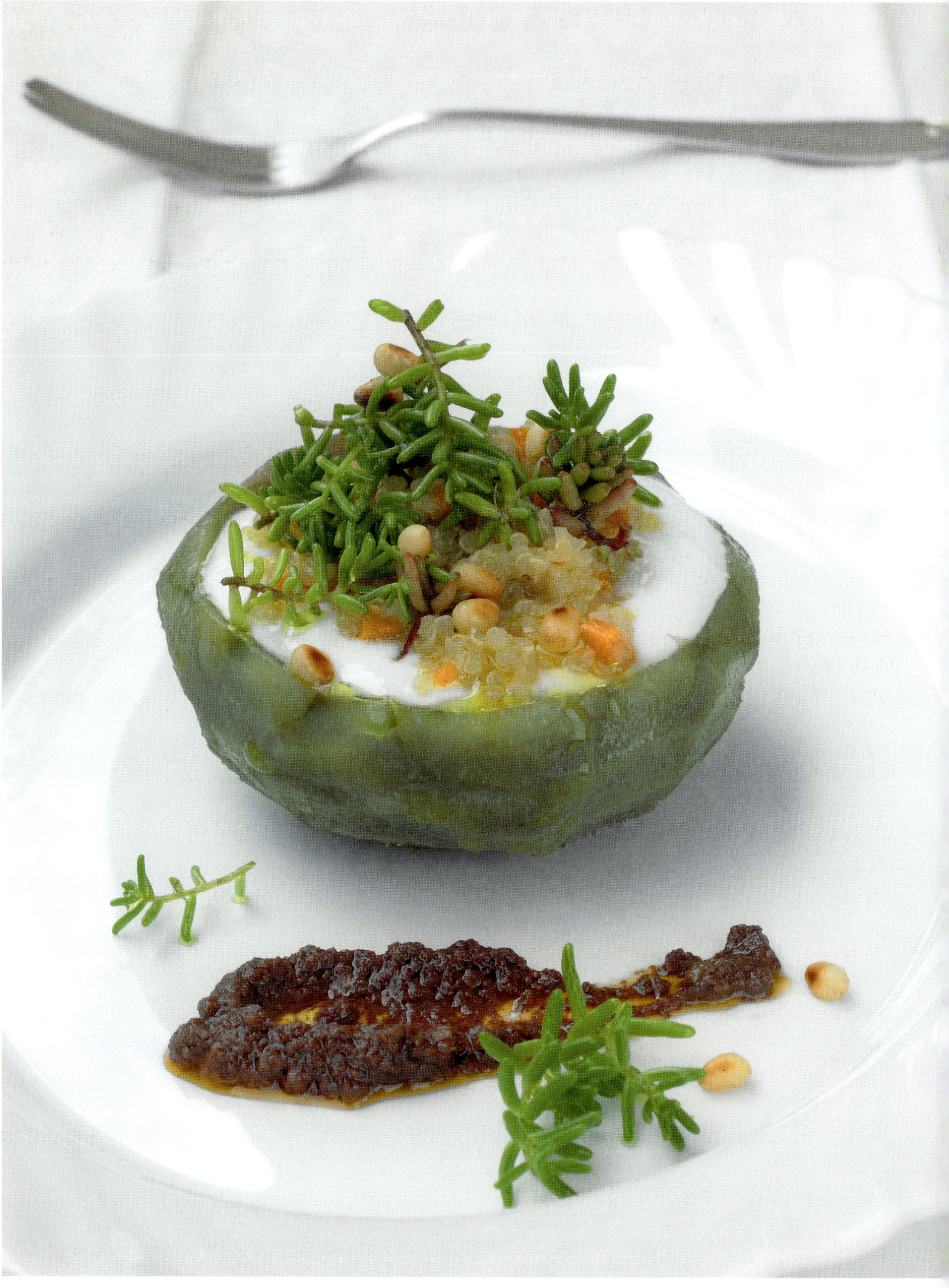

Gefüllte Artischockenböden
mit Tapenade, Tripmadam und Quinoa

■ Für die Tapenade den Knoblauch schälen. Das Bohnenkraut waschen, trocknen, die Blätter fein schneiden und in einen Mixer geben. Knoblauch, Oliven, Kapern, Zitronenschale und 6 EL Olivenöl dazugeben und alles pürieren.

■ Die Artischocken waschen, den Stiel ausbrechen und das obere Drittel der Blätter abschneiden. Jeweils den Boden auslösen und das Heu herauskratzen. Die Artischockenböden in kochendem Wasser in 15 Min. garen, dann herausnehmen.

■ Inzwischen die Karotte waschen, putzen und in Würfel schneiden. Die Schalotte schälen und in Würfel schneiden. 3 EL Olivenöl erhitzen, Schalotte, Karotte und Lorbeerblatt darin kurz anschwitzen. Die Quinoakeime und den Gemüsetee dazugeben. Alles zugedeckt bei kleiner Hitze 10 Min. garen. Die Pinienkerne in einer trockenen Pfanne goldgelb rösten und dazugeben. Quinoa mit Salz und Pfeffer abschmecken.

■ Die Tripmadam waschen und verlesen. 2 EL Olivenöl erhitzen, die Tripmadam darin 2 Min. anschwitzen und unter den Quinoa mischen. Die Artischockenböden jeweils mit etwas Crème fraîche füllen und auf Teller setzen. Den Quinoa obendrauf geben und mit Tapenade servieren.

Zutaten für 4 Portionen:

1 Knoblauchzehe
3 Zweige Bohnenkraut
125 g grüne Oliven ohne Stein
50 g Kapern
etwas abgeriebene Schale von 1 Bio-Zitrone
11 EL Olivenöl
4 Artischocken
1 Karotte
1 Schalotte
1 Lorbeerblatt
150 g Quinoa, gekeimt
200 ml Gemüsetee (Rezept Seite 184)
20 g Pinienkerne
Kristallsalz
schwarzer Pfeffer
60 g Tripmadam
2 EL Crème fraîche

Zubereitungszeit: 50 Min.

Die übrige Tapenade hält sich einige Tage im Kühlschrank. Sie schmeckt auch sehr gut auf geröstetem Weißbrot oder Kräuterbrot.

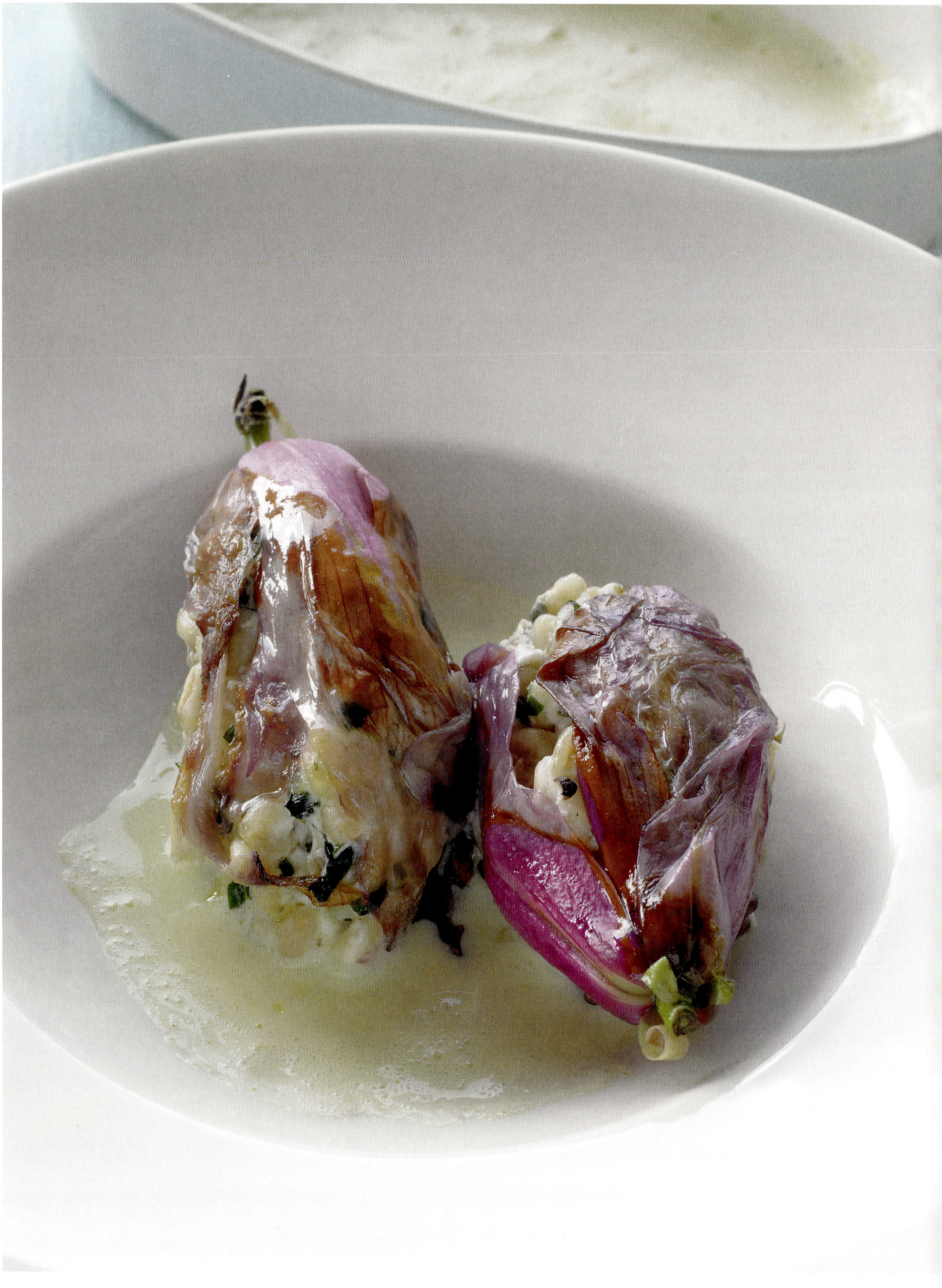

Magnolienblüten
mit Graupenrisotto gefüllt
in schaumiger Zitronensauce

■ Das Gemüse waschen, putzen und in Würfel schneiden. 3 EL Olivenöl erhitzen. Karotte, Petersilienwurzel und Lorbeerblatt dazugeben und kurz anschwitzen. Die Gerstengraupen und den Gemüsetee dazugeben und zugedeckt bei kleiner Hitze 20 Min. ausquellen lassen.

■ Inzwischen die Sonnenblumenkerne in einer trockenen Pfanne goldgelb rösten. Den Dill waschen, trocken tupfen und klein schneiden. Die Sonnenblumenkerne, den Dill und Lauch zu den ausgequollenen Gerstengraupen geben und untermischen. Die Butter unterrühren, den Risotto mit Salz und Pfeffer abschmecken. Die Magnolienblüten mit dem Risotto füllen, die Blütenblätter vorsichtig an die Füllung drücken.

■ Für die Sauce die Zitronen waschen und trocken reiben, etwas Schale abreiben und den Saft auspressen. Den Zitronensaft mit Honig aufkochen und bei kleiner Hitze 5 Min. köcheln lassen. Die Butter in Stückchen langsam einrühren. Die Sahne steif schlagen. Die Zitronenschale und die Sahne hineingeben. Die Sauce mit Salz und weißem Pfeffer abschmecken. 1 EL Olivenöl erhitzen, die Blüten darin ganz kurz auf allen Seiten anbraten. Die Blüten mit der Zitronensauce anrichten.

Zutaten für 4 Portionen:

Für den Risotto:
1 Karotte
1 Petersilienwurzel
1 kleine Stange Lauch
4 EL Olivenöl
1 Lorbeerblatt
200 g Gerstengraupen
500 ml Gemüsetee
   (Rezept Seite 184)
2 EL Sonnenblumenkerne
4 Zweige Dill
10 g Butter
Kristallsalz
schwarzer Pfeffer
8 große Magnolienblüten

Für die Sauce:
2 Bio-Zitronen
1 TL Akazienhonig
25 g sehr kalte Butter
125 ml Sahne
Kristallsalz
weißer Pfeffer

Zubereitungszeit: 50 Min.

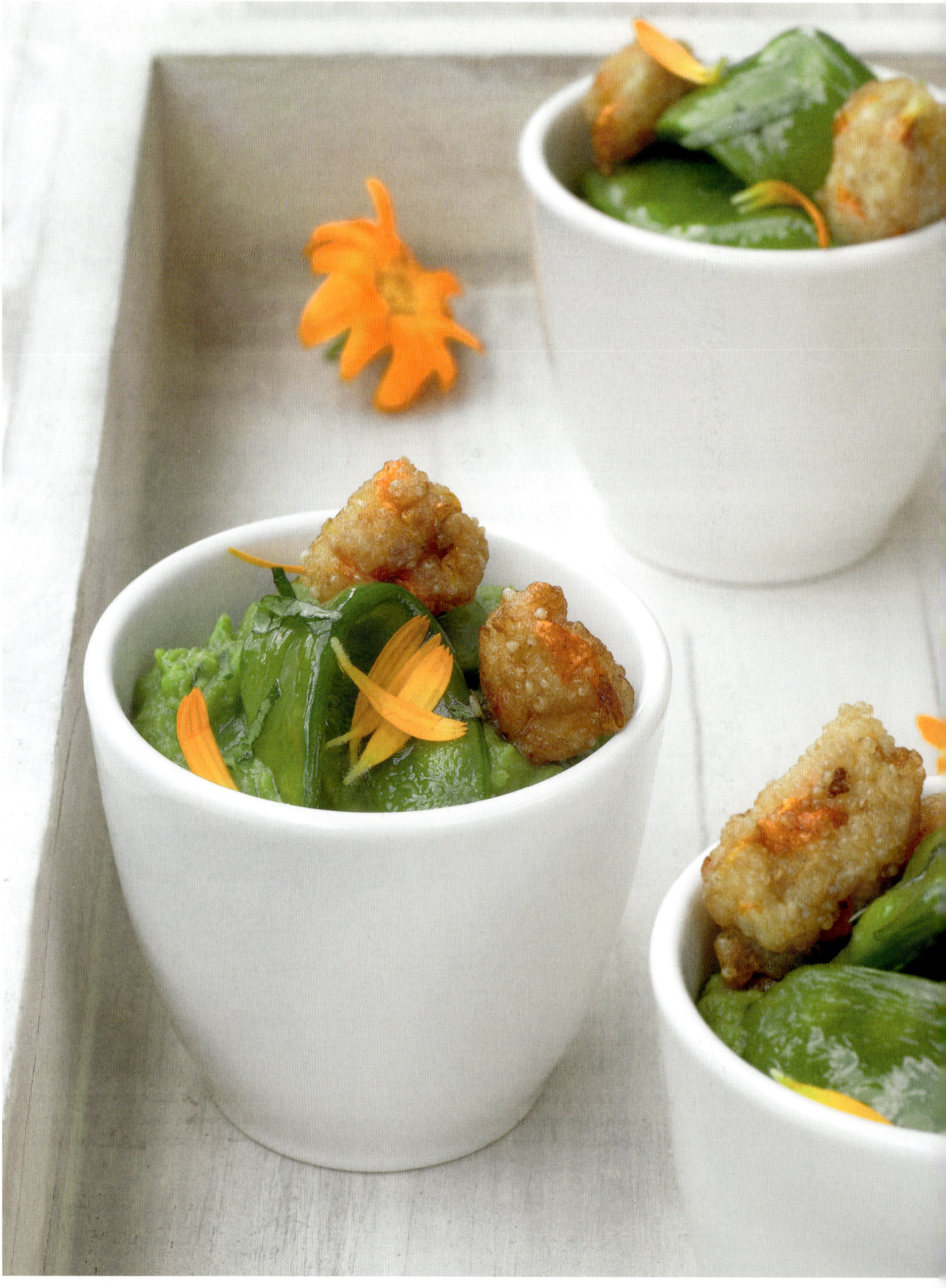

Zuckerschoten
mit Amaranth-Ringelblumen-Beignets

■ Die Schalotte schälen und in Würfel schneiden. Die Karotte waschen, putzen und ebenfalls würfeln. 1 EL Olivenöl erhitzen, Schalotte und Karotte darin anschwitzen, bis die Schalotte glasig ist. Den Amaranth dazugeben und kurz anschwitzen. Mit 350 ml Gemüsetee aufgießen und den Amaranth zugedeckt bei kleiner Hitze 20 Min. ausquellen lassen. Mit Salz und Pfeffer abschmecken.

■ Die Eiweiße steif schlagen. Die Ringelblumenblütenblätter abzupfen und verlesen. Den gequollenen Amaranth und die Ringelblütenblätter unter den Eischnee heben. Das Bratöl erhitzen. Mit einem Teelöffel kleine Häufchen aus der Masse formen und im heißen Bratöl 2–3 Min. ausbacken. Die Beignets herausnehmen und auf Küchenpapier abtropfen lassen.

■ Inzwischen die Minze und das Basilikum waschen, trocknen und die Blätter abzupfen. Die Erbsen in einen Dämpfeinsatz geben und über Dampf 3 Min. garen. Im Mixer mit der Hälfte der Minzeblätter und der Butter pürieren. Mit etwas Salz und Pfeffer abschmecken. Das Erbsenpüree in Schälchen füllen.

■ Die Zuckerschoten waschen und putzen. In einem Dämpfeinsatz über Dampf in 2 Min. bissfest garen. Die restliche Minze und das Basilikum fein schneiden. Die Zuckerschoten mit den Kräutern mischen, leicht salzen und pfeffern. Mit 2 EL Olivenöl beträufeln. Mit den Beignets auf das Püree geben.

Zutaten für 4 Portionen:

1 Schalotte
1 kleine Karotte
3 EL Olivenöl
120 g Amaranth
450 ml Gemüsetee (Rezept Seite 184)
Kristallsalz
schwarzer Pfeffer
2 Eiweiß
10 Ringelblumenblüten
20 ml Bratöl
5 Zweige Minze
4 Zweige Basilikum
300 g frische, gepalte Erbsen (oder TK-Erbsen)
1 EL Butter
200 g Zuckerschoten

Zubereitungszeit: 35 Min.

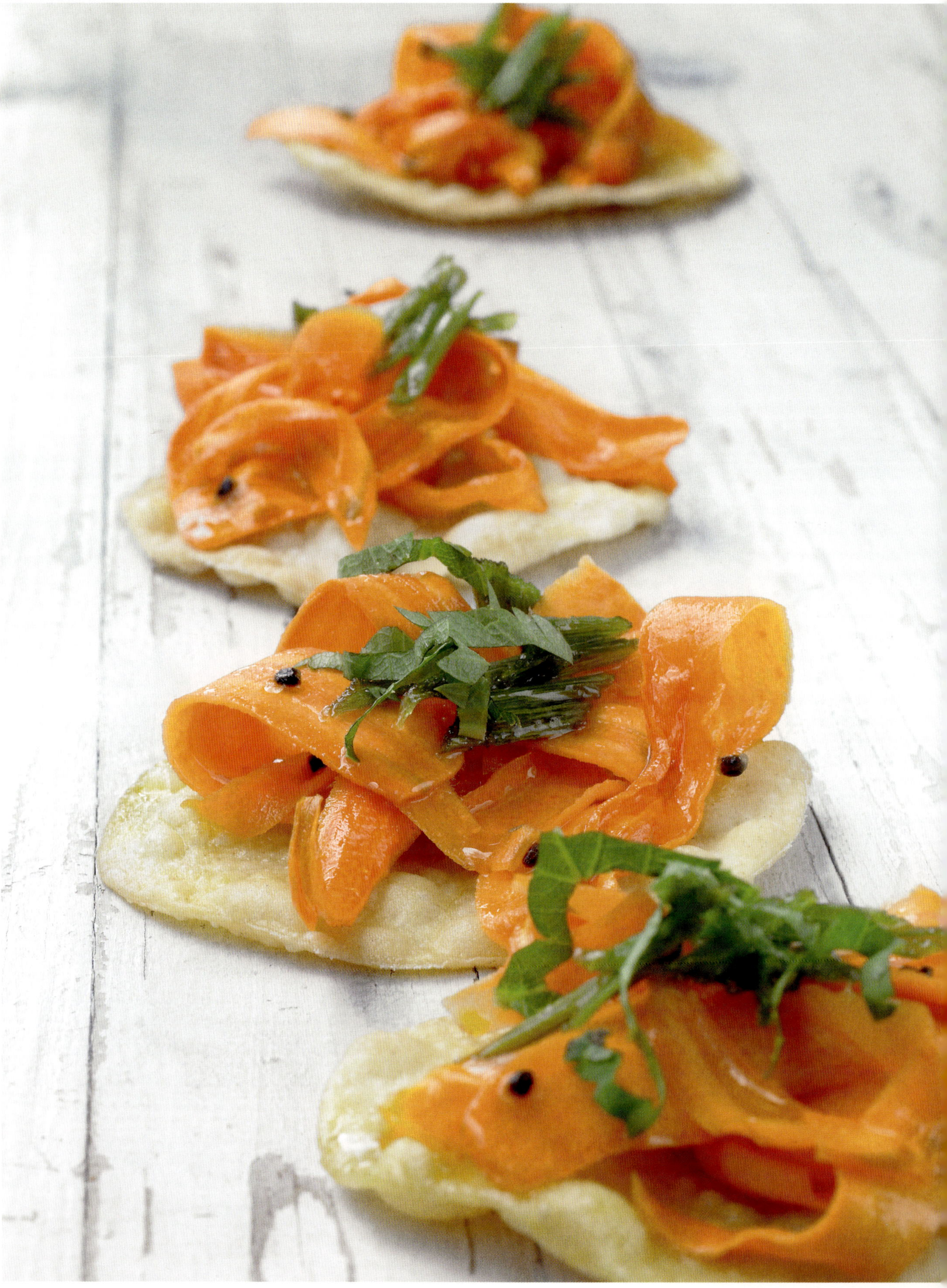

Karottentarte mit Engelwurz und Akazienhonig

■ Den Strudelteig nach dem Rezept auf Seite 185 vorbereiten. Zwei Backbleche mit Backpapier auslegen. Den Backofen auf 200° (Umluft 190°) vorheizen. Den Strudelteig auf einer bemehlten Arbeitsfläche hauchdünn ausrollen. 4 runde Tortenböden (ca. 20 cm Ø) ausstechen und auf ein Backblech legen. Den Teig mit der zerlassenen Butter bestreichen und mit der Gabel mehrmals einstechen.

■ Die Karotten waschen, putzen und längs in dünne Scheiben hobeln. Die Kardamomkapseln in einem Mörser aufbrechen und die Hüllen entfernen. Die Karotten auf das zweite Backblech legen, mit etwas Salz, Pfeffer, 1 EL Olivenöl und den Kardamomsamen bestreuen. Karotten und Teigböden im Backofen (Mitte) 10 Min. backen.

■ Inzwischen die Engelwurzstiele und Blätter waschen, trocknen und die Stiele in Stücke schneiden. Die Blätter fein schneiden und beiseitelegen. Das restliche Olivenöl erhitzen, die Stiele darin glasig anschmoren. Den Honig dazugeben und leicht karamellisieren lassen. Die Engelwurzstiele mit etwas Salz abschmecken.

■ Die gebackenen Karotten und die knusprigen Tortenböden aus dem Ofen nehmen, die Karotten auf den Böden verteilen. Die Engelwurzblätter unter die geschmorten Engelwurzstiele mischen und die Mischung auf den Karotten verteilen.

Zutaten für 4 Portionen:

Strudelteig (¼ des Rezepts von Seite 185)
2 EL zerlassene Butter
4 Karotten
5 Kardamomkapseln
Kristallsalz
schwarzer Pfeffer
3 EL Olivenöl
8 möglichst dicke Engelwurzstiele
2 zarte Engelwurzblätter
1 EL Akazienhonig (oder Löwenzahnblütenhonig)
Backpapier für die Backbleche
Mehl für die Arbeitsfläche

Zubereitungszeit: 25 Min.
Backzeit: 10 Min.

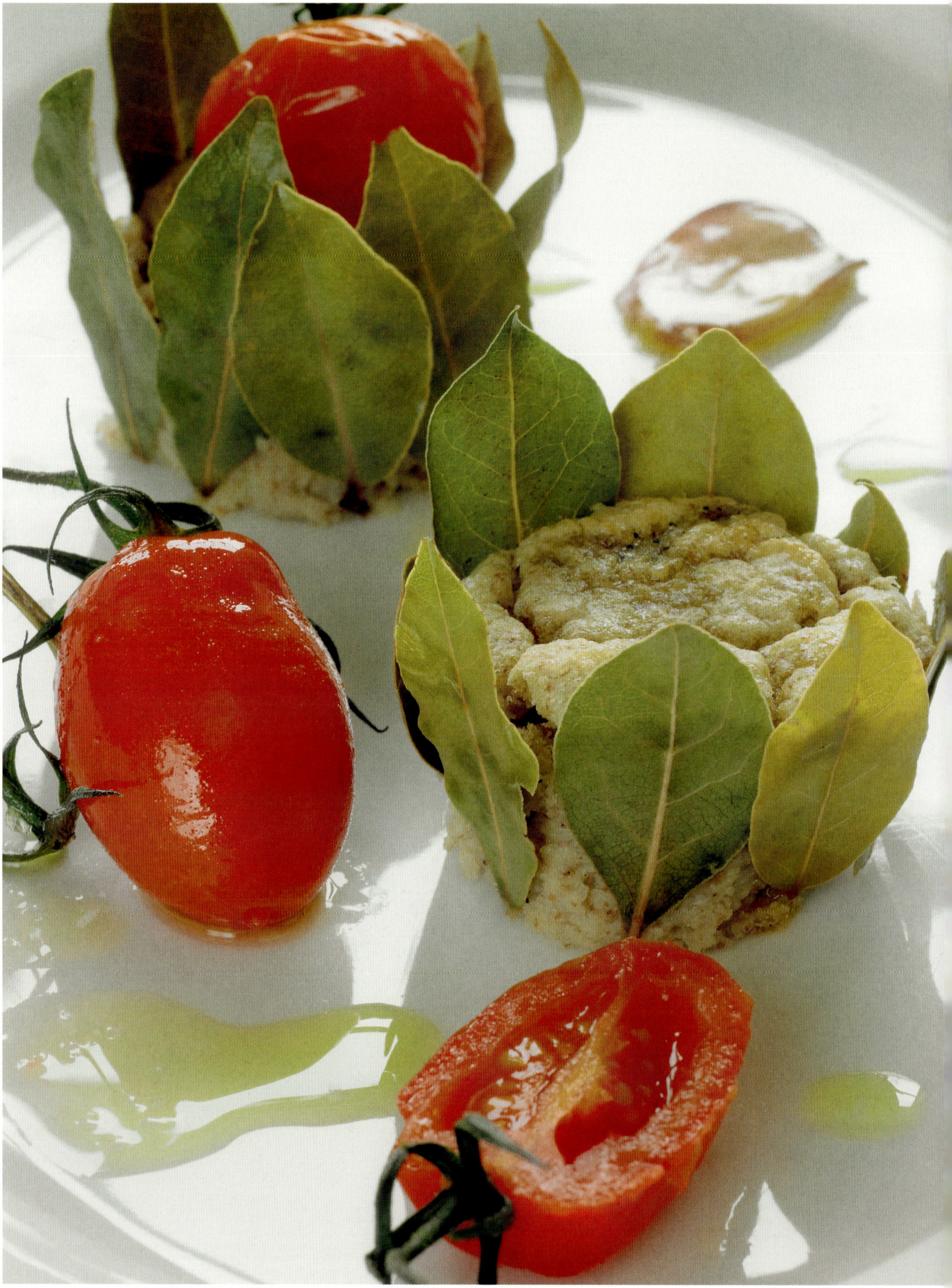

Auberginen-Kamutgrieß-Soufflé im Lorbeermantel
und Ofentomaten mit Orangenaroma

■ Den Backofen auf 180° vorheizen. Die Aubergine waschen und die Haut mit einem Spießchen mehrfach einstechen. Im Backofen (Mitte, Umluft 170°) 1 Std. garen. Die Souffléförmchen mit Butter einfetten. Die Lorbeerblätter am Innenrand entlang aufstellen.

■ Inzwischen die Zwiebel schälen und in Würfel schneiden. Das Olivenöl erhitzen, die Zwiebel darin glasig anschwitzen. Den Grieß dazugeben und mit Gemüsetee ablöschen. Den Grieß zugedeckt bei kleiner Hitze 10 Min. ausquellen lassen. Den Parmesan reiben. Butter und Parmesan unter den Grieß rühren. Die Aubergine häuten, das Fruchtfleisch zerdrücken und ebenfalls unter den Grieß rühren. Mit Salz und Pfeffer abschmecken.

■ Die Eier trennen. Die Eiweiße mit 1 Prise Salz steif schlagen. Die Eigelbe unterschlagen und die Schaummasse unter den Grieß heben. Die Grießmasse vorsichtig in die Förmchen füllen. Ins heiße Wasserbad im Backofen (Mitte) stellen und die Soufflés bei 200° (Umluft 180°) 20 Min. backen.

■ Für die Ofentomaten die Orange waschen, trocken reiben und etwas Schale dünn abschneiden. Den Knoblauch schälen und halbieren. Die Chilischote waschen. Die Tomaten waschen, jeweils 3 zusammenhängend mit Stiel mit der Küchenschere abtrennen und in eine feuerfeste Form geben. Orangenschale, Knoblauch, die ganze Chilischote und Olivenöl dazugeben und leicht salzen. Im heißen Backofen (Mitte) bei 180° (Umluft 160°) 15 Min. backen. Das Soufflé aus dem Ofen nehmen und 5 Min. abkühlen lassen. Dann vorsichtig aus der Form lösen, sodass die Lorbeerblätter am Soufflé haften bleiben. Mit den Ofentomaten servieren.

Zutaten für 4 Souffléförmchen (ca. 5 cm Ø):

Für das Soufflé:
1 Aubergine
ca. 32 Lorbeerblätter
1 Zwiebel
4 EL Olivenöl
200 g Kamutgrieß
400 ml Gemüsetee (Rezept Seite 184)
20 g Parmesan
20 g Butter
Kristallsalz
schwarzer Pfeffer
2 Eier
Butter für die Förmchen

Für die Ofentomaten:
1 Bio-Orange
1 Knoblauchzehe
1 Chilischote
12 Kirschtomaten am Zweig
2 EL Olivenöl
Kristallsalz

Zubereitungszeit: **25 Min.**
Backzeit: **1 Std. 20 Min.**

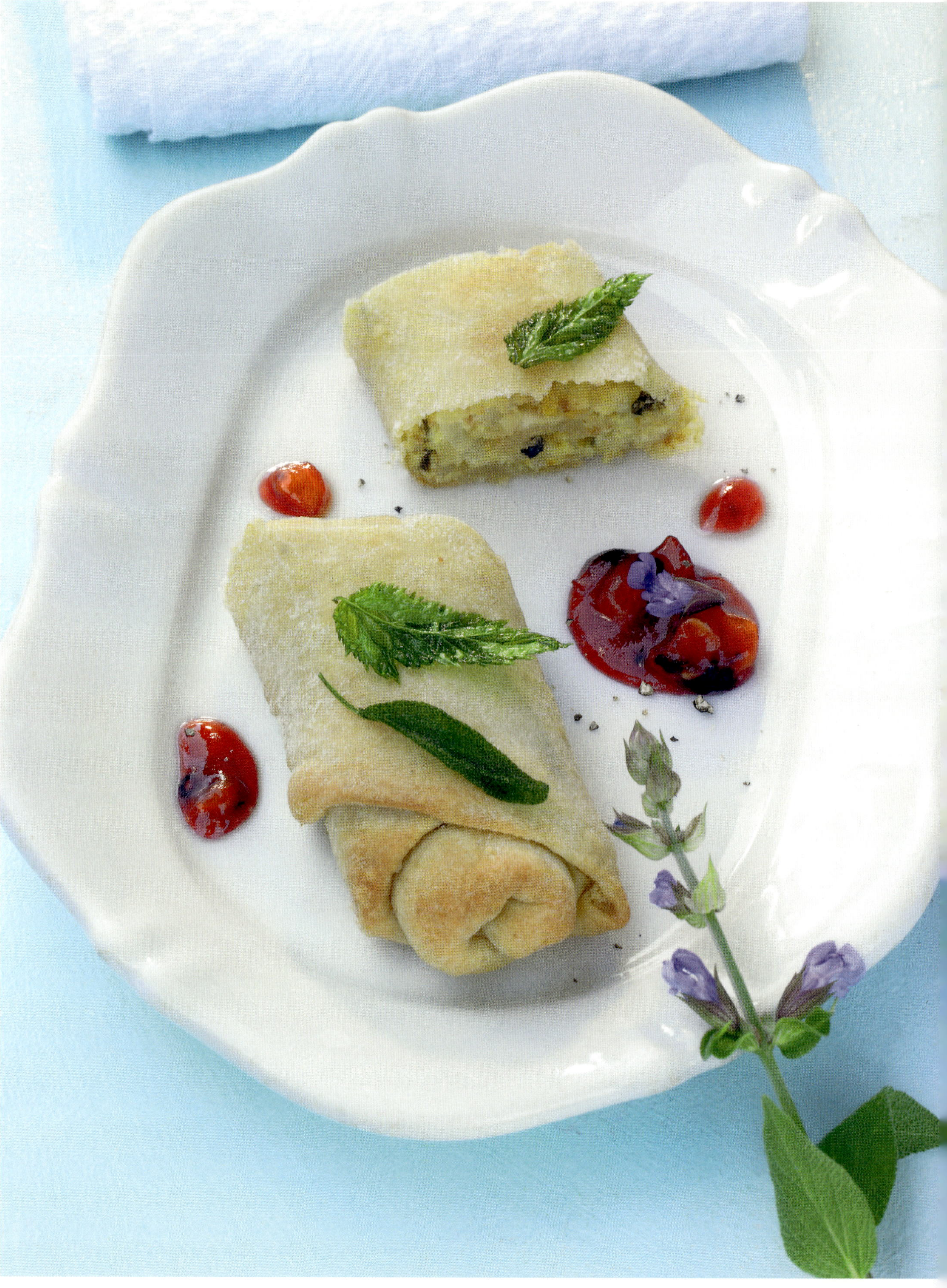

Schafskäsestrudel
mit Baumtomatencoulis, Engelwurz und Salbeiblüten

■ Die Baumtomaten waschen und die Stielansätze herausschneiden. Die Baumtomaten an der Oberseite kreuzweise einritzen, in kochendem Wasser 8 Sek. brühen, herausnehmen, in Eiswasser abschrecken und häuten. Die Früchte in Würfel schneiden, mit dem Honig mischen und 2 Std. mazerieren lassen. Die Baumtomaten ziehen dabei sehr viel Saft.

■ Inzwischen den Strudelteig nach dem Rezept auf Seite 185 vorbereiten. Den Backofen auf 200° (Umluft 190°) vorheizen. Ein Backblech mit Backpapier auslegen. Den Strudelteig auf einer bemehlten Arbeitsfläche hauchdünn ausrollen und mit der Hälfte der zerlassenen Butter bestreichen.

■ Den Knoblauch schälen und mit etwas Salz fein zerdrücken. Die Engelwurzblätter waschen und fein schneiden. Das Olivenöl erhitzen, Knoblauch und Engelwurz darin 1 Min. anschmoren. Den Schafskäse zerbröckeln, mit Crème fraîche und Engelwurz mischen, eventuell noch etwas salzen und leicht pfeffern.

■ Die Käsemasse auf dem Strudelteig verteilen und den Teig eng einrollen. Den Strudel auf das Backblech setzen und rundum mit der restlichen zerlassenen Butter bestreichen. Im Backofen (Mitte) 15 Min. backen.

■ Inzwischen den Saft der Baumtomaten in einen Topf abgießen und erhitzen. Das Pfeilwurzmehl in wenig kaltem Wasser anrühren und mit dem Baumtomatensaft einmal aufkochen lassen. Die Fruchtstücke dazugeben und den Topf vom Herd ziehen. Den Strudel in Stücke schneiden. Mit dem Baumtomatencoulis anrichten und mit den Salbeiblüten bestreuen.

Zutaten für 4 Portionen:

3 Baumtomaten (Tamarillos)
90 g Akazienhonig
Strudelteig (½ des Rezepts von Seite 185)
3 EL zerlassene Butter
1 Knoblauchzehe
Kristallsalz
6 Engelwurzblätter mit Stielen
2 EL Olivenöl
150 g Schafskäse
100 g Crème fraîche
schwarzer Pfeffer
1 TL Pfeilwurzmehl
Backpapier für das Backblech
Mehl für die Arbeitsfläche
24 Salbeiblüten zum Garnieren

Zubereitungszeit: 35 Min.
Ruhezeit: 2 Std.
Backzeit: 15 Min.

Tipp: Einige Salbeiblätter oder zarte kleine Engelwurzblätter in wenig Olivenöl knusprig ausbacken. Die Blätter herausnehmen und auf Küchenpapier abtropfen lassen und dazulegen.

GARTEN UND BEET

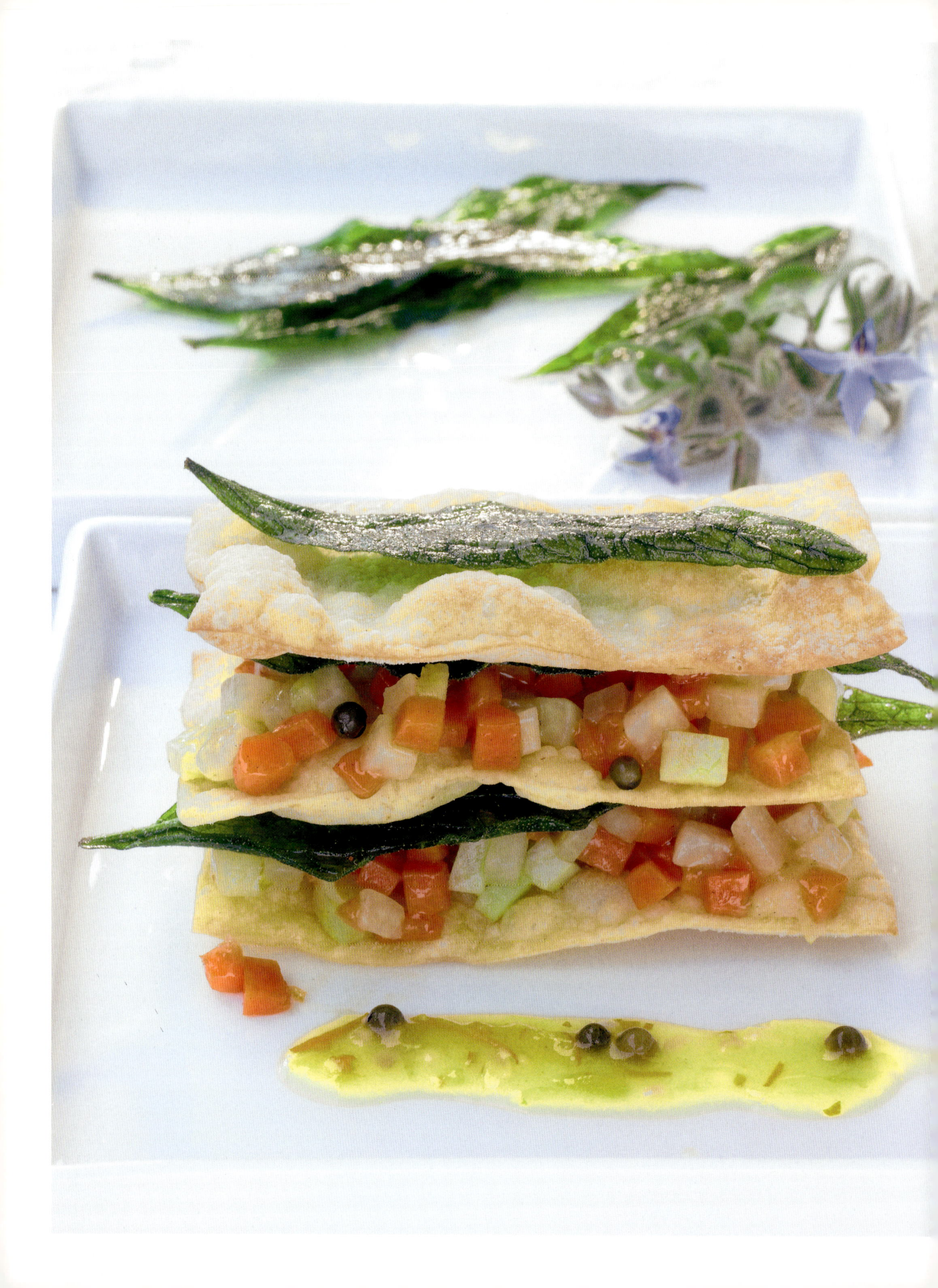

Strudelmillefeuille
mit Borretsch, Kohlrabi und Karotten in Orangen-Pfeffer-Sauce

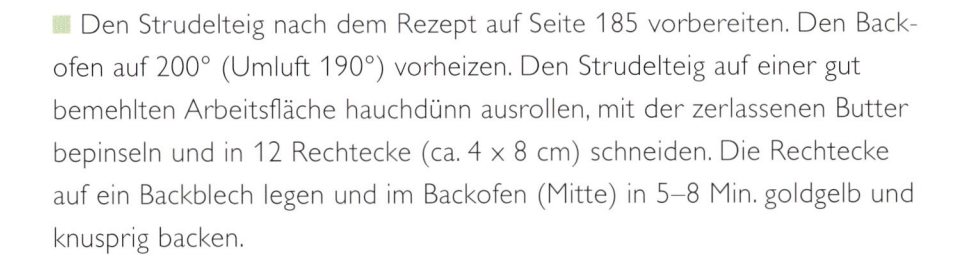

■ Den Strudelteig nach dem Rezept auf Seite 185 vorbereiten. Den Backofen auf 200° (Umluft 190°) vorheizen. Den Strudelteig auf einer gut bemehlten Arbeitsfläche hauchdünn ausrollen, mit der zerlassenen Butter bepinseln und in 12 Rechtecke (ca. 4 x 8 cm) schneiden. Die Rechtecke auf ein Backblech legen und im Backofen (Mitte) in 5–8 Min. goldgelb und knusprig backen.

■ Inzwischen Karotten und Kohlrabi waschen und putzen. Den Kohlrabi schälen. Beides in ca. 1 cm große Würfel schneiden, in einen Dämpfeinsatz geben und über Dampf in 3 Min. bissfest garen.

■ Die Borretschblätter waschen und trocknen. 4 EL Olivenöl erhitzen, die Borretschblätter darin knusprig ausbacken. Herausnehmen und auf Küchenpapier abtropfen lassen.

■ Für die Orangen-Pfeffer-Sauce die Orangen waschen und trocken reiben, etwas Schale mit dem Zestenreißer abschneiden und den Saft auspressen. Die Schalotte schälen und in kleine Würfel schneiden. 2 EL Olivenöl und Honig erhitzen, Schalotte, Orangenschale und Pfefferkörner darin kurz anschwitzen. Mit Gemüsetee und Orangensaft ablöschen und in 10 Min. einkochen lassen, bis die Sauce leicht bindet. Mit Salz abschmecken. Die Karotten- und Kohlrabiwürfel unter die Sauce mischen.

■ Zum Servieren je 1 Strudelrechteck, 1 Borretschblatt und Gemüse mit Sauce ganz exakt aufeinanderschichten. Diesen Vorgang noch einmal wiederholen und mit je 1 Borretschblatt und Strudelrechteck abschließen.

Zutaten für 4 Portionen:

Strudelteig (½ des Rezepts von Seite 185)
30 g zerlassene Butter
2 Karotten
1 Kohlrabi
12 große Borretschblätter
6 EL Olivenöl
2 Bio-Orangen
1 Schalotte
1 TL Akazienhonig
1 EL grüne Pfefferkörner (aus dem Glas)
125 ml Gemüsetee (Rezept Seite 184)
Kristallsalz
Mehl für die Arbeitsfläche

Zubereitungszeit: 1 Std.
Backzeit: 8 Min.

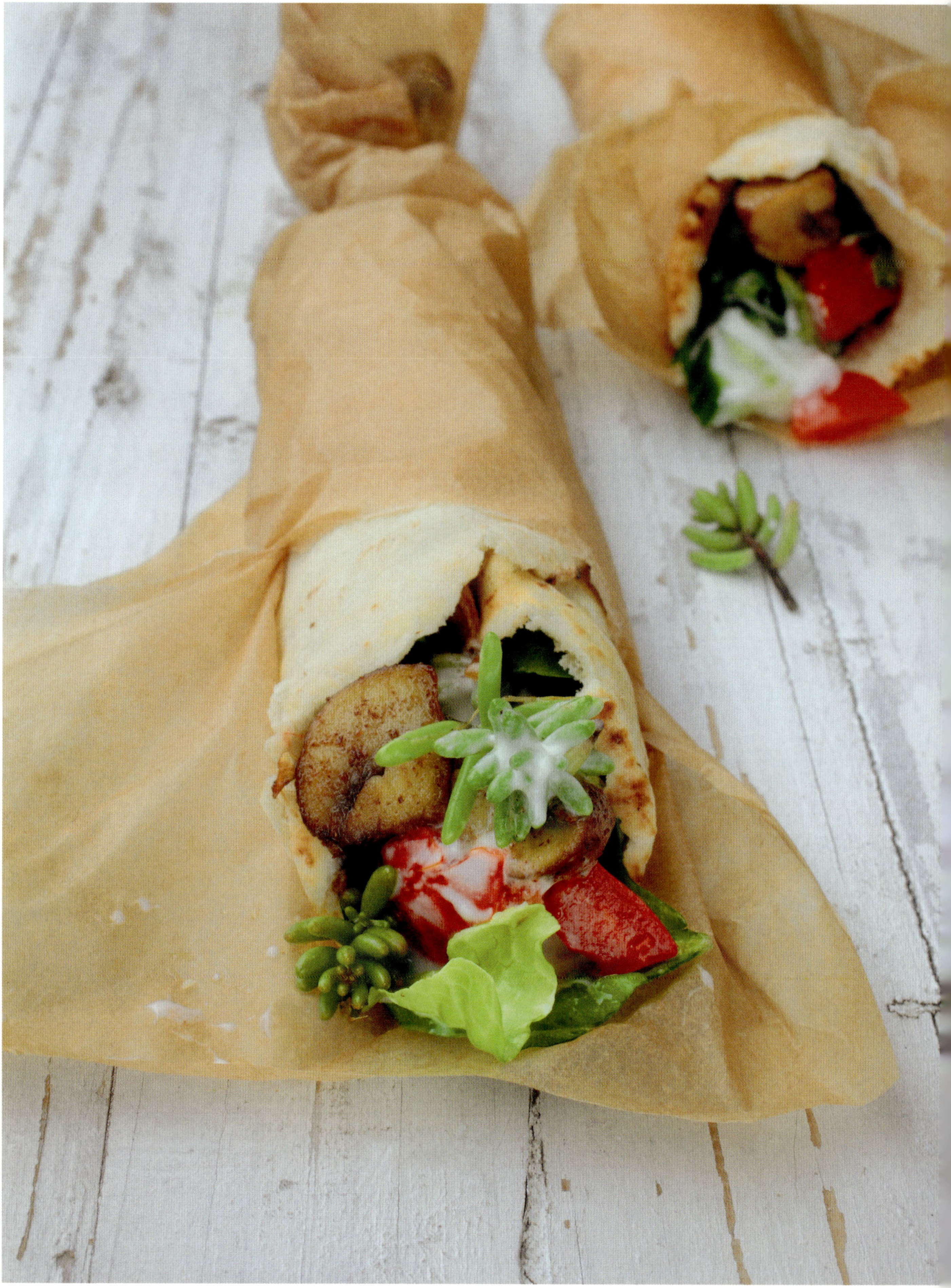

Meine vegetarische Shawarma
mit Tripmadam

- Den Strudelteig nach dem Rezept auf Seite 185 vorbereiten. Ein Drittel des Teiges auf einer bemehlten Arbeitsfläche sehr dünn ausrollen. Den Teig in Quadrate (ca. 25 × 25 cm) schneiden.

- Eine beschichtete Pfanne erhitzen und mit etwas zerlassener Butter bestreichen. Die Teigquadrate darin auf jeder Seite 1–2 Min. backen, bis sie Blasen werfen und leicht gebräunt sind. Herausnehmen und warm halten. (Gekaufte Fladenbrote auf eine entsprechende Größe zuschneiden, häufig kann man sie einfach quer halbieren.)

- Den Salat waschen, putzen, trocken schleudern und in mundgerechte Stücke reißen. Die Tripmadam waschen und trocknen. Die Frühlingszwiebeln waschen, putzen und fein schneiden. Die Salatgurke waschen, die Enden abschneiden und in Stücke schneiden. Die Tomate waschen, den Stielansatz herausschneiden und die Tomate in Stücke schneiden.

- Die Pilze abreiben, putzen und in Viertel schneiden. Sternanis, Zimtstange und Nelken in einem Mörser fein zerstoßen. Die Essiggurken in Würfel schneiden. Den Knoblauch schälen, mit etwas Salz fein zerdrücken und mit dem Joghurt verrühren.

- Das Olivenöl erhitzen, die Steinchampignons darin 3 Min. anschwitzen. Die zerstoßenen Gewürze unterrühren und die Pilze mit Salz und Pfeffer abschmecken. Jedes Fladenbrot mit Salat, Tripmadam, Tomate, Salatgurke, Essiggurke, geschmorten Pilzen und etwas Knoblauchjoghurt belegen und aufrollen. In Butterbrotpapier einwickeln und warm servieren.

Zutaten für 4 Portionen:

Strudelteig (⅓ des Rezepts von Seite 185; oder 4 arabische Vollkorn-Fladenbrote)
4 EL zerlassene Butter
6 Blätter Romana-Salat
40 g Tripmadam
2 Frühlingszwiebeln
1 kleine Salatgurke
1 Tomate
12 Steinchampignons
1 Sternanis
1 kleine Stange Zimt
2 Nelken
2 Essiggurken
1 Knoblauchzehe
Kristallsalz
4 EL Joghurt
3 EL Olivenöl
schwarzer Pfeffer
Mehl für die Arbeitsfläche
Butterbrotpapier zum Einwickeln

Zubereitungszeit: 25 Min.
Backzeit: 10 Min.

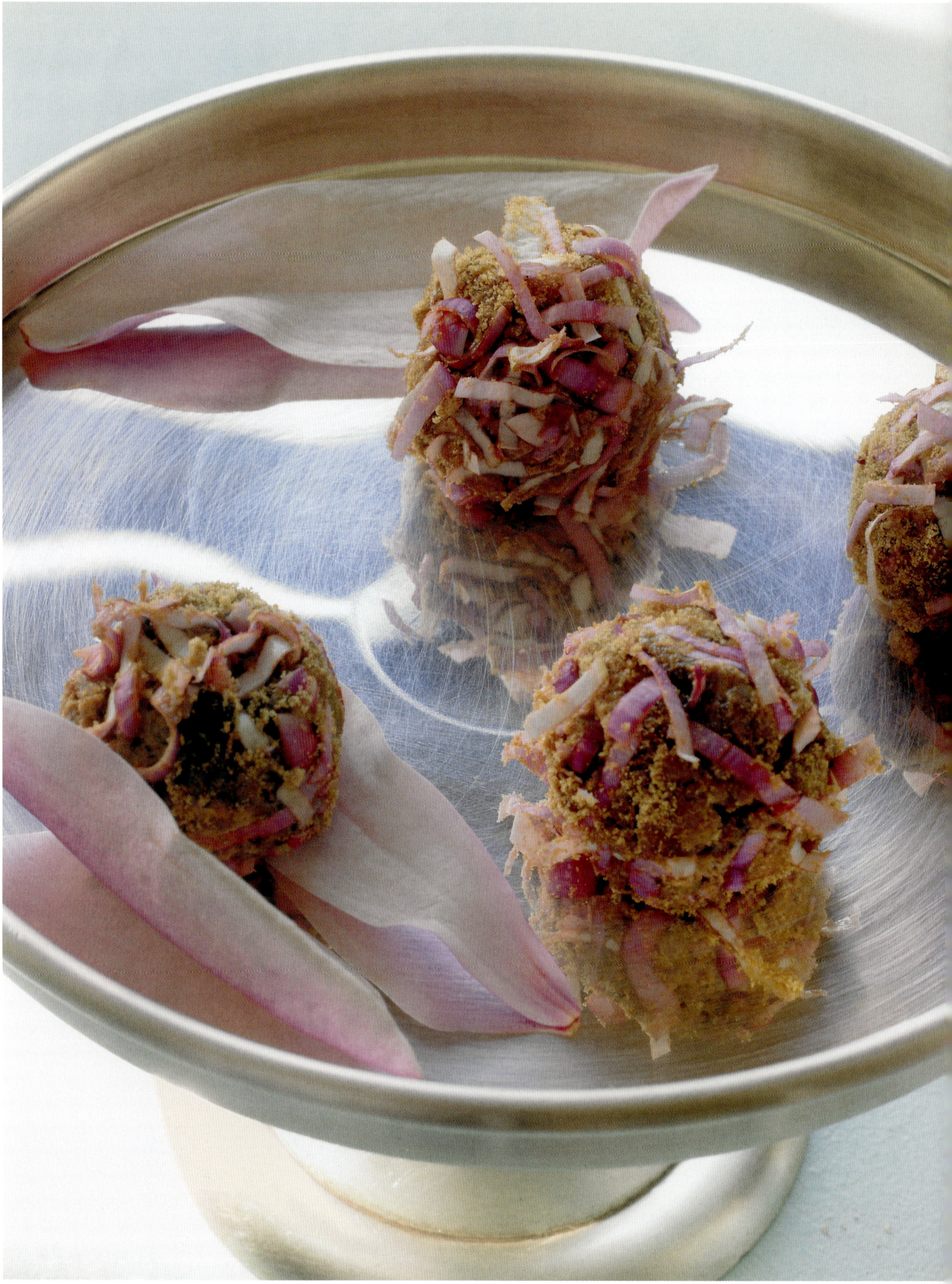

Magnolientrüffel

- Für den Teig die Orange waschen und trocken reiben, die Schale abreiben und den Saft auspressen. Die Eier trennen. Die Eiweiße mit dem Salz steif schlagen. Die Hälfte des Honigs unter den Eischnee schlagen. Die Eigelbe und die Orangenschale so unter den Eischnee schlagen, dass eine voluminöse Schaummasse entsteht.

- Ein Backblech mit Butter einfetten. Den Backofen auf 200° (Umluft 190°) vorheizen. Die Kakaobohnen im Mörser grob zerstoßen. Mit dem Mehl und Kakaopulver mischen und unter die Eierschaummasse heben. Die Masse auf das Backblech streichen und im Backofen (Mitte) 10 Min. backen. Den Biskuitboden herausnehmen und 10 Min. abkühlen lassen.

- Inzwischen die Butter mit der Vanille und dem restlichen Honig schaumig schlagen. Die Schokolade im heißen Wasserbad schmelzen lassen und noch heiß zügig unter die Buttermasse rühren. Das Rosenwasser tropfenweise unterrühren.

- Den Biskuitboden grob zerbröseln, mit Orangensaft tränken und unter die weiche Butter-Schokoladen-Masse mischen. Die Masse 10 Min. kalt stellen. Die Magnolienblütenblätter abzupfen, fein schneiden und mit Vollrohrzucker mischen. Von der Trüffelmasse mit einem Teelöffel kleine Mengen abstechen und in der Blütenblätter-Zucker-Mischung wälzen, sodass mundgerechte Kugeln entstehen. Die Trüffel bis zum Servieren kühl stellen.

Zutaten für 4 Portionen:

1 Bio-Orange
2 Eier
1 Prise Kristallsalz
50 g Akazienhonig
10 g geröstete Kakaobohnen (Feinkostladen oder Schokoladenspezialgeschäft)
40 g fein gemahlener Dinkel
30 g Kakaopulver
80 g zimmerwarme Butter
1 Msp. Naturvanille (Bioladen)
25 g honiggesüßte Zartbitterschokolade (Bioladen)
30 ml Rosenwasser
8 Magnolienblüten
50 g Vollrohrzucker
Butter für das Backblech

Zubereitungszeit: 25 Min.
Backzeit: 10 Min.

Tipp: Diese Trüffel sind meine Lieblingspralinen im Frühling. Wenn im Sommer die Duftrosen im Garten blühen, verwende ich Rosenblütenblätter anstelle der Magnolienblüten.

Getreidekaffee-Gewürz-Mousse
mit Himbeer-Rosenblüten-Spießchen

Zutaten für 4 Portionen:

4 Kardamomkapseln
6 schwarze Pfefferkörner
1 Msp. Zimtpulver
60 g honiggesüßte Zartbitterschokolade (Bioladen)
250 ml Sahne
3 EL Instant-Getreidekaffee
40 g Akazienhonig
1 ungespritzte Duftrose
16 Himbeeren
4 Holzspießchen
etwas Rosenblütenhonig zum Beträufeln (siehe Tipp)

Zubereitungszeit: 20 Min.
Kühlzeit: 30 Min.

■ Die Kardamomkapseln mit Pfefferkörnern und Zimtpulver im Mörser fein zerstoßen. Die Schokolade im warmen Wasserbad schmelzen lassen. Die zerstoßenen Gewürze dazugeben.

■ Die Sahne mit dem Getreidekaffee und dem Honig halb steif schlagen. Die heiße Schokolade zügig unterrühren und bis zur weiteren Verwendung kalt stellen.

■ Inzwischen die Blütenblätter der Duftrose vorsichtig abzupfen. Abwechselnd mit den Himbeeren auf die Holzspießchen stecken. Mit etwas Rosenblütenhonig beträufeln. Zum Servieren mit einem heißen Esslöffel Nocken von der Kaffeemousse abstechen oder die Mousse in Dessertgläser füllen. Mit den Spießchen garnieren.

Rosenblütenhonig

1 Bio-Zitrone waschen, trocken reiben und etwas Schale dünn abschälen. 15 duftende Rosenblüten verlesen und mit der Zitronenschale in ein sauberes Schraubglas geben. 500 g Akazienhonig darübergießen. Das Glas verschließen. Den Honig mindestens 6 Wochen mazerieren lassen.

Tipp

Gebrannte Creme
mit Ringelblumen

▪ Den Backofen auf 185° vorheizen. 4 feuerfeste Formen mit Butter einfetten. Die Orange waschen, trocken reiben und etwas Schale fein abreiben. Die Blütenblätter der Ringelblumen abzupfen. Zwei Drittel der Blütenblätter in den Mixer geben. Orangenschale, Milch, Sahne, Eier, Eigelb, Vanille, Salz und Honig dazugeben und alles pürieren.

▪ Die Masse in die Formen füllen. Die Formen ins heiße Wasserbad im Backofen (Mitte) stellen und die Creme bei 165° (Umluft 155°) in 40 Min. stocken lassen. Die Creme herausnehmen und 10 Min. abkühlen lassen. Den Vollrohrzucker auf die Oberfläche der Creme streuen und mit dem Bunsenbrenner leicht karamellisieren lassen. Mit den restlichen Blütenblättern bestreuen und servieren.

Die gebrannte Creme können Sie sehr gut vorbereiten und kalt stellen. Dann unbedingt rechtzeitig vor dem Servieren aus dem Kühlschrank nehmen und Zimmertemperatur annehmen lassen. Und erst kurz vor dem Servieren mit Vollrohrzucker bestreuen und abbrennen.

Zutaten für 4 Förmchen (ca. 5 cm Ø):

1 Bio-Orange
8 Ringelblumenblüten
200 ml Milch
300 ml Sahne
3 Eier
1 Eigelb
1 Msp. Naturvanille (Bioladen)
1 Prise Kristallsalz
25 g Akazienhonig
30 g Vollrohrzucker
Butter für die Formen

Zubereitungszeit: 15 Min.
Backzeit: 40 Min.
Ruhezeit: 10 Min.

Passionsfruchtgelee mit Akazienblüten und Kokos-Limetten-Sahne

Zutaten für 4 Portionen:

500 g Passionsfrüchte
95 g Akazienhonig
300 ml Orangensaft
1 gestr. TL Agar-Agar
1 Limette
200 ml Sahne
1 Msp. Naturvanille (Bioladen)
50 ml Kokosmilch (Dose)
30 g Hirsemehl
250 ml Milch
2 Eier
1 Prise Kristallsalz
30 ml Bratöl
12 Akazien- oder Robinienblütendolden

Zubereitungszeit: 35 Min.

■ Für das Gelee die Passionsfrüchte halbieren und das Innere mit einem Teelöffel herauslösen. Das Fruchtfleisch mit 60 g Honig, Orangensaft und Agar-Agar aufkochen, dann 10 Min. kochen lassen. Durch ein feines Sieb passieren, dabei die Flüssigkeit auffangen. Die Flüssigkeit in Dessertgläser füllen und 30 Min. kalt stellen.

■ Inzwischen für die Creme die Limette waschen und trocken reiben, die Schale abreiben und den Saft auspressen. Die Sahne steif schlagen. 35 g Honig, Vanille, Kokosmilch, Limettensaft und -schale untermischen und kalt stellen.

■ Für den Teig das Hirsemehl mit der Milch mischen. Die Eier trennen. Die Eiweiße mit dem Salz steif schlagen. Die Eigelbe dazugeben und unterschlagen. Die Eierschaummasse vorsichtig unter die Hirsemilch heben. Das Bratöl erhitzen. Die Blütendolden in den Teig tauchen und schwimmend im Bratöl 2–3 Min. ausbacken. Herausnehmen und auf Küchenpapier abtropfen lassen. Zum Servieren die Kokos-Limetten-Sahne auf das Passionsfruchtgelee löffeln. Die gebackenen Blütendolden daraufsetzen.

Pimpernelle-Pistazien-Mousse
mit Pimpernellegelee

■ Für die Mousse 20 Zweige Pimpernelle waschen, trocknen und verlesen. 250 ml Sahne mit den Pimpernellezweigen im Mixer pürieren. Die Sahnemischung durch ein feines Sieb passieren, auffangen und mit 1 gehäuften TL Agar-Agar in einem Topf einmal aufkochen lassen. 25 g Honig dazugeben und die Sahne etwas abkühlen lassen.

■ Inzwischen 125 ml Sahne steif schlagen. Die Pistazienkerne hacken. Pistazienkerne und gekochte Sahne vorsichtig unter die geschlagene Sahne heben. Die Mousse in Dessertgläser oder Ringe füllen und 30 Min. kalt stellen.

■ In der Zwischenzeit für das Gelee 125 ml Wasser mit 20 Zweigen Pimpernelle im Mixer pürieren. Das Püree in einem Topf mit 1 gestrichenen TL Agar-Agar aufkochen lassen. 15 g Honig dazugeben und die Flüssigkeit auf Handtemperatur abkühlen lassen. Die Flüssigkeit vorsichtig auf die Pimpernellemousse löffeln und bis zum Servieren kalt stellen.

■ Die Zartbitterschokolade im warmen Wasserbad schmelzen lassen. Die Pimpernelleblätter in die Schokolade tauchen und auf Butterbrotpapier abkühlen lassen. Die Mousse damit garnieren.

Zutaten für 4 Portionen:

40 Zweige Pimpernelle
375 ml Sahne
je 1 geh. + gestr. TL Agar-Agar
40 g Akazienhonig
20 g Pistazienkerne
125 ml Wasser
30 g honiggesüßte Zartbitterschokolade (Bioladen)
12 Pimpernelleblätter

Zubereitungszeit: 30 Min.
Kühlzeit: 30 Min.

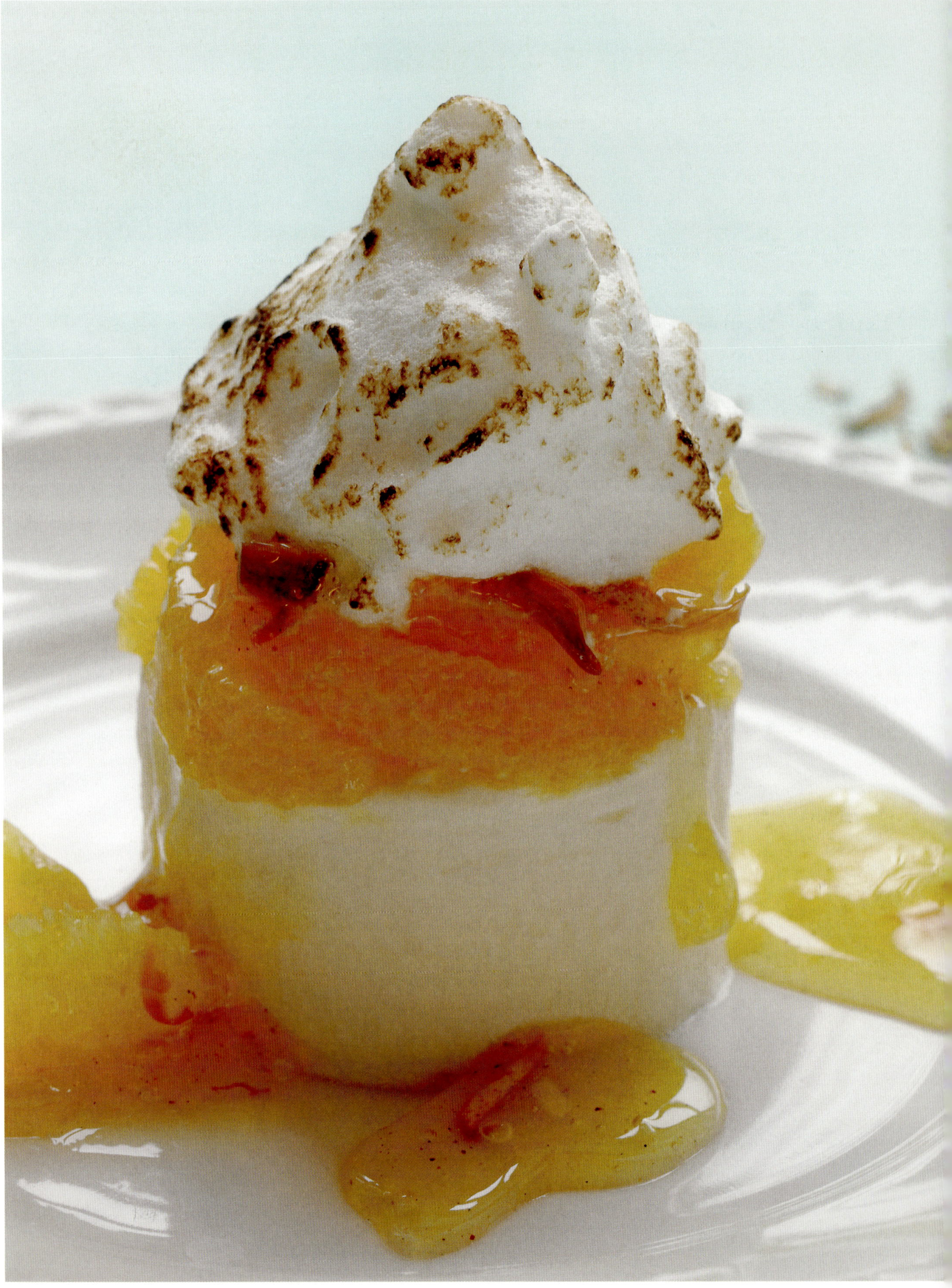

Geeiste Orangenblüten-Mascarpone-Creme
mit Ingwerorangen und Orangenbaiser

■ Die Orangen waschen und trocken reiben. Von 1 Orange die Schale fein abreiben und den Saft auspressen. Die restlichen Orangen schälen und das Fruchtfleisch zwischen den Trennhäutchen herauslösen. Den Ingwer schälen und fein reiben.

■ Die Vanilleschote längs aufschlitzen, das Mark herauskratzen und beiseitestellen. 1 EL Honig mit der ausgekratzten Vanilleschote und dem Ingwer in einer Pfanne erhitzen und leicht karamellisieren lassen. Den Orangensaft dazugeben und in 5 Min. einkochen lassen. Die Pfanne vom Herd ziehen, die Orangenblüten und Orangenfilets hinzufügen und alles 1 Std. marinieren.

■ Den Mascarpone mit Vanillemark, Sahne, der Hälfte der Orangenschale und 1 EL Akazienhonig verrühren. Die Portionsringe auf Dessertteller stellen. Die Masse in die Ringe füllen und 1 Std. ins Gefrierfach stellen.

■ Die Eiweiße mit dem Salz steif schlagen. Die restliche Orangenschale und den übrigen Honig unterschlagen, bis die Masse schön fest ist. Den Eischnee in einen Spritzbeutel mit großer Sterntülle füllen.

■ Die halb gefrorene Mascarponecreme aus den Portionsringen lösen. Die marinierten Orangen mit dem Saft darauf verteilen. Den Eischnee dekorativ aufspritzen und mit dem Bunsenbrenner an der Oberfläche goldbraun abbrennen.

Zutaten für 4 Portionen:

3 Bio-Orangen
25 g frischer Ingwer
1 Vanilleschote
50 g Akazienhonig
2 EL Orangenblüten (frisch oder getrocknet)
200 g Mascarpone
125 ml Sahne
2 Eiweiß
1 Prise Kristallsalz
4 Portionsringe (ca. 5–6 cm Ø)
Spritzbeutel mit großer Sterntülle

Zubereitungszeit: 35 Min.
Marinierzeit: 1 Std.
Gefrierzeit: 1 Std.

Blaubeereis
mit Feigen und Glockenblumen

Zutaten für 4 Portionen:

1 Bio-Zitrone
250 g Blaubeeren
4 große Feigen
50 g Akazienhonig
125 g Joghurt
4 Glockenblumen
   zum Garnieren

Zubereitungszeit: 25 Min.
Gefrierzeit: 40 Min.

■ Die Zitrone waschen, trocken reiben und den Saft auspressen. Die Blaubeeren und Feigen waschen. Die Blaubeeren verlesen. Von den Feigen das obere Viertel mit dem Stiel abschneiden. Das Fruchtfleisch mit einem Parisienne-Ausstecher vorsichtig aushöhlen und klein schneiden. Das Feigenfruchtfleisch mit 50 g Blaubeeren, etwas Zitronensaft und etwas Honig verrühren.

■ Die übrigen Blaubeeren mit dem restlichen Honig, Zitronensaft und Joghurt in den Mixer geben und pürieren. Das Fruchtpüree durch ein feines Sieb passieren. Die Flüssigkeit auffangen und in der Eismaschine in 40 Min. gefrieren lassen. Oder die Flüssigkeit in eine Metallschüssel geben und zugedeckt im Gefrierfach in 3–4 Std. fest werden lassen. Dabei alle 15 Min. mit einem Schneebesen umrühren. Das Eis mit einem Esslöffel in die ausgehöhlten Feigen füllen, mit je 1 Glockenblume garnieren und mit den marinierten Früchten anrichten.

Hibiskus-Sauerkirsch-Sorbet
mit Duftgeranium-Pistazien-Marzipan

Für das Sorbet die Orange waschen und trocken reiben, etwas Schale abreiben und den Saft auspressen. Die Sauerkirschen waschen, entsteinen und mit dem Orangensaft und Wasser in einen Topf geben. Zwei Drittel von dem Honig und die Hibiskusblüten dazugeben, aufkochen und bei kleiner Hitze 5 Min. simmern lassen. Die Mischung in den Mixer geben und pürieren, dann durch ein feines Sieb passieren und die Flüssigkeit auffangen. Die Flüssigkeit in der Eismaschine in 50 Min. gefrieren lassen. Oder die Flüssigkeit in eine Metallschüssel geben, zugedeckt im Gefrierfach in 3–4 Std. fest werden lassen. Dabei alle 15 Min. mit einem Schneebesen umrühren.

Für das Marzipan die Geraniumblätter waschen, trocknen und fein schneiden. Die Pistazienkerne und das Mandelmus mit der Orangenschale, dem Geranium und dem übrigen Honig pürieren. Die Marzipanmasse von Hand zu einem Block kneten, in Klarsichtfolie hüllen und bis zur Verwendung ins Gefrierfach legen.

Zum Servieren das Sorbet mit einem heißen Esslöffel abstechen und in Gläser füllen. Das tiefgekühlte Marzipan auf einer sehr feinen Reibe darüberraspeln. Das Sorbet jeweils mit 1 Geraniumblatt und/oder 1 Hibiskusblüte garnieren.

Zutaten für 4 Portionen:

1 Bio-Orange
50 g Sauerkirschen
250 ml Wasser
50 g Akazienhonig
10 Hibiskusblüten
5 Duftgeraniumblätter
30 g Pistazienkerne
1 EL helles Mandelmus
Geraniumblätter oder
   Hibiskusblüten
   zum Garnieren

Zubereitungszeit: 25 Min.
Gefrierzeit: 50 Min.

GARTEN UND BEET

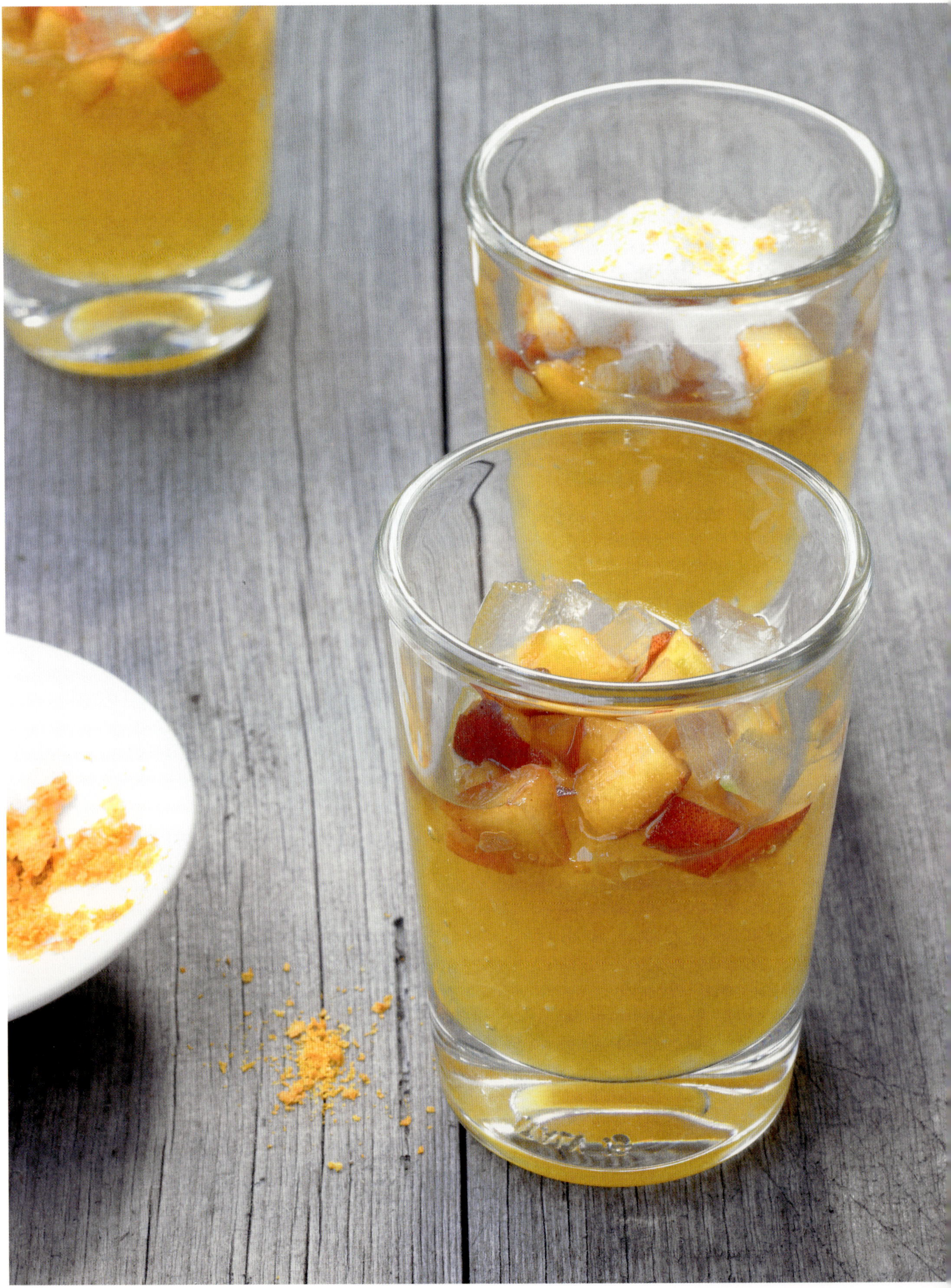

Orangen-Tapioka
mit Pfirsichen, Aloe-vera-Fruchtfleisch und Aloe-vera-Schaum

■ Die Aloe-vera-Blätter waschen, trocknen, schälen und das Fruchtfleisch in Würfel schneiden. In kaltem Wasser gründlich spülen, dann das Wasser abgießen. 2 EL Aloe-vera-Würfel mit der Milch und 1 TL Honig in einen Topf geben und aufkochen lassen. Den Topf beiseitestellen und die Aloe-vera-Würfel in der Milch 20 Min. ziehen lassen.

■ Inzwischen ein Backblech mit Backpapier auslegen. Den Backofen auf 60° vorheizen. Die Orangen waschen und trocken reiben. Von 1 Orange die Schale abreiben und auf dem Backblech verteilen. Im Backofen (Mitte) 25 Min. trocknen lassen.

■ Den Saft von allen Orangen auspressen und 600 ml abmessen. Falls nötig, mit etwas Wasser auffüllen. Die Vanilleschote längs aufschlitzen und das Mark herauskratzen. Vanillemark und Schote mit dem restlichen Honig und dem Orangensaft aufkochen lassen. Tapioka einrühren und zugedeckt bei kleiner Hitze 25 Min. ausquellen lassen, bis sie glasig ist.

■ Die Pfirsiche waschen, entsteinen und in Würfel schneiden. Die Aloe-vera-Milch nochmals erhitzen und im Mixer aufschäumen. Die gequollene Tapioka mit der getrockneten Orangenschale abschmecken und in Gläser füllen. Die Pfirsichwürfel und die Aloe-vera-Stücke darauf verteilen. Den Aloe-vera-Schaum obendrauf geben.

Zutaten für 4 Portionen:

3 Aloe-vera-Blätter
125 ml Magermilch
35 g Akazienhonig
5 Bio-Orangen
1 Vanilleschote
60 g Tapioka
3 Pfirsiche
Backpapier für
   das Backblech

Zubereitungszeit: 50 Min.

Schönheitstipp
Aloe vera mag es gern sehr warm, deshalb wächst sie sehr üppig in meinem Kräutergarten beim Magnolia-Restaurant. Ich verwende sie nicht nur in der Küche, sondern auch zur Feuchtigkeitspflege der Haut. Dafür einfach ein frisches Blatt der Länge nach aufschneiden und das Gel vor dem Eincremen auf die gewaschene Gesichtshaut auftragen.

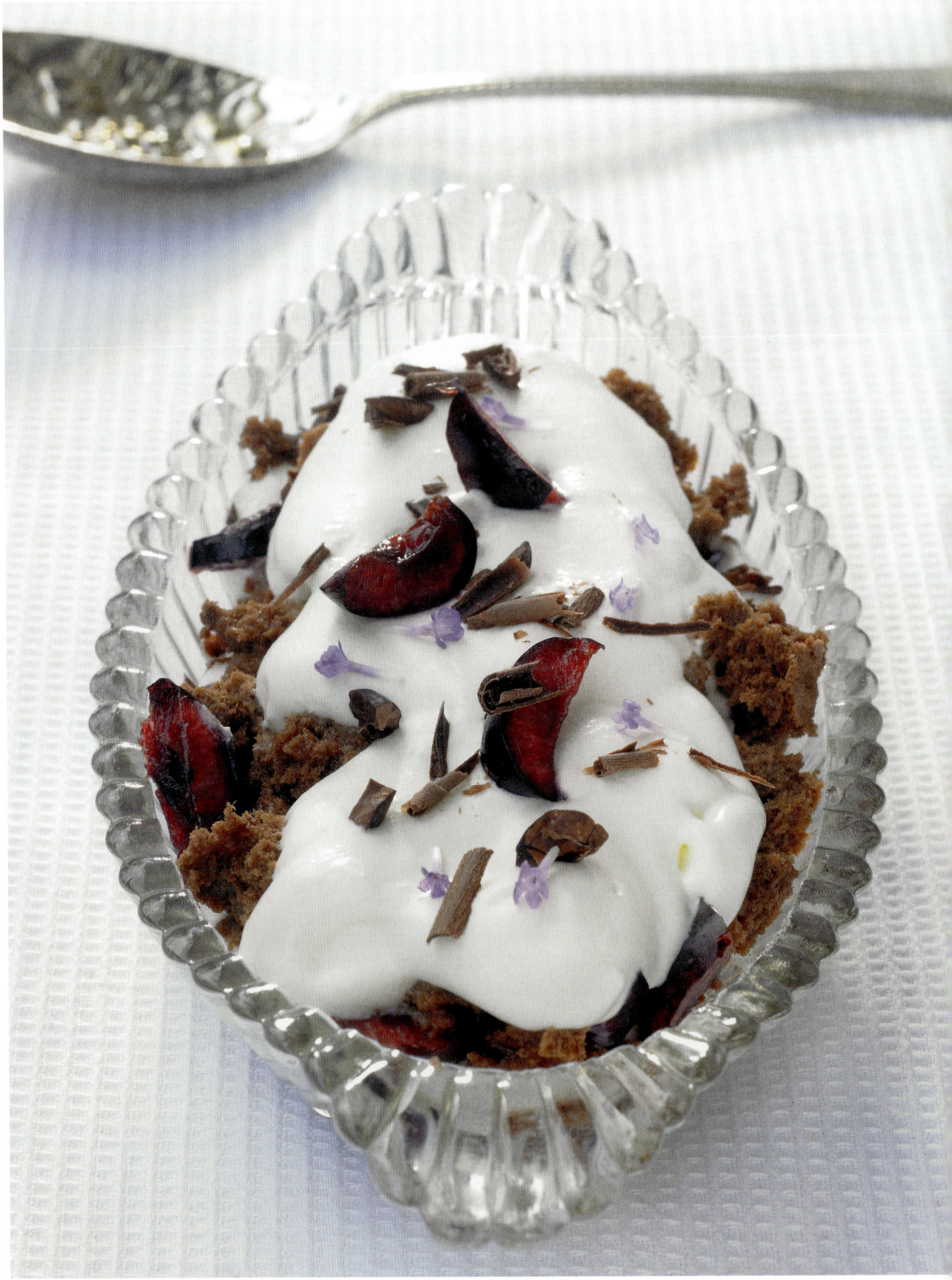

Lavendel-Kirsch-Trifle
mit gerösteten Kakaobohnen

- Den Schokoladenbiskuit nach dem Rezept im Kasten unten vorbereiten und die Hälfte des Biskuitbodens in grobe Stücke reißen.

- Den Saft der Orange auspressen und in einen Topf geben. Zwei Drittel von den Lavendelblüten dazugeben und aufkochen lassen. Den Topf beiseitestellen und die Blüten 20 Min. ziehen lassen. Die Mischung durch ein Sieb abgießen und die Flüssigkeit auffangen.

- Inzwischen die Herzkirschen waschen, trocken tupfen, die Stiele entfernen und die Früchte entkernen. Die Kakaobohnen im Mörser grob zerstoßen. Die Schokolade raspeln. Die Sahne mit Vanille steif schlagen und den Honig unterrühren.

- Einige Biskuitstücke in Dessertgläser oder eine Glasschale füllen und mit etwas aromatisiertem Orangensaft tränken. Herzkirschen und Sahne daraufgeben. Mit Schokolade und Kakaobohnen bestreuen. Den Vorgang schichtweise so oft wiederholen, bis die Gläser oder die Schale gefüllt sind. Den Trifle mindestens 1 Std. ziehen lassen. Mit Lavendelblüten dekorieren.

Zutaten für 4 Portionen:

Schokoladenbiskuit (siehe Tipp, ½ des Rezepts)
1 Bio-Orange
25 Lavendelblüten (frisch oder getrocknet)
200 g Herzkirschen
20 g geröstete Kakaobohnen (Feinkostladen oder Schokoladenspezialgeschäft)
100 g honiggesüßte Zartbitterschokolade (Bioladen)
250 ml Sahne
1 Msp. Naturvanille (Bioladen)
40 g Akazienhonig
Lavendelblüten zum Garnieren

Zubereitungszeit: 20 Min.
Ruhezeit: 1 Std.

FÜR DEN VORRAT
Schokoladenbiskuit

6 Eier trennen. Die Eiweiße mit 1 Prise Kristallsalz steif schlagen. 50 g Akazienhonig unter den Eischnee schlagen. Die Eigelbe und die abgeriebene Schale von 1 Bio-Orange unterschlagen, sodass eine voluminöse Schaummasse entsteht. Den Backofen auf 200° (Umluft 190°) vorheizen. Ein Backblech mit Butter bestreichen. 80 g fein gemahlener Dinkel mit 80 g Kakaopulver und 1 Msp. Naturvanille mischen. Die Mischung unter den Eierschaum heben. Den Teig auf das Blech streichen und im Ofen (Mitte) 10 Min. backen. Herausnehmen, abkühlen lassen und je nach Rezept verarbeiten oder einfrieren.

Duftgeranium-Frappé

Zutaten für 4 Portionen:

1 Bio-Orange
5 Zweige Duftgeranium
500 ml stilles Wasser
40 g Akazienhonig
500 ml Aprikosensaft
  (oder Orangensaft)

Zubereitungszeit: 10 Min.
Ruhezeit: 12 Std.
Kühlzeit: 50 Min.

■ Die Orange waschen, trocken reiben und die Schale dünn abschälen. Die Geraniumblätter von den Zweigen zupfen, kurz abbrausen und trocknen. Die Geraniumblätter mit Orangenschale, stillem Wasser und Honig verrühren. Die Mischung in den Kühlschrank stellen und 12 Std. mazerieren lassen.

■ Die Geraniummischung in ein Sieb abgießen und auffangen. Die Flüssigkeit in der Eismaschine 50 Min. gefrieren lassen. Oder die Mischung in eine Metallschüssel geben, zugedeckt im Gefrierfach in 3–4 Std. fest werden lassen. Dabei alle 15 Min. mit einem Schneebesen umrühren. Das Geraniumsorbet mit dem Aprikosensaft im Mixer pürieren. Die Mischung in Gläser füllen und servieren.

Lavendelblüten-Haferkekse

- Für den Mürbeteig die Haferflocken mit dem Dinkelvollkornmehl und Backpulver mischen. Den Honig, das Salz, die Butter in Stückchen, Lavendelblüten und den Sauerrahm dazugeben. Alles mit kühlen Händen rasch verkneten. Den Mürbeteig in Klarsichtfolie hüllen und 1 Std. in den Kühlschrank legen.

- Den Backofen auf 175° (Umluft 155°) vorheizen. Ein Backblech mit Backpapier auslegen. Eine bemehlte Arbeitsfläche mit Haferflocken, Vollrohrzucker und Lavendelblüten bestreuen.

- Den Teig daraufgeben und dünn ausrollen. Den Teig mit einem Teigschneider mit gezacktem Rand in Streifen (ca. 2 x 20 cm) schneiden. Die Teigstreifen auf das Backblech legen und im Backofen (Mitte) 10–12 Min. backen. Herausnehmen und abkühlen lassen.

Zutaten für 30 Stück:

125 g Haferflocken
125 g Dinkelvollkornmehl
½ TL Weinsteinbackpulver
25 g Akazienhonig
1 Prise Kristallsalz
125 g kalte Butter
2 EL Lavendelblüten
  (frisch oder getrocknet)
1 EL Sauerrahm
Backpapier
  für das Backblech
Dinkelvollkornmehl
  für die Arbeitsfläche
je 2 EL Lavendelblüten,
  Vollrohrzucker und
  Haferflocken zum
  Ausrollen

Zubereitungszeit: 15 Min.
Kühlzeit: 1 Std.
Backzeit: 12 Min.

GARTEN UND BEET

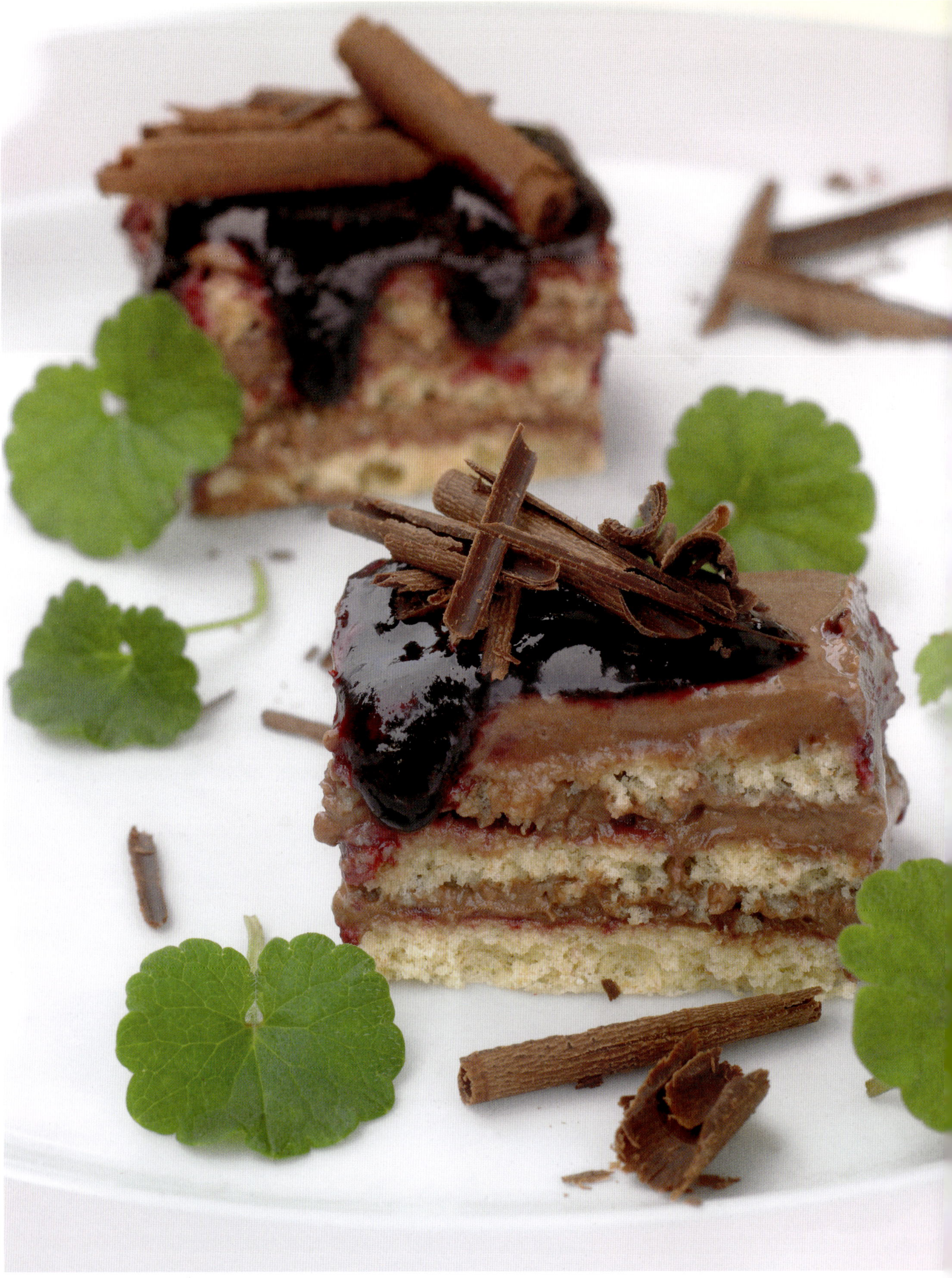

Gundelrebe-Schokoladen-Petits-Fours

■ Für den Teig die Zitrone waschen und trocken reiben, die Schale abreiben und den Saft auspressen. Die Eier trennen. Die Eiweiße mit dem Salz steif schlagen. Den Honig unter den Eischnee schlagen. Die Eigelbe und die Zitronenschale so unter den Eischnee schlagen, dass eine voluminöse Schaummasse entsteht.

■ Den Backofen auf 200° (Umluft 190°) vorheizen. Das Backblech mit Backpapier auslegen. Das Mehl mit der Vanille mischen und unter die Eierschaummasse heben. Die Masse auf das Backblech streichen und im Backofen (Mitte) 10 Min. backen. Den Biskuitboden herausnehmen und 10 Min. abkühlen lassen.

■ Inzwischen Gundelrebe und Minze waschen, trocknen und die Blätter fein schneiden. Die Sahne steif schlagen. Die Schokolade im heißen Wasserbad schmelzen lassen und noch heiß zügig unter die Sahne rühren. Die Blätter ebenfalls unterrühren.

■ Den Biskuitboden in zwei gleich große Rechtecke schneiden. Jedes Biskuitstück zuerst mit Marmelade, dann mit der Schokoladensahne bestreichen. Die beiden Biskuitstücke exakt aufeinandersetzen, sodass die oberste Schicht aus Sahne besteht. Den Biskuit mit einem heißen Messer in 12 gleich große Petits Fours schneiden und bis zum Servieren kalt stellen. Zum Servieren mit Gundelrebeblüten und Schokoladenraspel bestreuen.

Zutaten für 12 Stück:

1 Bio-Zitrone
4 Eier
1 Prise Kristallsalz
30 g Akazienhonig
80 g fein gemahlener Dinkel
1 Msp. Naturvanille (Bioladen)
15 g Gundelrebeblätter
2 Zweige Pfefferminze
250 ml Sahne
120 g honiggesüßte Zartbitterschokolade (Bioladen)
100 g honiggesüßte Schwarze Johannisbeermarmelade (Bioladen)
Gundelrebeblüten und Schokoladenraspel zum Garnieren
Backpapier für das Backblech

Zubereitungszeit: 25 Min.
Backzeit: 10 Min.

Zitronenkräuter-Cupcakes

Zutaten für 12 Stück:

je 10 g Blätter von Zitronenverbene, Zitronenmelisse und Zitronenthymian
1 Bio-Zitrone
2 Eier
40 g Akazienhonig
220 g gesiebtes Dinkelvollkornmehl
1 Prise Kristallsalz
1 EL Weinsteinbackpulver
125 ml Milch
30 g Butter
1 Bio-Orange
30 g honiggesüßte Aprikosenmarmelade (Bioladen)
40 g Vollrohrzucker
12 Papierbackförmchen (oder Muffinformen)

Zubereitungszeit: 20 Min.
Backzeit: 20 Min.

■ Den Backofen auf 175° (Umluft 165°) vorheizen. Die Blätter der Zitronenkräuter fein scheiden. Die Zitrone waschen und trocken reiben, die Schale fein abreiben und den Saft auspressen.

■ Für den Teig die Eier mit dem Honig schaumig schlagen. Das Mehl mit dem Salz und Backpulver mischen. Zwei Drittel der Zitronenkräuter, die Milch, Zitronenschale und Butter zur Mehlmischung geben und die Eiermasse unterrühren. Den Teig in die Papierbackförmchen füllen und im Backofen (Mitte) 15–20 Min. backen.

■ Inzwischen für die Glasur den Saft der Orange auspressen. Den Orangensaft und die Aprikosenmarmelade in den Mixer geben und glatt pürieren. Die noch warmen Cupcakes mit der Glasur bestreichen. Die restlichen Zitronenkräuter mit dem Vollrohrzucker im Blitzhacker pulverisieren und die Törtchen damit bestreuen.

> *Selbstverständlich können Sie das Mengenverhältnis der aromatischen Kräuter variieren. Oft hat man mehr Zitronenmelisse oder Verbene im Garten und nicht so viel Thymian.*

Zitronenverbene-Tarte

■ Den Mürbeteigboden nach dem Rezept im Kasten unten vorbereiten. Den Backofen auf 200° (Umluft 190°) vorheizen. Den Tortenboden im Backofen (Mitte) 10 Min. vorbacken. Inzwischen die Zitronen waschen und trocken reiben, die Schale abreiben und den Saft auspressen. Die Zitronenverbene waschen, trocknen und die Blätter fein schneiden.

■ Die Eigelbe mit dem Honig schaumig schlagen, den Zitronensaft langsam unterrühren. Die Zitronenschale, Verbenenblätter und das Puddingpulver dazugeben und unterschlagen. Die Schaummasse auf den vorgebackenen Tortenboden gießen. Die Tarte im Backofen bei 175° (Mitte, Umluft 165°) 15–20 Min. backen, bis die Zitronenmasse gestockt ist. Die Tarte herausnehmen und warm servieren.

Zutaten für 1 Tarteform (ca. 25 cm Ø):

1 Mürbeteigtortenboden (siehe Tipp, ⅓ des Rezepts)
3 Bio-Zitronen
20 Zweige Zitronenverbene
6 Eigelb
50 g Akazienhonig
3 EL Bio-Vanillepuddingpulver

Zubereitungszeit: 50 Min.
Backzeit: 20 Min.

FÜR DEN VORRAT
Mürbeteigböden

Für 3 große Tortenbodenformen oder 30 kleine Tartetteförmchen 200 g sehr kalte Butter würfeln. Mit je 200 g fein gemahlenem Dinkel und Kamut, 1 Ei und 1 Prise Kristallsalz mit kühlen Händen zu einem Teig verkneten. Er soll noch stumpf sein, aber nicht glänzen. Den Teig jeweils dünn in die Formen oder Tartetteförmchen drücken und bis zum Gebrauch einfrieren. Der Teig muss sehr kalt sein, bevor er gebacken wird.

GARTEN UND BEET

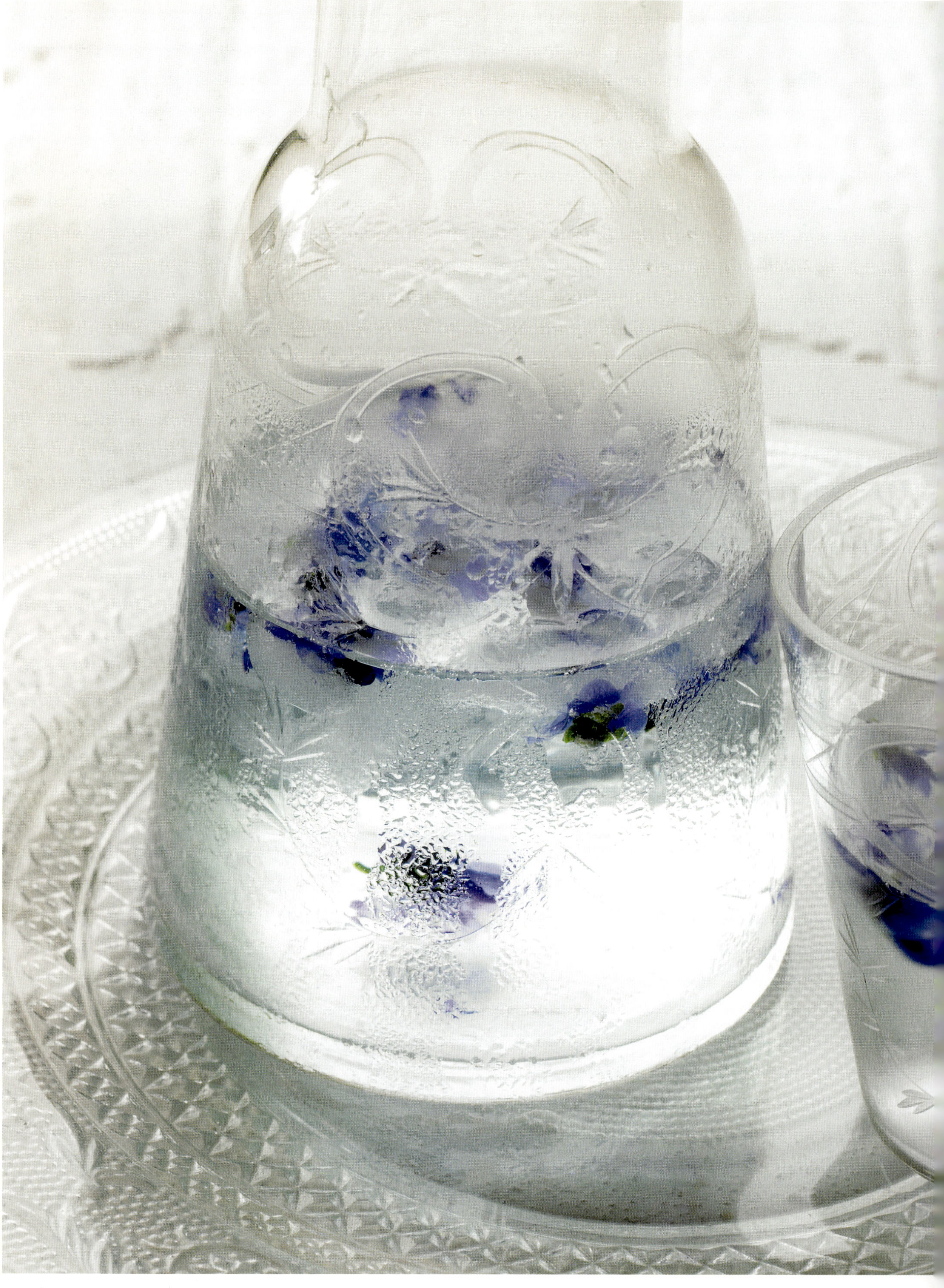

Veilchenwasser

■ Die Veilchenblüten verlesen und in eine schöne, ausreichend große Karaffe geben. Mit Quellwasser auffüllen und bei Zimmertemperatur mindestens 2 Std. oder am besten 6 Std. mazerieren lassen.

Zutaten für 1 Liter:

10 Duftveilchenblüten
1 l stilles Quellwasser

Zubereitungszeit: 5 Min.
Ruhezeit: 6 Std.

Tipp

Blütezeit
Veilchen wachsen sowohl wild als auch im Garten. Sobald sie ihren geeigneten Standort gefunden haben, blühen sie üppig. Doch die Blütezeit ist kurz. Veilchen lieben kühles Wetter, deshalb kann es gut sein, dass sie auch im Spätherbst nochmals erblühen. Achten Sie darauf – manchmal kann man zweimal »ernten«!

Serviertipps
Servieren Sie dieses glasklare, ölige und nach Veilchen duftende und blumig aromatische Wasser in kleinen Gläsern als Pre-Dessert – es wird Sie begeistern! Ich genieße am liebsten zimmerwarmes Veilchenwasser, weil es sein Aroma so am besten auf der Zunge entfaltet.

Konservierungstipps
Getrocknete Veilchenblüten eignen sich hervorragend als Beigabe zu feinen Blütenteemischungen, zum Beispiel zu Rose oder Schlüsselblume und Gänseblümchen. Manchmal friere ich auch Veilchenblüten in Eiswürfeln ein, diese passen leider nicht mehr zum duftenden Veilchenwasser. Sie haben jedoch einen hervorragenden Showeffekt in kühlen Bowlen!

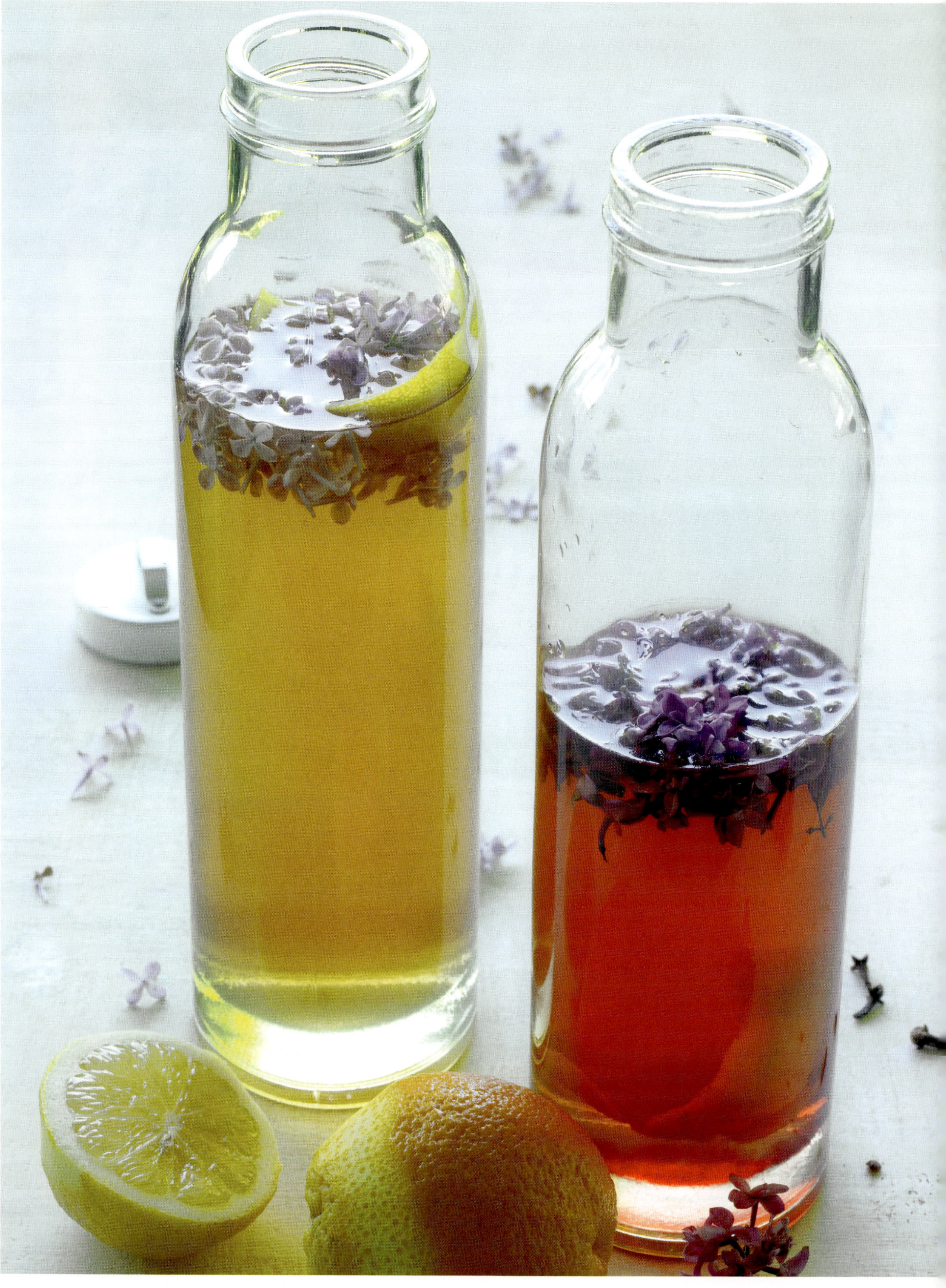

Heller Fliederessig

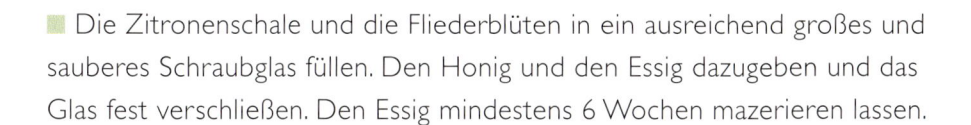

- Die Fliederblüten verlesen. Die Zitrone waschen, trocken reiben und die Schale dünn abschneiden.

- Die Zitronenschale und die Fliederblüten in ein ausreichend großes und sauberes Schraubglas füllen. Den Honig und den Essig dazugeben und das Glas fest verschließen. Den Essig mindestens 6 Wochen mazerieren lassen.

Zutaten für 1 Schraubglas (600 ml Inhalt):

3 Dolden hellviolette Fliederblüten
1 Bio-Zitrone
1 EL Akazienhonig
500 ml Apfel- oder Weißweinessig

Zubereitungszeit: 10 Min.
Ruhezeit: 6 Wochen

VARIANTE
Dunkler Fliederessig
3 dunkelviolette Dolden Fliederblüten verlesen. 1 Bio-Orange waschen, trocken reiben und die Schale dünn abschneiden. Die Orangenschale mit 3 Nelken und den Fliederblüten in ein ausreichend großes und sauberes Schraubglas (600 ml Inhalt) füllen. 1 EL Akazienhonig und 500 ml Rotweinessig dazugeben und das Glas fest verschließen. Den Essig mindestens 6 Wochen mazerieren lassen.

Schönheitstipp
Die Fliederblüte dauert leider immer viel zu kurz. Ich kann gar nicht oft genug meine Nase in seine betörend duftenden Blütendolden stecken.
Diesen fein duftenden Fliederessig können Sie auch äußerlich anwenden. Er ist ein feines Gesichtstonikum und eignet sich hervorragend für Gesichtswaschungen. Dafür geben Sie auf ein gut gefülltes Waschbecken mit warmem Wasser 4 EL Fliederessig und spülen damit großzügig mehrmals ihre Gesichtshaut. Regelmäßig angewendet verfeinert diese Behandlung das Hautbild.

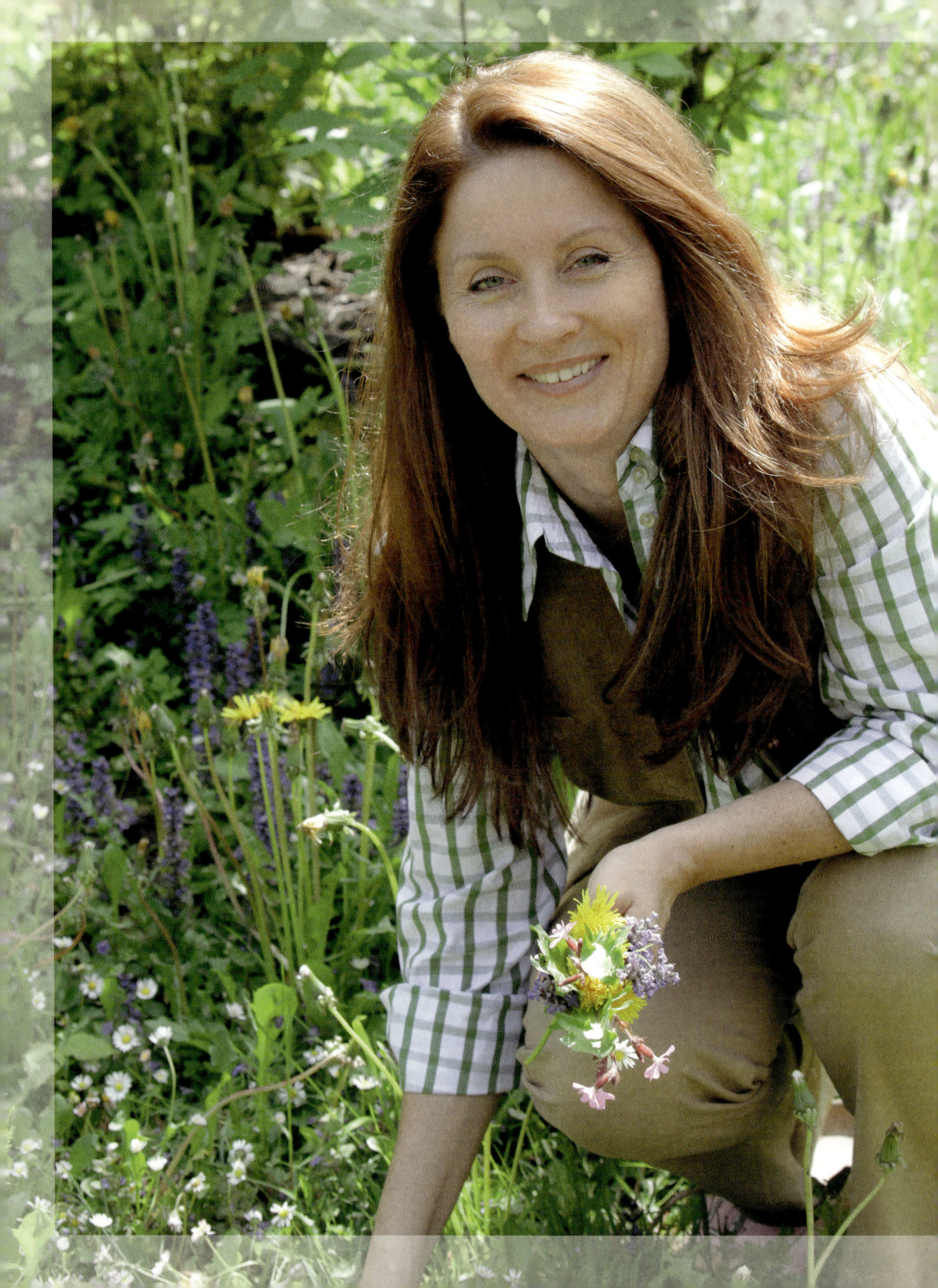

Wilde Kräuter und Blüten

Der Übergang von der Wildpflanze zur Kulturpflanze ist fließend. Viele Kulturpflanzen fühlen sich im Garten unter den entsprechenden klimatischen Bedingungen so wohl, dass sie sich wild vermehren. Umgekehrt ziehen zahlreiche Wildpflanzen die fette Komposterde eines gepflegten Gartens vor, anstatt sich auf kargeren Böden mühsam durchzubringen – manchmal sehr zum Leidwesen des Gärtners, der andere Vorstellungen hat. Mein Tipp: Nicht ärgerlich mit der Harke bekämpfen, sondern essen und genießen!

Aber im Ernst: Was ist einzuwenden gegen üppig wuchernden Kerbel zwischen Blumenrabatten? Oder Feldsalatrosetten, die auf den Kiesweg hinauswachsen? Ich begrüße den saftigen Bärlauch, der vom Waldrand hereinwuchert, das zarte Scharbockskraut, das zwischen den dekorativen Tulpen und dem Vergissmeinnicht im Frühjahr einen herrlichen grünen Teppich bildet. Und freue mich über diverse Wegeriche, Löwenzahn, Schafgarbe und Gänseblümchen im Rasen. Ab in die Küche damit!

Sollten Sie wildes Grün nicht in greifbarer Nähe finden: Viele Wildkräuter kann man mittlerweile saisonal und regional auf den Märkten kaufen. Manche Händler bieten Wildsalatmischungen, Bärlauch, Löwenzahn, frische Brunnenkresse und vieles mehr an.

Doch wann immer Sie die Chance haben, in unberührter Natur spazieren zu gehen, nehmen Sie ein kleines Messer und ein, zwei Frischhaltetüten mit. Wer weiß, vielleicht stolpern Sie an den ersten schneefreien Stellen im ausgehenden Winter über die zarten Knospen des berückend aromatischen Straußlattich, kommen an einem klaren Bach vorbei, wo Sie Brunnenkresse zupfen können, oder es strecken sich junge Brennnesselspitzen den wärmenden Sonnenstrahlen entgegen. Das sind alles echte Delikatessen!

Es empfiehlt sich sehr, die eigenen Kenntnisse über Wildpflanzen zu vertiefen, damit man weiß, wofür es sich lohnt, über Stock und Stein zu wandern. Und um sich genau einzuprägen, dass die Natur auch gelegentlich eine tückische Giftküche hervorbringt, welche es fein von den essbaren Dingen zu unterscheiden gilt. So ähneln die Blätter des Bärlauchs im Aussehen den giftigen Maiglöckchenblättern. Sie wachsen fast zur selben Zeit, deshalb ist es besonders wichtig, ganz genau hinzusehen. Wenn Sie die wunderbar aromatischen und heilkräftigen Holunderbeeren ernten, ganz egal, ob im Garten oder von einem wild wachsenden Strauch, denken Sie daran, dass Sie die Beeren nur gekocht genießen können. Rohe Holunderbeeren enthalten den Giftstoff Sambunigrin, der starken Brechreiz hervorrufen kann. Durch Kochen wird er unwirksam.

Und bemühen Sie sich, Verwechslungen ungefährlicher Art zu vermeiden: Der Löwenzahn hat ein paar weniger genießbare Verwandte, die ebenfalls gezackte, rosettenartig wachsende Blätter aufweisen. Das echte Duftveilchen mischt sich gern mit dem gemeinen Hundsveilchen, das fast genauso hübsch anzusehen, jedoch völlig aromafrei ist.
Taubnesselblätter wachsen häufig zwischen Brennnesseln, haben jedoch nicht deren Aroma und Wirkung. Dafür aber weiße, gelbe und rosa Blüten, die Sie verwenden können. Die jedoch zeigen sich erst an der ausgewachsenen Pflanze.

**Es gibt viel zu entdecken.
Genießen Sie es!**

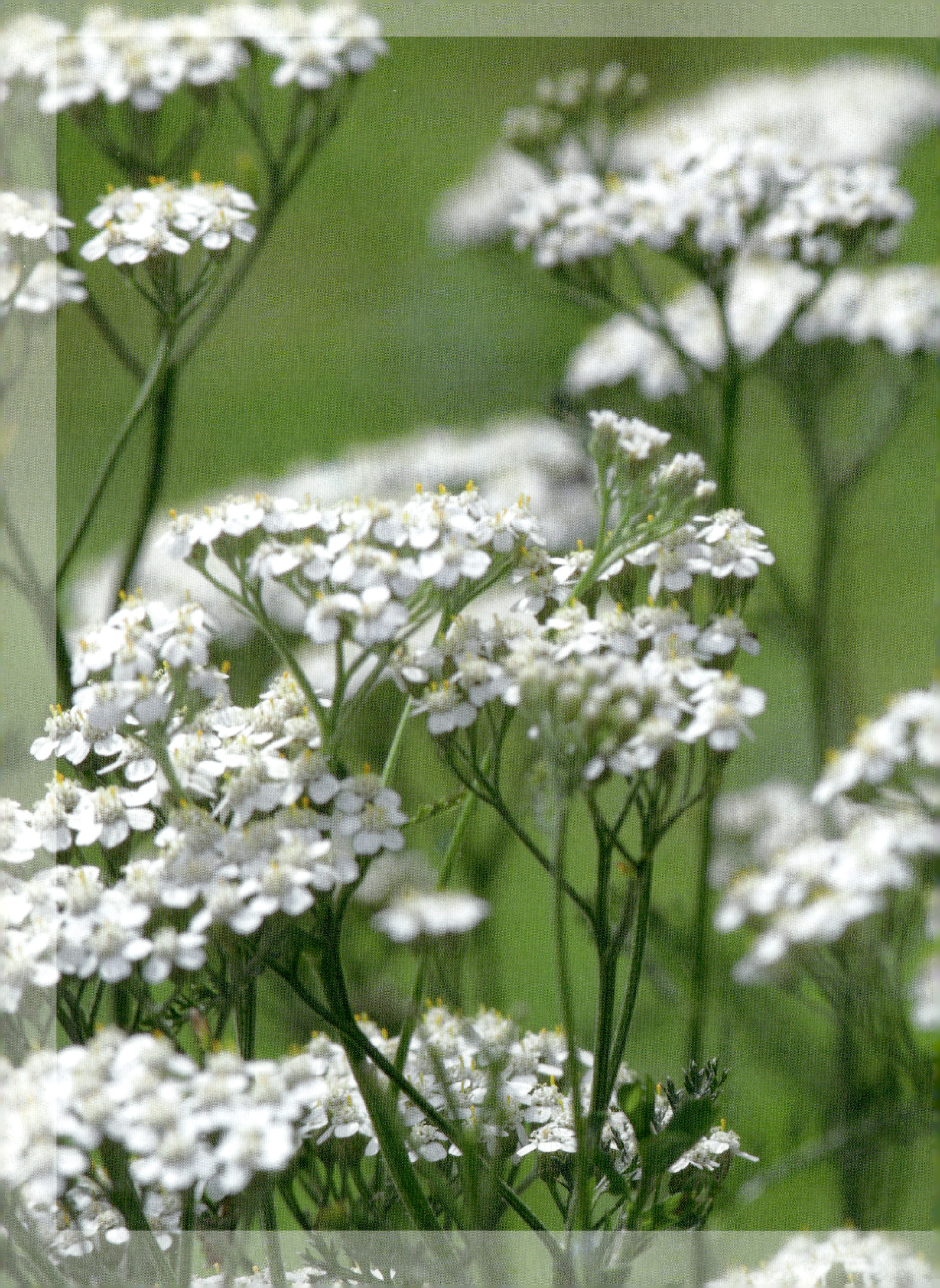

Wald und Wiese

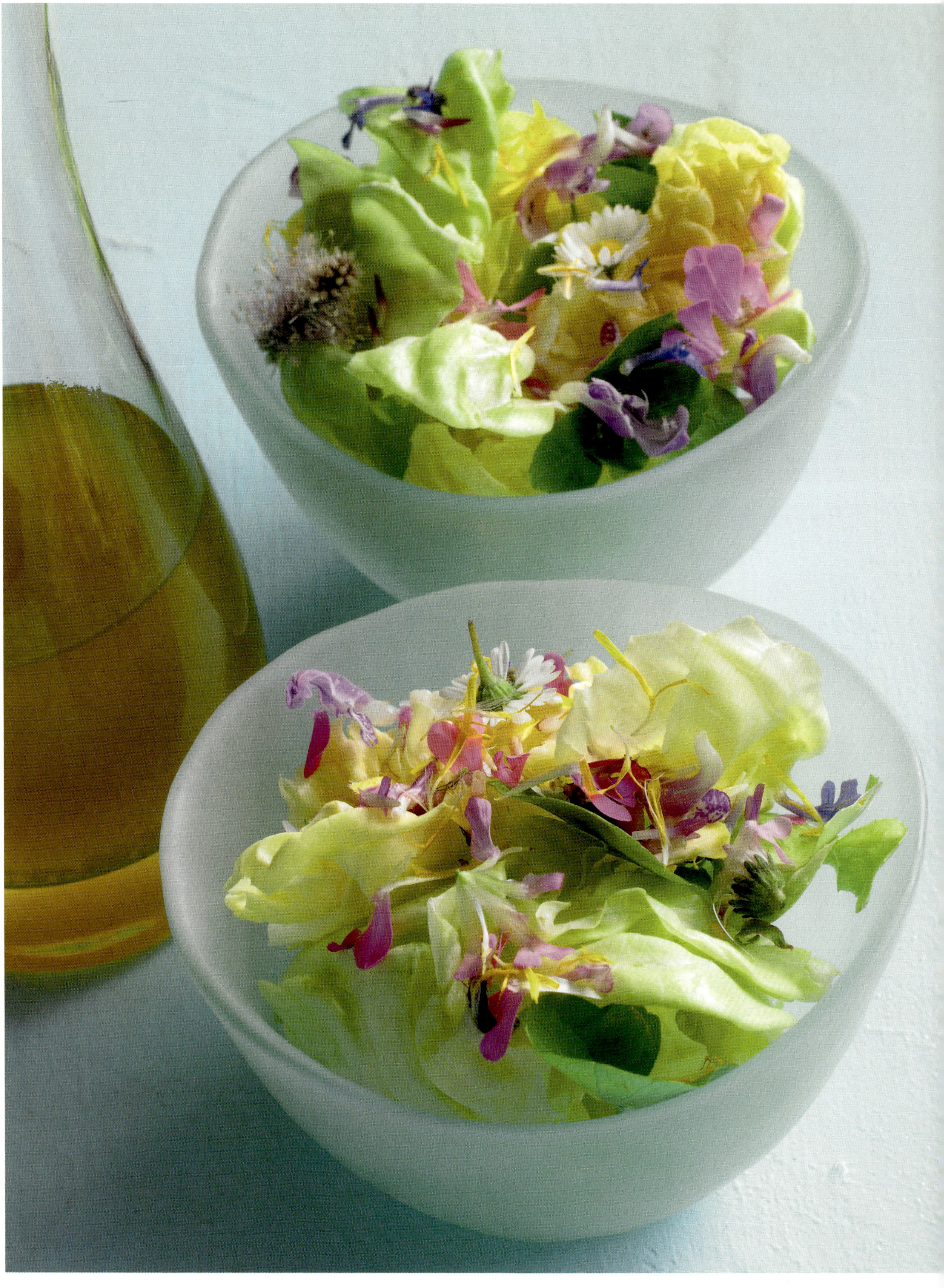

Bunter Frühlingsblütensalat
mit Fliederessig-Vinaigrette

■ Den Kopfsalat und die Scharbockskrautblätter waschen, putzen, verlesen und trocknen. Die Blüten und Blütenblätter der Frühlingsblüten verlesen.

■ Für die Vinaigrette den Essig mit dem Honig, Salz und Olivenöl verrühren. Die Salatblätter und das Scharbockskraut darin wenden und in Salatschüsseln anrichten. Die Blütenblätter locker darauf streuen.

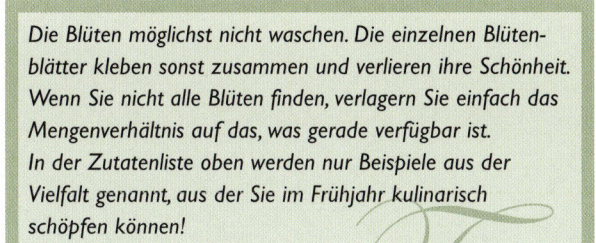

Zutaten für 4 Portionen:

1 kleiner Kopfsalat
15 g Scharbockskrautblätter
10 g gemischte essbare Frühlingsblüten (je nach Verfügbarkeit, z. B. Schlüsselblume, Lichtnelke, Gänseblümchen, Blütenblätter von Löwenzahnblüten, rote, gelbe und weiße Taubnessel, Gundelrebe, Spitzwegerich- und Veilchenblüte)
4 EL Fliederessig (Rezept Seite 123)
1 Msp. Akazienhonig
Kristallsalz
6 EL Olivenöl

Zubereitungszeit: 15 Min.

Tipp

Die Blüten möglichst nicht waschen. Die einzelnen Blütenblätter kleben sonst zusammen und verlieren ihre Schönheit. Wenn Sie nicht alle Blüten finden, verlagern Sie einfach das Mengenverhältnis auf das, was gerade verfügbar ist.
In der Zutatenliste oben werden nur Beispiele aus der Vielfalt genannt, aus der Sie im Frühjahr kulinarisch schöpfen können!

Sollten Sie keinen Fliederessig im Vorrat haben, können Sie auch sehr gut Apfelessig verwenden.

Wildkräutersalat mit jungen Baumblättern und Kernöl-Joghurt-Sauce

Zutaten für 4 Portionen:

1 kleiner Kopfsalat
80 g gemischte Wildblätter (siehe Tipp)
1 Bio-Zitrone
4 EL Joghurt
1 Msp. Akazienhonig
3 EL Kürbiskernöl
3 EL Olivenöl
Kristallsalz
schwarzer Pfeffer

Zubereitungszeit: 15 Min.

Den Kopfsalat und die Wildblätter waschen, putzen, verlesen und trocknen. Für die Salatsauce den Saft der Zitrone auspressen. Den Joghurt mit Zitronensaft, Honig, Kürbiskern- und Olivenöl verrühren. Die Sauce mit Salz und Pfeffer abschmecken. Die Blätter vorsichtig in der Sauce wenden und in einer Salatschüssel servieren.

Mischen Sie die Wildblätter je nach Verfügbarkeit, Lust und Laune. Gut geeignet sind junge Baumblätter von Buche, Linde und Haselnussstrauch, Scharbockskrautblätter, Schafgarbeblätter, Blätter und Blüte vom Bärlauch, junge Gierschblätter, Frauenmantel, Knoblauchrauke, Spitzwegerich, Kerbel, Lungenkraut und Löwenzahn. Je jünger und zarter die Blätter sind, desto besser schmecken sie!

Tipp

Brokkolisalat
mit bunten Taubnesselblüten

■ Den Brokkoli waschen, putzen und in Röschen teilen. Die Röschen in einen Dämpfeinsatz geben und über Dampf in 5 Min. bissfest garen. Inzwischen die Zitronen waschen, trocken reiben und den Saft auspressen. Den Zitronensaft mit Honig, Olivenöl und Salz und Pfeffer verrühren.

■ Den Kerbel waschen, trocknen und die Blätter abzupfen. Die Taubnesselblüten abzupfen und verlesen. Die Frühlingszwiebeln waschen, putzen und das Grün fein schneiden (die weißen Teile anderweitig verwenden). Den Pecorino auf dem Käsehobel fein reiben.

■ Die noch warmen Brokkoliröschen in der Zitronenvinaigrette wenden und anrichten. Mit Kerbel, Taubnesselblüten, Frühlingszwiebelgrün und Käse bestreuen und gleich servieren.

Zutaten für 4 Portionen:

1 kg Brokkoli
2 Bio-Zitronen
1 Msp. Akazienhonig
8 EL Olivenöl
Kristallsalz
Pfeffer
1 Bund Kerbel
je 5 weiße, gelbe und rote Taubnesseln mit offenen Blüten
3 Frühlingszwiebeln
30 g Pecorino

Zubereitungszeit: 20 Min.

Tipp: Warm marinierter Brokkoli ist eine vitaminreiche Delikatesse und sehr einfach zuzubereiten. Anstelle von Taubnesselblüten passen auch Schnittlauch- oder Salbeiblüten, die Blütenblätter der Ringelblume oder Kapuzinerkresse – je nachdem, was gerade in Ihrem Garten an Essbarem blüht.

WALD UND WIESE

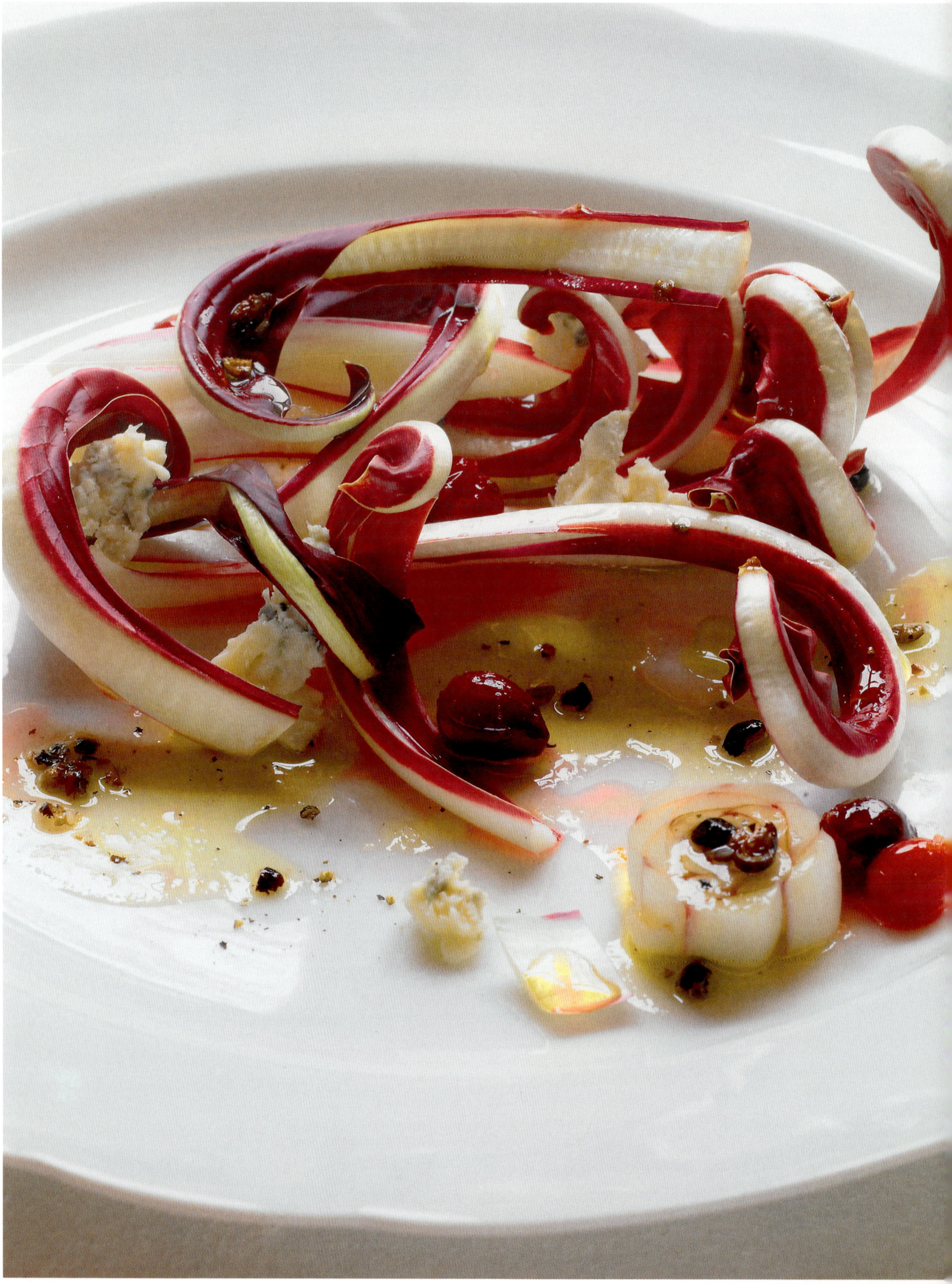

Trevisano-Salat
mit Fourme d'Ambert und Wacholdervinaigrette

■ Für die eingelegten Kornelkirschen die Kirschen waschen, trocknen und jede Kirsche mit einem Spießchen mehrmals einstechen. Die Orange waschen, trocken reiben und etwas Schale dünn abschneiden. Den Ingwer schälen und in Scheiben schneiden. Das Wasser mit dem Essig, Honig und Salz aufkochen lassen. Die Kornelkirschen dazugeben und bei mittlerer Hitze 3 Min. mitkochen lassen.

■ Ein ausreichend großes Schraubglas (ca. 450–500 ml Inhalt) in kochendem Wasser sterilisieren. Die heißen Kirschen mit Flüssigkeit einfüllen. Nelken, Lorbeerblätter, Senfkörner, Ingwer und Orangenschale dazugeben und das Glas fest verschließen. Die Kornelkirschen bis zum Gebrauch mindestens 3 Tage durchziehen lassen. Ungeöffnet halten sie sich mehrere Monate.

■ Für die Vinaigrette den Knoblauch schälen. Zusammen mit Wacholderbeeren, Salz und Pfeffer im Mörser zerstoßen. Essig und Honig verrühren, die zerdrückte Wacholderbeeren-Knoblauch-Mischung dazugeben und mit dem Olivenöl verrühren.

■ Den Radicchio di Treviso waschen, putzen, trocken tupfen und in 4 cm lange Stücke schneiden. Mit der Vinaigrette locker mischen und anrichten. Den Fourme d'Ambert zerbröckeln und über den Salat streuen. Die Kornelkirschen abgießen und jeweils 1 EL über den Salat geben.

Zutaten für 4 Portionen:

Für die eingelegten Kornelkirschen:
80 g Kornelkirschen
1 Bio-Orange
20 g frischer Ingwer
250 ml Wasser
50 ml Weißweinessig
50 g Akazienhonig
1 TL Kristallsalz
3 Nelken
2 Lorbeerblätter
1 EL Senfkörner

Für die Vinaigrette:
1 Knoblauchzehe
10 Wacholderbeeren
Kristallsalz
schwarzer Pfeffer
3 EL weißer Balsamico
1 Msp. Akazienhonig
6 EL Olivenöl
250 g Radicchio di Treviso (Trevisano-Salat)
80 g Fourme d'Ambert (kräftig aromatischer Blauschimmelkäse)

Zubereitungszeit: 15 Min.
Marinierzeit: 3 Tage

Löwenzahn-Canapés
mit Ricotta

■ Die Baguettescheiben toasten. Die Paprikaschote entkernen, waschen, trocknen und in sehr kleine Würfelchen schneiden. Den Bärlauch waschen, trocknen und die Blätter fein schneiden.

■ Die Kapern fein hacken. Die Löwenzahnrosetten waschen, putzen, trocknen und die Rosetten grob schneiden. Die Blütenblätter abzupfen.

■ Den Parmesan reiben. Drei Viertel davon mit Ricotta und Olivenöl gut verrühren. Mit Salz und Pfeffer abschmecken. Die Mischung großzügig auf die getoasteten Baguettescheiben streichen. Bärlauch, Löwenzahnrosetten und -blüten, Paprikawürfelchen und Kapern mit dem restlichen Parmesan obendrauf türmen und servieren.

Zutaten für 4 Portionen:

12 Scheiben Dinkelvollkornbaguette
½ rote Paprikaschote
5 Bärlauchblätter (siehe Tipp)
1 EL Kapern
5 Löwenzahnrosetten
5 Löwenzahnblüten
50 g Parmesan
200 g Ricotta
100 ml Olivenöl
Kristallsalz
schwarzer Pfeffer

Zubereitungszeit: 20 Min.

Tipp: Anstelle von Bärlauchblättern können Sie auch 5 Schnittknoblauchhalme in Röllchen oder 1 klein gewürfelte Knoblauchzehe nehmen. Die Canapés passen wunderbar zum Salat oder Aperitif.

Huflattichblätter gefüllt mit Livarot
und Johannisbeer-Zwiebel-Konfit

■ Die Huflattichblätter waschen und in kochendem Wasser kurz blanchieren. Die Blätter herausnehmen, in Eiswasser abschrecken und trocken tupfen. Die Stiele entfernen.

■ Den Käse in 8 Stücke (ca. 2 x 4 cm) schneiden. Die Zwiebeln schälen, halbieren und in Streifen schneiden. Die Pimentkörner in einem Mörser grob zerdrücken.

■ Das Olivenöl und den Honig in einem Topf erhitzen. Zwiebeln, Lorbeerblätter und Pimentkörner dazugeben und die Zwiebeln glasig anschwitzen. Die Johannisbeeren waschen, abzupfen und mit dem Essig zu den Zwiebeln geben. Alles bei kleiner Hitze 10 Min. köcheln lassen.

■ Die Huflattichblätter auf einer Arbeitsfläche ausbreiten, mit dem noch warmen Zwiebelkonfit bestreichen. Jeweils 1 Stück Käse auf die Blätter legen und darin einwickeln. Die gefüllten Blätter auf Tellern anrichten und mit dem Haselnussöl beträufeln.

Zutaten für 4 Portionen:

8 zarte Huflattichblätter
300 g Livarot (oder Taleggio-Käse)
3 rote Zwiebeln
5 Pimentkörner
3 EL Olivenöl
1 TL Akazienhonig
2 Lorbeerblätter
20 g Schwarze Johannisbeeren
1 EL Rotweinessig
Kristallsalz
8 EL Haselnussöl

Zubereitungszeit: 20 Min.

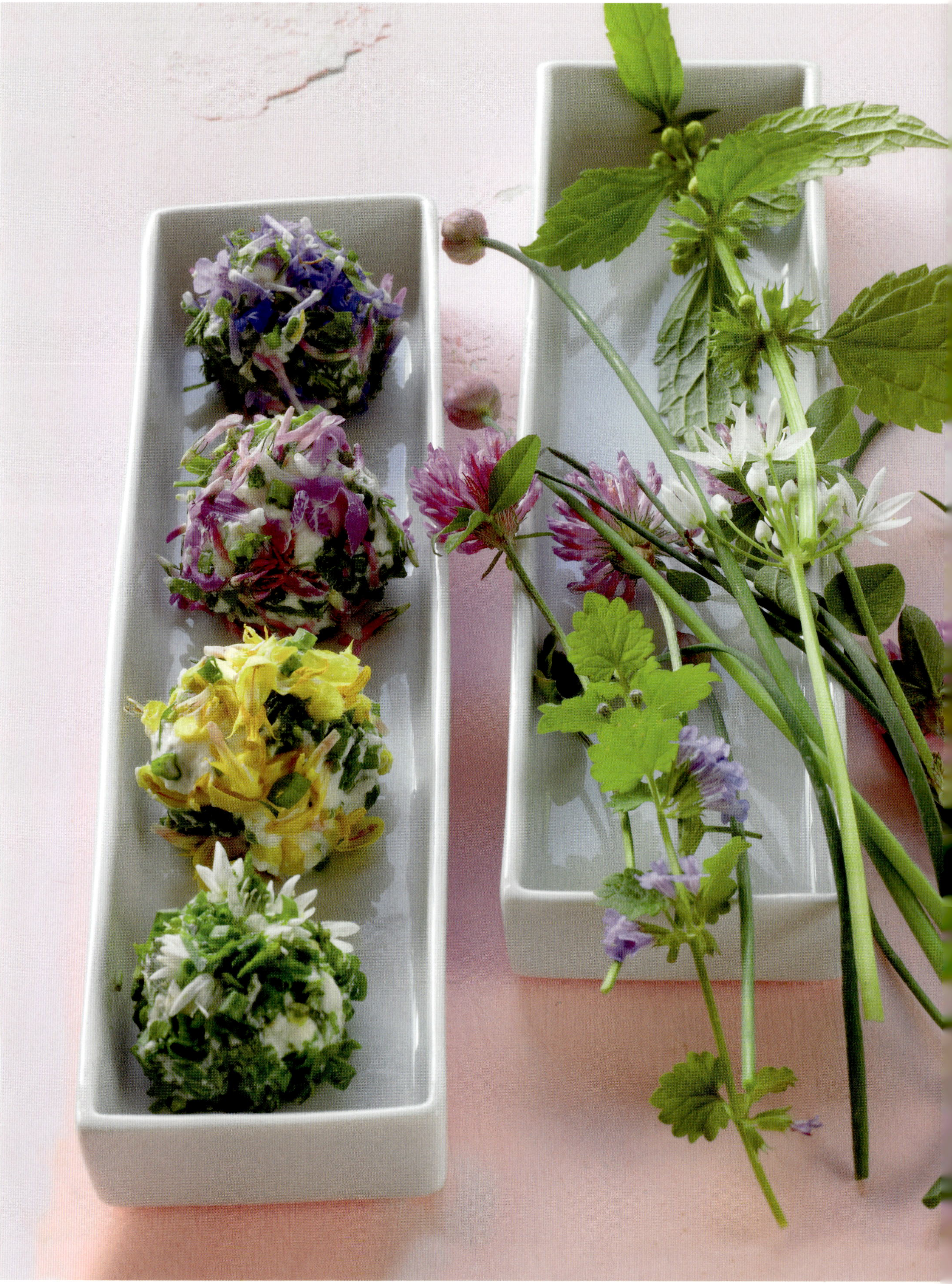

Frischkäsebällchen mit Frühlingskräutern und Blüten

■ Die Kräuter waschen, verlesen und trocknen. Die Blätter von Bärlauch, Kerbel und Liebstöckel fein schneiden. Den Schnittlauch in feine Röllchen schneiden. Die Hälfte der Kräuter mit dem Frischkäse verrühren. Den Frischkäse mit Salz und Pfeffer abschmecken.

■ Die Blüten verlesen und mit den restlichen Kräutern mischen. Mit einem Teelöffel von dem Frischkäse kleine Portionen abstechen. Die Frischkäseportionen in der Kräuter-Blüten-Mischung wälzen und rund formen. Die Frischkäsebällchen mit knusprigem Brot servieren.

Zutaten für 4 Portionen:

10 Blätter Bärlauch (oder 1 Knoblauchzehe)
1 Bund Kerbel
3 Zweige Liebstöckel
1 Bund Schnittlauch
400 g Frischkäse
Kristallsalz
schwarzer Pfeffer
10 g gemischte Frühlingsblüten (je nach Verfügbarkeit, z. B. Bärlauchblüte, weiße, rote und gelbe Taubnessel, Gänseblümchen, Kleeblüte, Gundelrebe, Kriechender Günsel)

Zubereitungszeit: 15 Min.

Tipp

Selbstverständlich eignen sich für die Zubereitung der Bällchen nahezu alle essbaren Kräuter und Blüten, ob von der Wiese oder aus dem Garten. Im Frühling halte ich mich an dieses Rezept, später im Sommer verwende ich Basilikum, Rauke, Petersilie, Ringelblumenblüten oder Kapuzinerkresse.

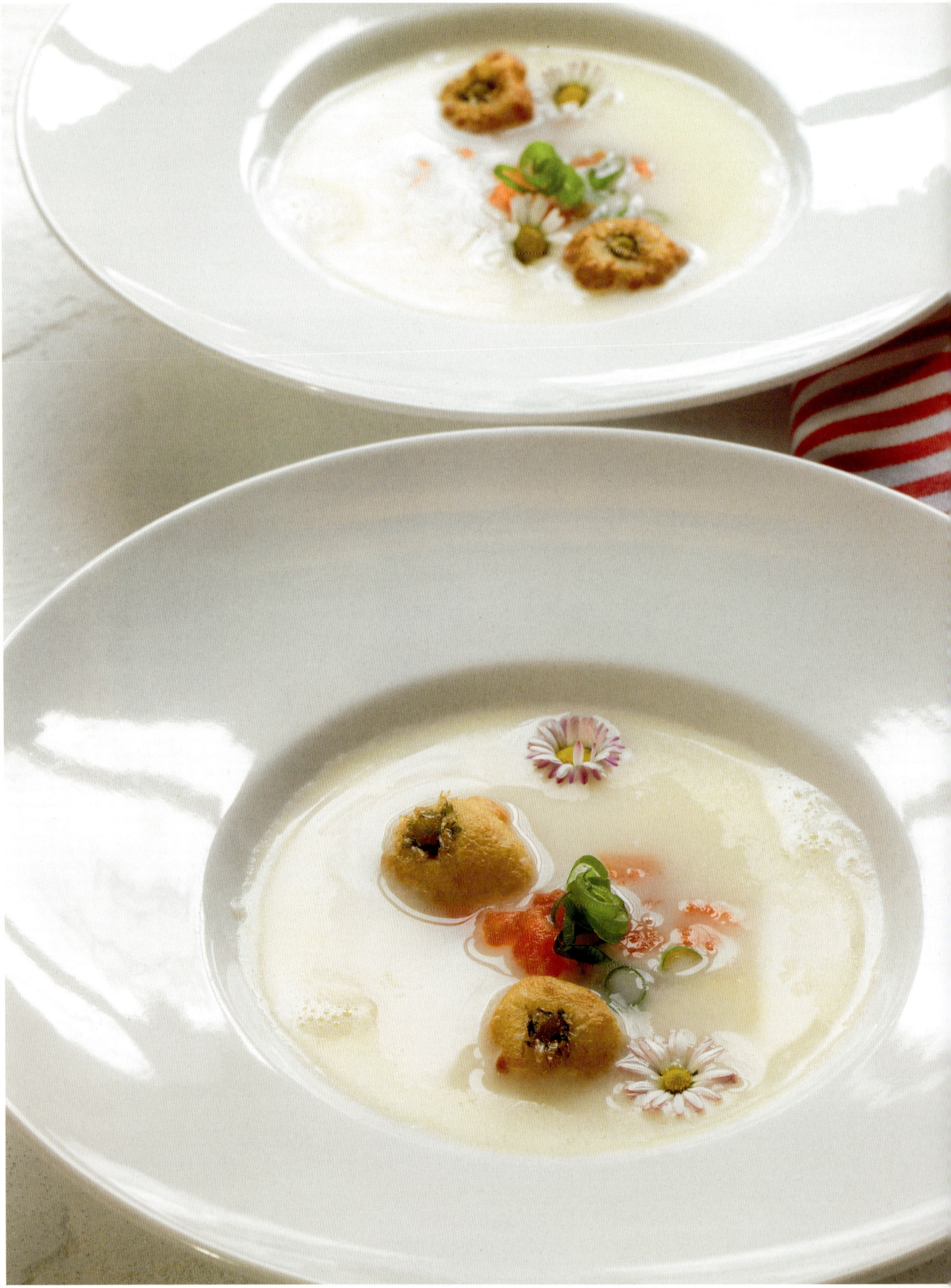

Parmesansuppe
mit Frühlingszwiebeln und Gänseblümchenprofiteroles

■ Ein Backblech mit Backpapier auslegen. Für die Profiteroles das Wasser und die Butter in einem Topf erhitzen. Mehl und Salz auf einmal einrühren und unter Rühren abbrennen. Das Ei und die Gänseblümchen zügig unterrühren, dann den Topf vom Herd ziehen. Die noch heiße Masse in einen Spritzbeutel mit weiter Sterntülle füllen und 20 etwa kirschgroße Profiteroles auf das Backblech spritzen. Das Blech mit den Profiteroles mindestens 1 Std. kalt stellen.

■ Inzwischen für die Suppe die Frühlingszwiebeln waschen und putzen. Das Weiße in Würfel und das Grüne in Ringe schneiden und beiseitelegen. Das Olivenöl erhitzen, die weißen Frühlingszwiebelwürfel und das Lorbeerblatt darin anschwitzen, bis die Zwiebelwürfel glasig sind. Die Polenta dazugeben und mit Gemüsetee aufgießen. Die Weinraute hineingeben und die Polenta unter Rühren aufkochen und 5 Min. ausquellen lassen.

■ Den Parmesan reiben und dazugeben. Die Sahne steif schlagen und unter die Suppe ziehen. Die Suppe mit Muskat, etwas Zitronensaft, Salz und Pfeffer abschmecken. Lorbeerblatt und Weinraute entfernen.

■ Die Tomate waschen und den Stielansatz herausschneiden. Die Tomate an der Oberseite kreuzweise einritzen, in siedendem Wasser 8 Sek. brühen, herausnehmen, in Eiswasser abschrecken und häuten. Die Tomate halbieren, entkernen und in Würfel schneiden.

■ Den Backofen auf 200° vorheizen. Die Profiteroles im Backofen (Mitte, Umluft 190°) 10 Min. backen. Die Suppe mit Tomatenwürfeln und Frühlingszwiebeln anrichten. Mit den Profiteroles servieren.

Zutaten für 4 Portionen:

Für die Profiteroles:
60 ml Wasser
20 g Butter
30 g Dinkelmehl
1 Prise Kristallsalz
1 Ei
15 g Gänseblümchen
Backpapier für
  das Backblech
Spritzbeutel mit
  weiter Sterntülle

Für die Suppe:
3 Frühlingszwiebeln
2 EL Olivenöl
1 Lorbeerblatt
50 g Polenta
750 ml Gemüsetee
  (Rezept Seite 184)
1 Zweig Weinraute
30 g Parmesan
200 ml Sahne
1 Prise frisch
  geriebene Muskatnuss
etwas Zitronensaft
Kristallsalz
weißer Pfeffer
1 Tomate

Zubereitungszeit: 30 Min.
Kühlzeit: 1 Std.

Die fertigen Profiteroles können Sie sehr gut einfrieren. Es lohnt sich wegen des etwas aufwendigen Rezepts, einen kleinen Vorrat anzulegen, dann haben Sie bei Bedarf die kleine Beilage schnell zur Hand.

Tipp

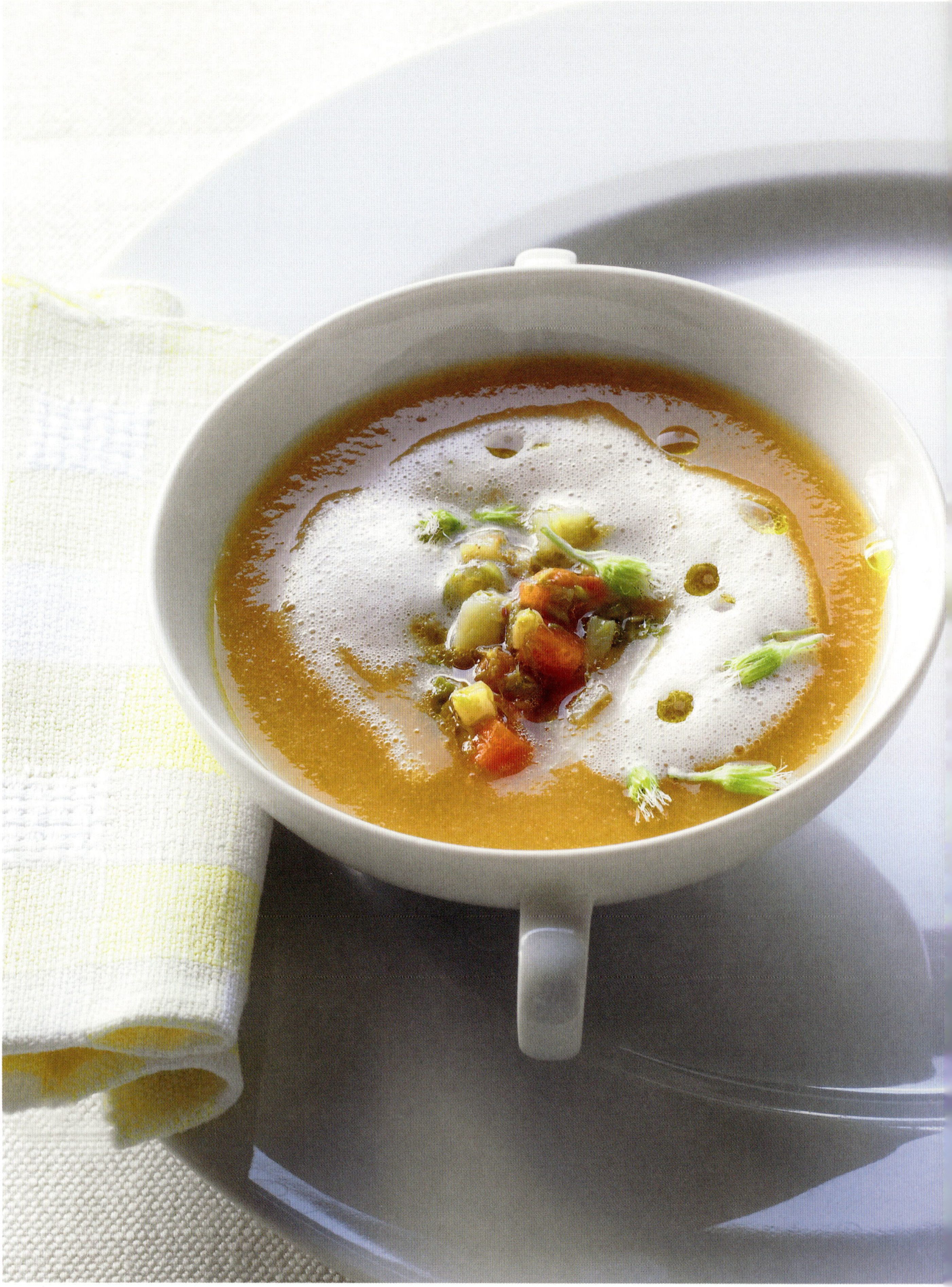

Süßkartoffelsuppe
mit Straußlattichknospen

■ Die Süßkartoffel waschen, schälen und in grobe Stücke schneiden. Die Süßkartoffelstücke in einen Dämpfeinsatz geben und über Dampf in 10 Min. weich garen. Inzwischen den Gemüsetee erhitzen und mit den Süßkartoffelstücken im Mixer pürieren. Mit Salz und Pfeffer abschmecken.

■ Die Karotte waschen und putzen. Die Schalotte schälen. Beides in feine Würfelchen schneiden. Die Straußlattichknospen waschen, trocknen und fein schneiden. Das Olivenöl erhitzen, Karotte und Schalotte dazugeben und 3 Min. anschwitzen, bis die Schalotte glasig ist. Die Straußlattichknospen dazugeben und kurz mitschmoren. Die Sahne steif schlagen und kurz vor dem Servieren zusammen mit den Straußlattichknospen zur Suppe geben.

Zutaten für 4 Portionen:

300 g Süßkartoffel
750 ml Gemüsetee
  (Rezept Seite 184)
Kristallsalz
weißer Pfeffer
1 kleine Karotte
1 Schalotte
6 Straußlattichknospen
3 EL Olivenöl
125 ml Sahne

Zubereitungszeit: 20 Min.

Straußlattichknospen wachsen, sobald der Schnee sich im frühen Frühjahr zurückzieht. Sie sind am besten, wenn sie ganz zart und noch fest geschlossen sind. Ihr parfümierter Geschmack passt gut zu Karotten, Kartoffeln und Süßkartoffeln.

Schönheitstipp
Ich verwende Straußlattichknospen auch äußerlich als Gesichtspackung: Dafür 4 Knospen fein schneiden und im Mörser zerdrücken. Mit 2 EL Joghurt und 1 EL Olivenöl verrühren. Die Mischung auf die gereinigte Gesichtshaut auftragen und 20 Min. einwirken lassen. Die Packung wirkt reinigend und spendet Feuchtigkeit.

WALD UND WIESE

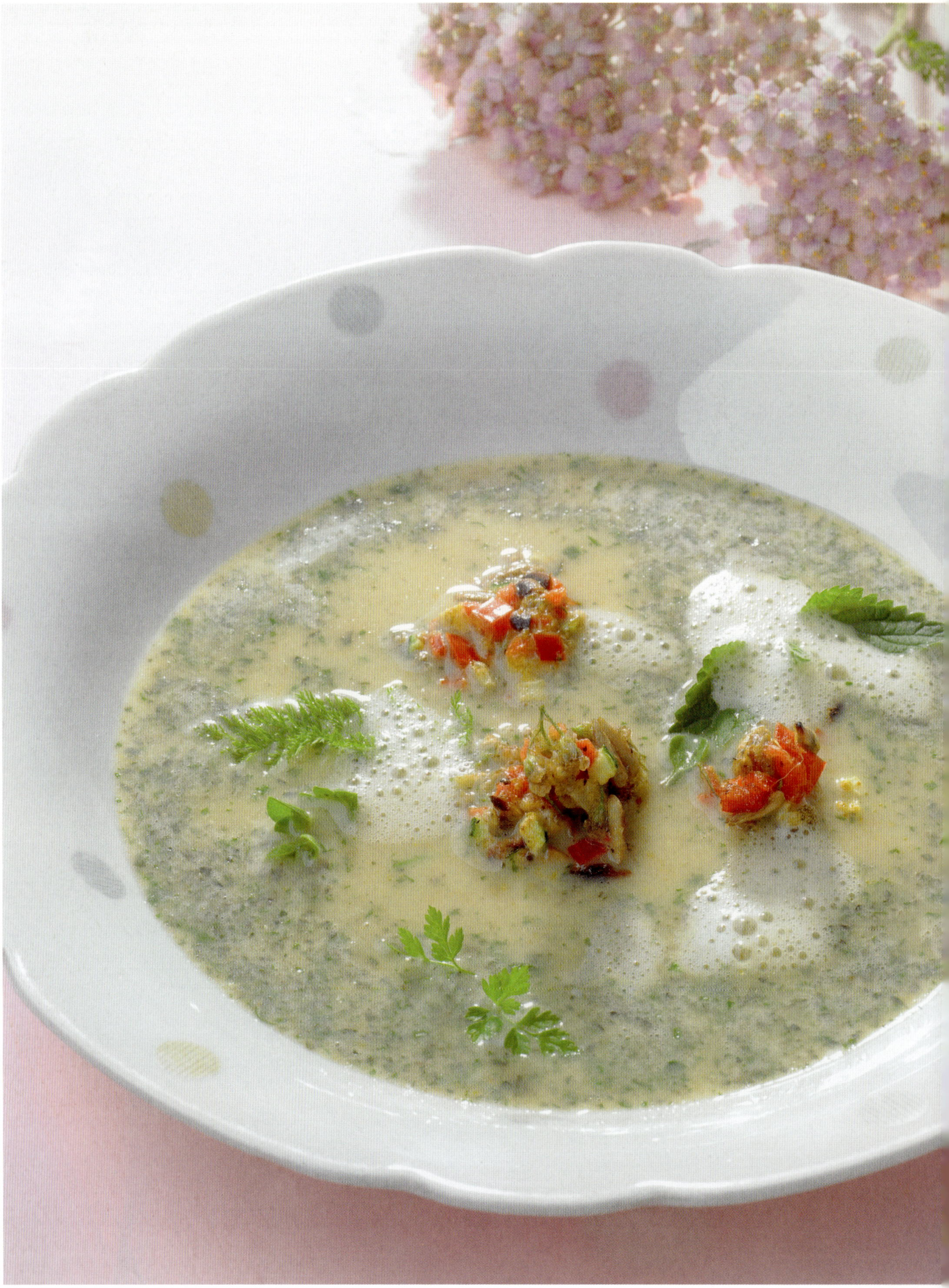

Wildkräutersuppe mit gebackenen Schafgarbeblüten

■ Für die Suppe die Wildkräuter waschen, verlesen, trocknen und grob schneiden. Die Zwiebel schälen und die Karotte waschen. Beides grob raspeln. Das Olivenöl erhitzen, Zwiebel, Karotte und Lorbeerblatt darin anschwitzen, bis die Zwiebel glasig ist. Erst die Wildkräuter, dann die Haferflocken dazugeben. Mit Gemüsetee und Milch aufgießen und alles einmal aufkochen lassen. Mit Salz und Pfeffer abschmecken. Die Hälfte der Suppe im Mixer pürieren und mit der unpürierten Suppe mischen, sodass eine sämige Konsistenz entsteht.

■ Die Schafgarbeblüten abzupfen und verlesen. Die Sonnenblumenkerne in einer trockenen Pfanne goldgelb rösten. Die Paprikaschote entkernen und waschen. Den Zucchino waschen und putzen. Die Paprika- und Zucchinohälfte in kleine Würfelchen schneiden.

■ Die Orange waschen, trocken reiben und etwas Schale abreiben. Das Ei trennen. Das Eiweiß mit 1 Prise Salz steif schlagen, das Eigelb unterschlagen. Currypulver, Orangenschale und Sonnenblumenkerne dazugeben. Mit den Schafgarbeblüten und Gemüsewürfeln unterheben.

■ Das Bratöl erhitzen. Die Schaummasse mit zwei Teelöffeln in kleinen Häufchen in das Bratöl gleiten lassen und hellbraun ausbacken. Herausnehmen und auf Küchenpapier abtropfen lassen. Die ausgebackenen Blüten in der Suppe servieren.

Zutaten für 4 Portionen:

150 g gemischte Wildkräuter (z. B. Kerbel, Brennnessel, Schafgarbeblätter, Bärlauch oder Schnittknoblauch, Lungenkraut, Giersch, Spitz- und Breitwegerich)
1 Zwiebel
1 Karotte
3 EL Olivenöl
1 Lorbeerblatt
50 g Haferflocken
500 ml Gemüsetee (Rezept Seite 184)
250 ml Milch
Kristallsalz
Pfeffer
12 Dolden Schafgarbeblüten
20 g Sonnenblumenkerne
½ rote Paprikaschote
½ Zucchino
1 Bio-Orange
1 Ei
1 Msp. Currypulver
30 ml Bratöl

Zubereitungszeit: 30 Min.

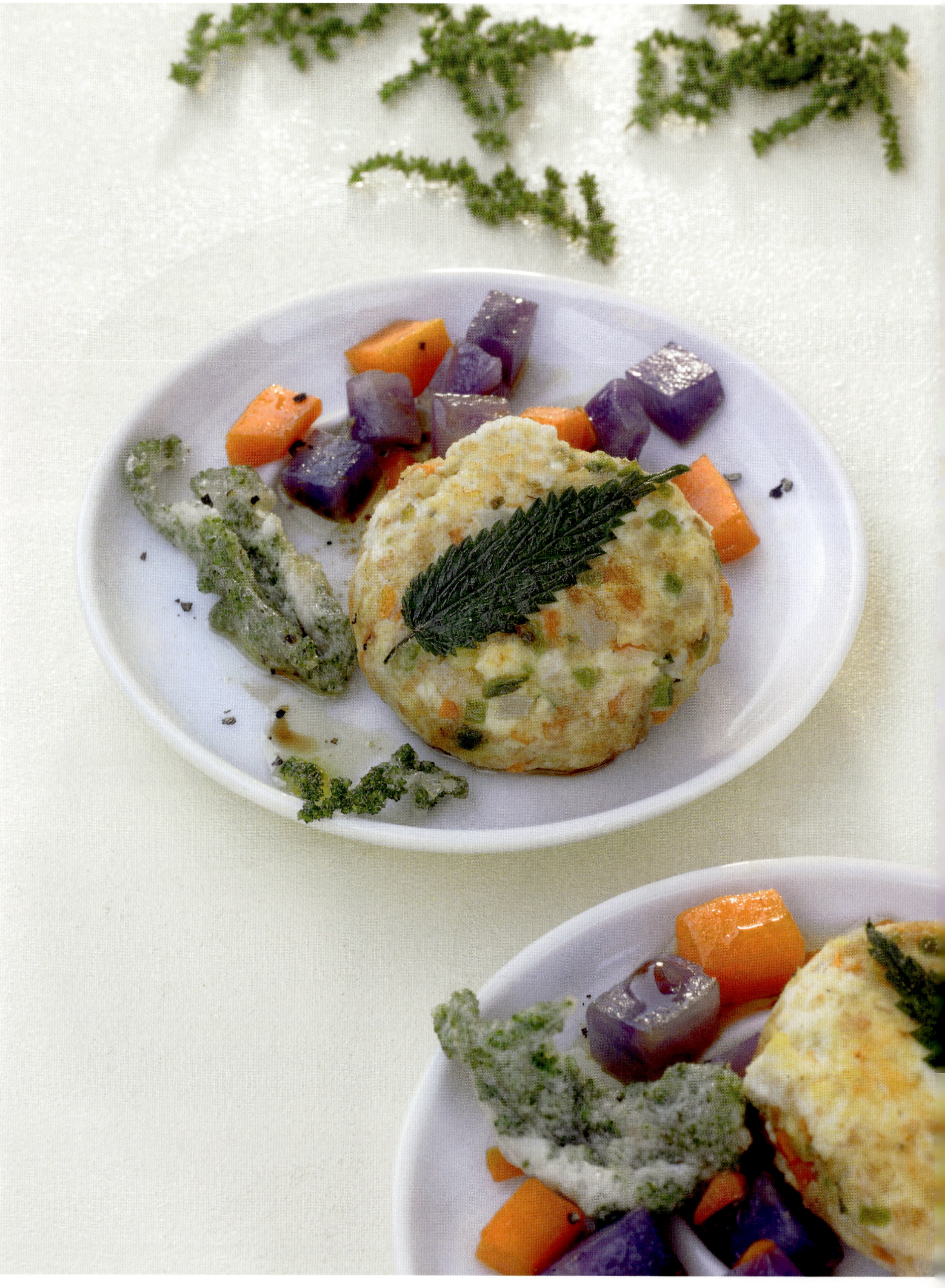

Brennnessel-Tofu-Laibchen
mit Purpur-Kartoffeln, Karotten und Brennnesselsamen-Tempura

■ Für die Laibchen die Brennnesselspitzen waschen, trocknen und fein schneiden. Die Chilischote längs aufschneiden, entkernen, waschen und fein schneiden. Den Ingwer schälen und in feine Würfel schneiden. Die Karotte und Zuckerschoten waschen, putzen und ebenfalls fein würfeln.

■ 3 EL Olivenöl in einer Pfanne erhitzen, Chili, Ingwer, Karotte und Zuckerschoten darin kurz anschmoren, die Brennnesseln dazugeben und 2 Min. mitschmoren. Die Semmelbrösel dazugeben und die Pfanne vom Herd ziehen. Die Hälfte des Tofus zerdrücken. Die andere Hälfte mit dem Eigelb im Mixer pürieren, die Brennnesselmischung und den zerdrückten Tofu untermischen. Mit Salz abschmecken.

■ Die Kartoffeln schälen und die Karotten waschen. Alles in ½ cm große Würfel schneiden. 2 EL Olivenöl erhitzen, Kartoffel- und Karottenwürfel darin kurz anbraten und 5 Min. schmoren lassen. Den Honig dazugeben und leicht karamellisieren lassen. Mit Salz und Pfeffer abschmecken.

■ Das Eiweiß mit dem Salz steif schlagen. 40 ml Bratöl erhitzen, die Brennnesselsamenrispen im Eischnee wenden und im heißen Bratöl kross ausbacken. Herausnehmen und auf Küchenpapier abtropfen lassen.

■ Mit nassen Händen aus der Tofumasse 12 Laibchen (ca. 3 cm Ø) formen. 20 ml Bratöl erhitzen, die Laibchen darin von beiden Seiten in 3–4 Min. knusprig und hellbraun braten. Alles zusammen auf Tellern anrichten.

Zutaten für 4 Portionen:
Für die Laibchen:
150 g Brennnesselspitzen (das sind die oberen zarten Blätter)
1 kleine rote Chilischote
10 g frischer Ingwer
1 kleine Karotte
6 Zuckerschoten
3 EL Olivenöl
20 g Vollkornsemmelbrösel
200 g mittelfester weißer Tofu
1 Eigelb
Kristallsalz
Für die Kartoffeln:
8 kleine blaue Kartoffeln
4 kleine Karotten
2 EL Olivenöl
1 TL Akazienhonig
Kristallsalz
schwarzer Pfeffer
Für die Tempura:
1 Eiweiß
1 Prise Kristallsalz
60 ml Bratöl
20 Brennnesselsamenrispen

Zubereitungszeit: 45 Min.

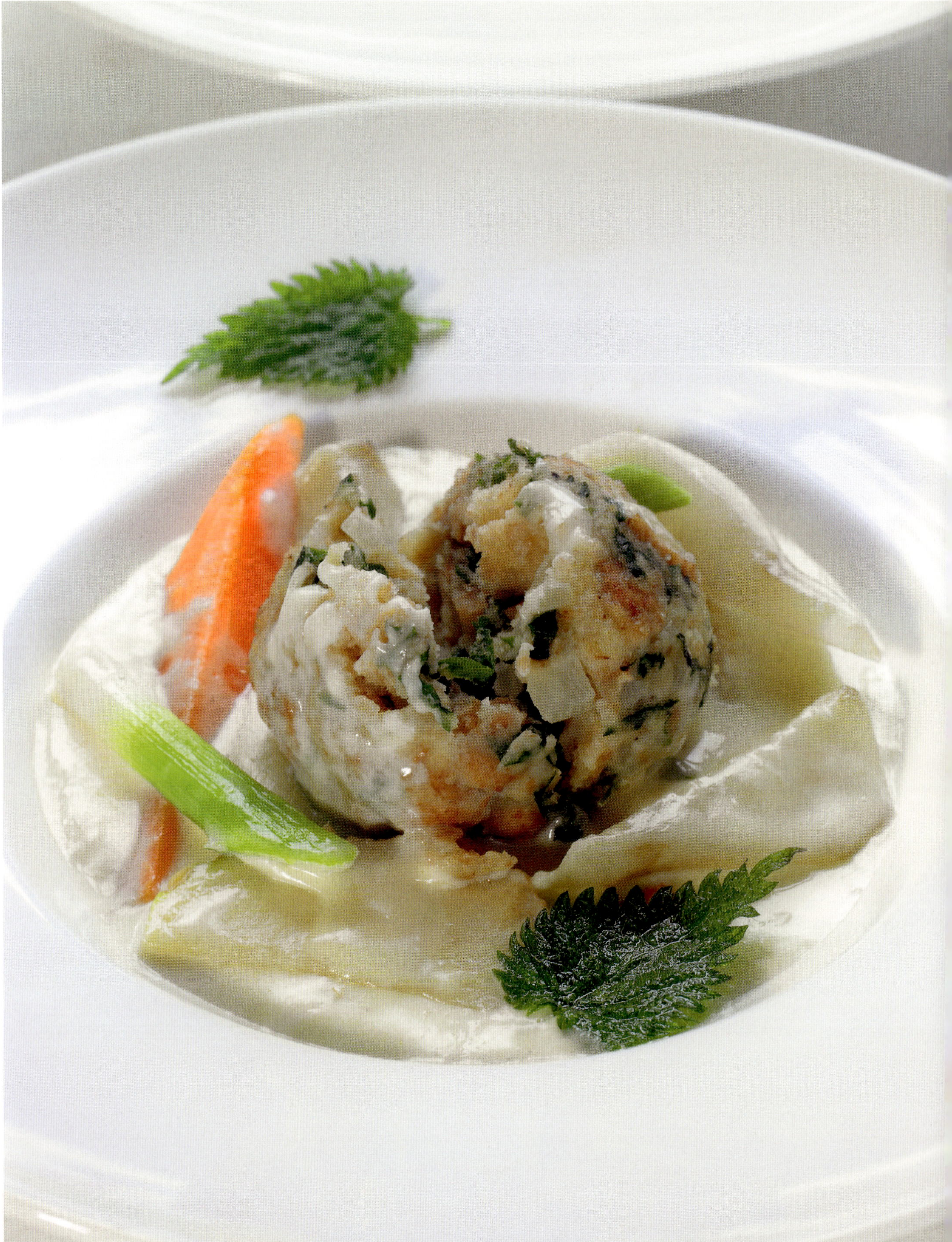

Brennnesselknödel
mit Ragout von jungem Wurzelgemüse

- Für die Knödel die Brötchen in Würfel schneiden. Die Milch erhitzen und die Brotwürfel darin einweichen. Die Zwiebel schälen und in Würfel schneiden. Die Brennnesselspitzen waschen, trocknen und fein schneiden. Das Olivenöl erhitzen, die Zwiebelwürfel darin glasig anschwitzen. Die Brennnesseln dazugeben und kurz mitschmoren.

- Die Brennnesselmischung zu den eingeweichten Brotwürfeln geben, die Eier hinzufügen und alles zu einem Kloßteig verarbeiten. Mit Salz und Pfeffer abschmecken. Mit nassen Händen aus der Masse 12 Knödel (ca. 5 cm Ø) formen und in einen Dämpfeinsatz geben.

- Für das Ragout das Gemüse waschen und putzen. Karotten, Petersilienwurzeln und Rüben längs vierteln. Den Lauch in Ringe schneiden. Die Schalotte schälen und in Würfel schneiden. Das Olivenöl erhitzen, die Schalottenwürfel darin glasig anschwitzen. Das Wurzelgemüse dazugeben und 3 Min. schmoren lassen.

- Mit Gemüsetee aufgießen und das Gemüse in 5 Min. fertig garen. Die Sahne und den Lauch dazugeben und bei kleiner Hitze 3 Min. köcheln lassen. Das Gemüse mit Salz abschmecken. Inzwischen die Knödel über Dampf in 8–10 Min. garen. Die Knödel mit dem Ragout auf Tellern anrichten.

Zutaten für 4 Portionen:

Für die Knödel:
4 Vollkornbrötchen vom Vortag
375 ml Milch
1 Zwiebel
200 g Brennnesselspitzen (das sind die oberen zarten Blätter)
3 EL Olivenöl
2 Eier
Kristallsalz
schwarzer Pfeffer

Für das Ragout:
8 kleine Karotten
4 kleine Petersilienwurzeln
8 kleine weiße Rüben (Mairüben)
1 kleine Stange Lauch
1 Schalotte
2 EL Olivenöl
150 ml Gemüsetee (Rezept Seite 184)
250 ml Sahne
Kristallsalz

Zubereitungszeit: 35 Min.

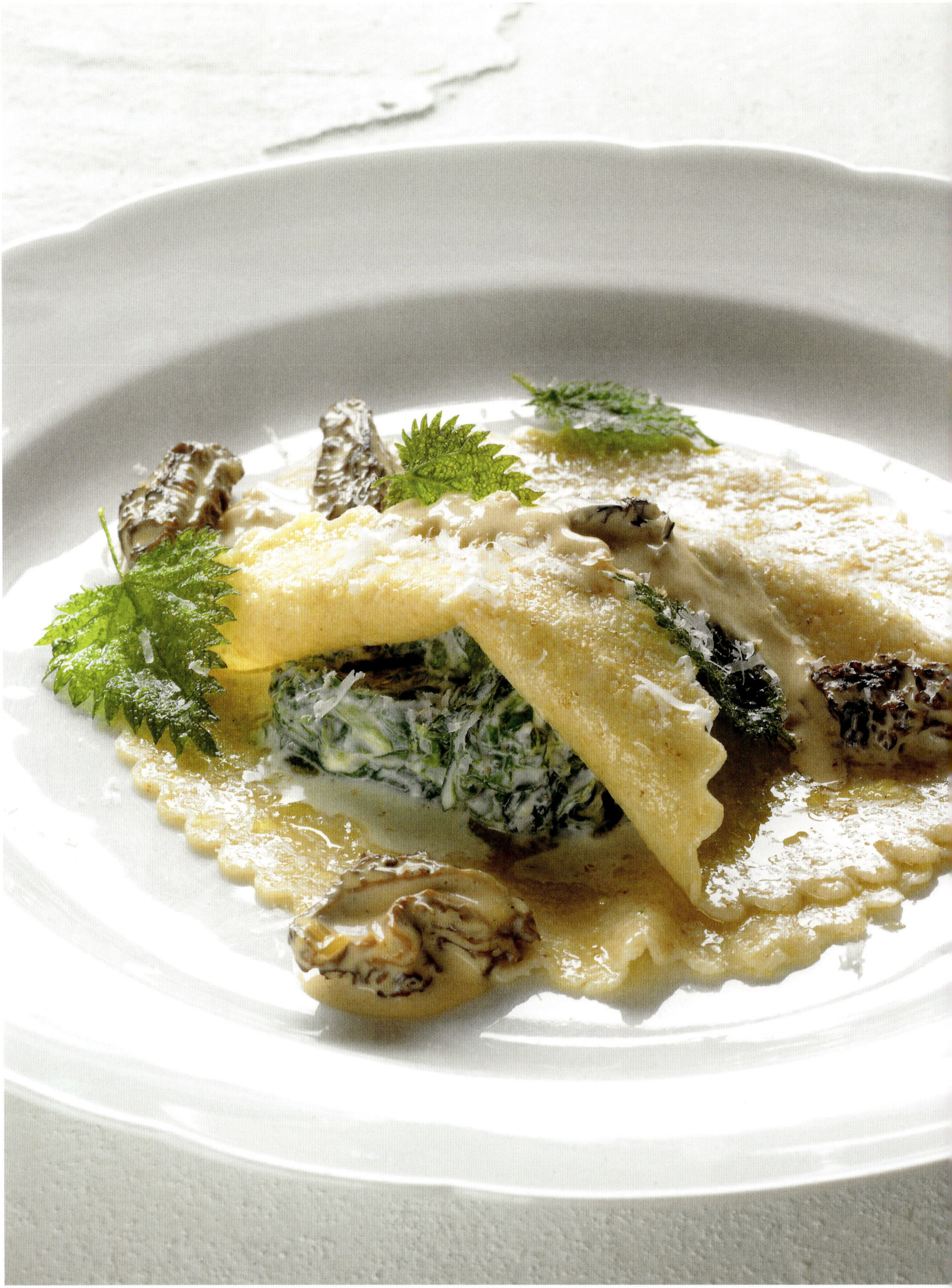

Tellerraviolo
mit Brennnesselspinat und Maimorcheln

■ Für den Nudelteig den gemahlenen Kamut und Dinkel, Ei, Eiweiß und das Salz in eine Schüssel geben und von Hand zu einem festen, glatten Teig verkneten. Den Teig in Klarsichtfolie hüllen und bei Zimmertemperatur mindestens 30 Min. ruhen lassen.

■ Inzwischen für die Füllung die Brennnesselspitzen waschen, trocknen und grob schneiden. Die Schalotte schälen und in feine Würfel schneiden. Das Olivenöl erhitzen, die Schalotte darin glasig anschwitzen. Die Brennnesselblätter dazugeben und kurz mitschmoren. Den Brennnesselspinat vom Herd ziehen. Die Crème fraîche unterrühren, den Brennnesselspinat mit Salz, Pfeffer und Muskat abschmecken.

■ Für die Morchelsauce die Morcheln gründlich waschen, die Stiele entfernen und halbieren. Getrocknete Morcheln mindestens 2 Std. in Wasser einweichen. Den Knoblauch schälen und zerdrücken. Die eingeweichten Morcheln ausdrücken. Das Olivenöl erhitzen, Morcheln und Knoblauch darin kurz anschmoren. Mit Sahne aufgießen und bei kleiner Hitze offen 5 Min. köcheln lassen. Die Sauce mit Salz und Pfeffer abschmecken.

■ Wasser mit ein paar Tropfen Olivenöl in einem großen Topf aufkochen lassen. Den Nudelteig auf einer Arbeitsfläche hauchdünn ausrollen. Mit einem runden Ausstecher 8 Rondellen (15–18 cm Ø) ausstechen. Die Nudeln im Wasser 4 Min. garen. Mit einem Sieblöffel herausheben und je ein Nudelblatt in einen tiefen Teller legen. Die Füllung daraufsetzen und mit je einem weiteren Nudelblatt abdecken. Die Morchelsauce darübergeben.

Zutaten für 4 Portionen:

Für den Nudelteig:
100 g fein gemahlener Kamut
75 g fein gemahlener Dinkel
1 Ei
1 Eiweiß
1 Prise Kristallsalz
1 runder Ausstecher (ca. 15–18 cm Ø)
etwas Olivenöl

Für die Füllung:
200 g Brennnesselspitzen (das sind die oberen zarten Blätter)
1 Schalotte
2 EL Olivenöl
2 EL Crème fraîche
Kristallsalz
schwarzer Pfeffer
frisch geriebene Muskatnuss

Für die Sauce:
50 g frische Morcheln (oder 25 g getrocknete)
1 Knoblauchzehe
2 EL Olivenöl
250 ml Sahne
Kristallsalz
schwarzer Pfeffer

Zubereitungszeit: 50 Min.
Ruhezeit: 30 Min.

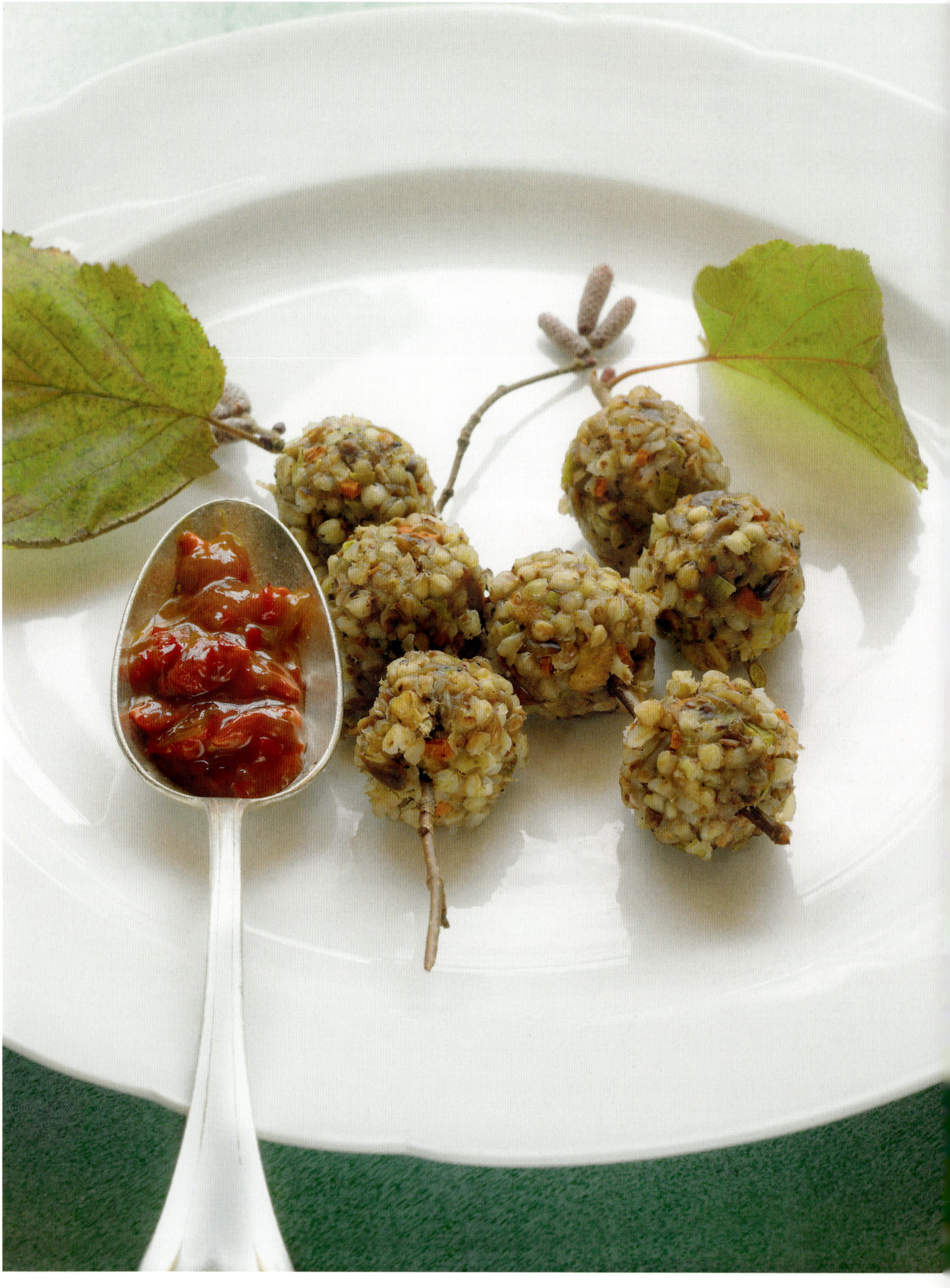

Buchweizenbällchen am Haselzweig
mit Berberitzenchutney

■ Für das Berberitzenchutney die Zwiebeln schälen. Die Paprikaschoten halbieren, putzen und waschen. Beides in Würfel schneiden. 2 EL Olivenöl erhitzen. Korianderkörner, Zimtstange, Lorbeerblätter, zwei Drittel der Zwiebelwürfel und die Paprikawürfel dazugeben und anschwitzen, bis die Zwiebeln glasig sind. Die Berberitzen, den Honig und Essig dazugeben und bei kleiner Hitze 15 Min. köcheln lassen. Mit Salz und Pfeffer abschmecken.

■ Für die Buchweizenbällchen die Karotte, Petersilienwurzel und den Lauch waschen, putzen und in kleine Würfel schneiden. Den Buchweizen in einer trockenen Pfanne rösten, bis er zu duften beginnt. Mit Gemüsetee aufgießen, die Gemüsewürfel dazugeben und den Buchweizen zugedeckt bei kleiner Hitze 20 Min. ausquellen lassen.

■ Inzwischen den Thymian waschen, trocknen und die Blätter abzupfen. 2 EL Olivenöl erhitzen, die restlichen Zwiebelwürfel darin glasig anschwitzen. den Thymian dazugeben. Die Semmelbrösel hinzufügen und kurz mitrösten. Die Sonnenblumenkerne in einer trockenen Pfanne goldgelb rösten. Dann mit der Zwiebel-Brösel-Mischung und dem Ei unter die Buchweizenmasse rühren. Die Masse mit Senf, Salz und Pfeffer abschmecken.

■ Aus der Masse mit nassen Händen 16 pflaumengroße Bällchen formen. Die Bällchen in einen Dämpfeinsatz geben und über Dampf 10 Min. garen. Die Buchweizenbällchen auf die Haselzweige spießen und mit dem Berberitzenchutney servieren.

Zutaten für 4 Portionen:

3 Zwiebeln
2 rote Paprikaschoten
4 EL Olivenöl
1 EL Korianderkörner
1 Stange Zimt
2 Lorbeerblätter
200 g Berberitzen
  (frisch oder getrocknet, eingeweicht)
20 g Akazienhonig
3 EL Apfelessig
Kristallsalz
schwarzer Pfeffer
1 Karotte
1 Petersilienwurzel
1 kleine Stange Lauch
350 g Buchweizen
750 ml Gemüsetee
  (Rezept Seite 184)
½ Bund Thymian
50 g Vollkornsemmelbrösel
50 g Sonnenblumenkerne
1 Ei
1 TL mittelscharfer Senf
16 kurze Haselzweige
  mit Grün

Zubereitungszeit: 45 Min.

Tipp: Sollten Sie das Chutney auf Vorrat zubereiten, dann zum Aufbewahren in ein ausreichend großes sterilisiertes Schraubglas (750 ml Inhalt) füllen. Das Glas fest verschließen und das Chutney kühl lagern. Es ist bis zu 3 Wochen haltbar.

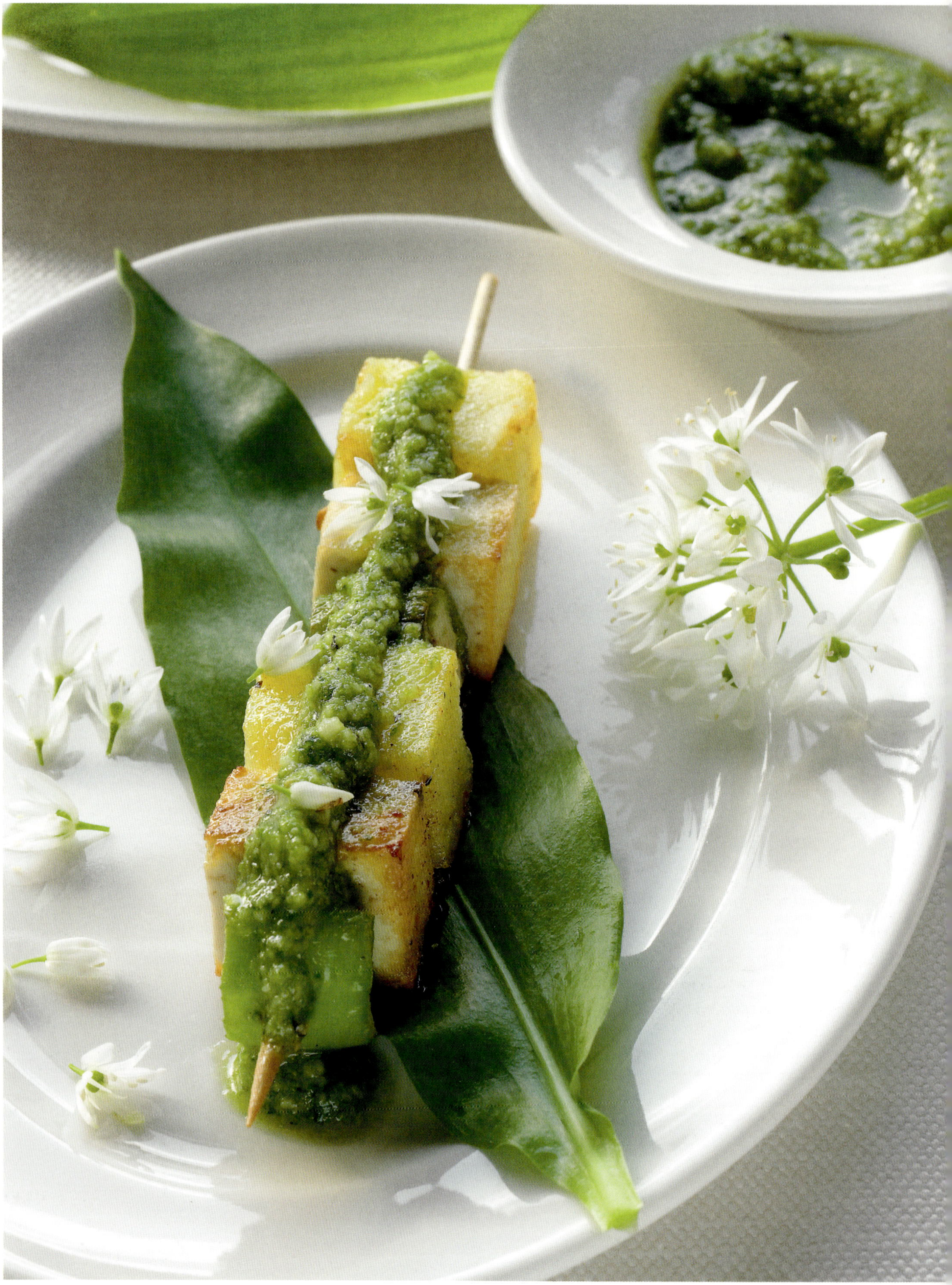

Kartoffel-Tofu-Spieß
mit Bärlauchpesto

■ Für das Pesto den Parmesan fein reiben. Die Pinienkerne in einer trockenen Pfanne goldgelb rösten. Den Bärlauch waschen, trocknen und die Blätter fein schneiden. Die Chilischote längs aufschneiden, entkernen und waschen. Parmesan, Pinienkerne, Bärlauchblätter, Chilischote und Olivenöl in einen Mixer geben und pürieren. Das Pesto mit Salz abschmecken.

■ Für die Spieße die Kartoffeln waschen und schälen. Kartoffeln und Tofu in Stücke (ca. 2,5 x 2,5 cm) schneiden. Den Saft der Zitrone auspressen, die Tofustücke im Zitronensaft etwa 1 Std. marinieren.

■ Inzwischen die Kartoffelstücke in einen Dämpfeinsatz geben und über Dampf 3 Min. garen. Die Tofustücke in den Hefeflocken wälzen. Dann abwechselnd Tofu- und Kartoffelstücke auf die Spießchen stecken. Das Bratöl erhitzen, die Spießchen darin auf jeder Seite in 2 Min. goldgelb braten. Die Spießchen anrichten, das Pesto auf die Spieße geben.

Zutaten für 4 Portionen:

50 g Parmesan
20 g Pinienkerne
15 Bärlauchblätter
1 rote Chilischote
60 ml Olivenöl
Kristallsalz
2 große Kartoffeln
200 g weißer Tofu
1 Bio-Zitrone
2 EL Hefeflocken
3 EL Bratöl
4 Holzspießchen

Zubereitungszeit: 20 Min.
Marinierzeit: 1 Std.

Das Bärlauchpesto kann man in einem Schraubglas gut einige Tage im Kühlschrank aufheben. Ich bevorzuge es jedoch ganz frisch, da ist es grasgrün und besonders fein im Geschmack.

Knusprige Wegerichblätter und -blüten
mit gebratenen Pilzen

Zutaten für 4 Portionen:

16 Spitz- oder Breitwegerichblätter
20 Spitz- oder Breitwegerichblüten
6 EL Olivenöl
4 große Steinpilze oder Kräuterseitlinge
1 Knoblauchknolle
1 EL Spitzwegerichhonig oder Akazienhonig
2 EL Kürbiskerne
2 EL Kapern
4 EL Balsamico
Kristallsalz
schwarzer Pfeffer

Zubereitungszeit: 20 Min.

■ Die Wegerichblätter und -blüten verlesen. 3 EL Olivenöl in einer Pfanne erhitzen, die Blätter und Blüten darin einige Sek. braten, bis sie knusprig sind. Die Blätter und Blüten herausnehmen und auf Küchenpapier abtropfen lassen.

■ Inzwischen die Pilze putzen und längs halbieren. Die Knoblauchknolle samt Schale in der Mitte durchschneiden. Das restliche Olivenöl erhitzen, die Pilze und die Knoblauchhälften mit der Schnittfläche nach unten darin 3 Min. anbraten.

■ Den Honig, die Kürbiskerne und die Kapern dazugeben und 3 Min. unter Schwenken mitbraten. Mit dem Essig ablöschen. Die Pilze mit Salz und Pfeffer würzen und vom Herd ziehen. Die Wegerichblätter und -blüten mit den Pilzen auf Tellern anrichten.

Geröstete Pastinaken und Birnen
mit Wacholderrahmsauce

■ Die Pastinaken waschen, putzen, längs in Achtel schneiden und die Achtel in 6 cm lange Stücke schneiden. Die Birnen waschen, halbieren, entkernen und in Spalten schneiden.

■ 3 EL Olivenöl und den Honig in einer Pfanne erhitzen, die Pastinaken darin in 5 Min. karamellisieren lassen. Die Birnenspalten dazugeben und bei mittlerer Hitze 4 Min. schmoren lassen. Mit Salz und Pfeffer abschmecken. Die Pfanne vom Herd ziehen.

■ Für die Sauce die Schalotte schälen und in Würfel schneiden. Die Wacholderbeeren zerdrücken. 2 EL Olivenöl erhitzen, die Schalotte, Wacholderbeeren und Lorbeerblatt dazugeben und anschwitzen, bis die Schalotte glasig ist. Mit Sahne ablöschen, die Hefepaste dazugeben und alles offen bei kleiner Hitze 5 Min. köcheln lassen. Die Sauce mit Salz und Pfeffer abschmecken. Die Pastinaken-Birnen-Mischung mit der Sauce anrichten.

Zutaten für 4 Portionen:

400 g Pastinaken
2 Birnen
5 EL Olivenöl
2 EL Akazienhonig
Kristallsalz
schwarzer Pfeffer
1 Schalotte
10 Wacholderbeeren
1 Lorbeerblatt
200 ml Sahne
1 TL Hefepaste

Zubereitungszeit: 35 Min.

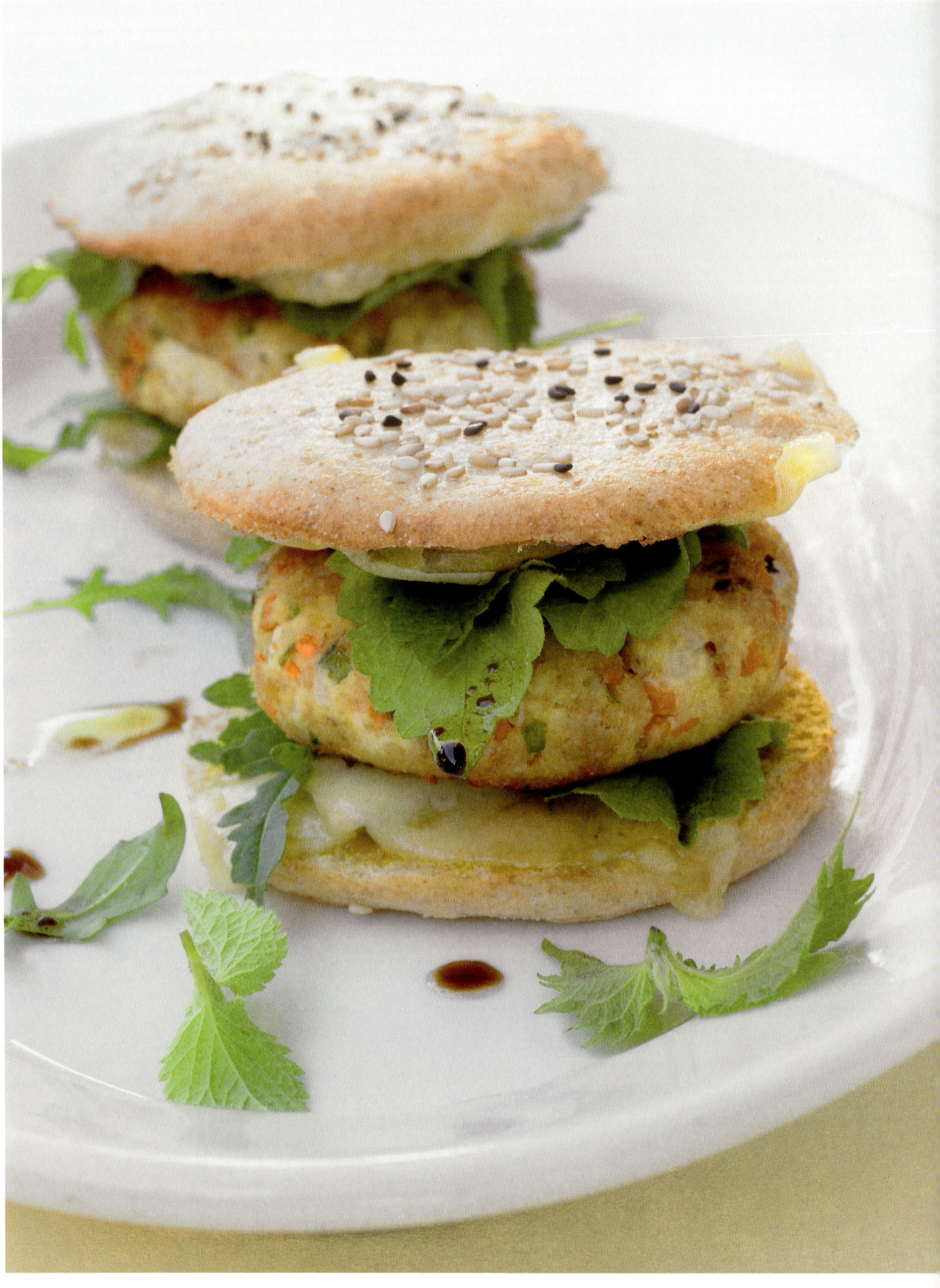

Mein vegetarischer Burger
mit Knoblauchraukesalat

▪ Nach dem Grundrezept auf Seite 185 Burgerbrötchen backen oder auftauen lassen. Für die Laibchen Ingwer und Knoblauch schälen. Die Chilischote längs aufschneiden, entkernen und waschen. Karotte, Zuckerschoten und Zitronengras waschen und putzen. Alle vorbereiteten Zutaten in sehr kleine Würfel schneiden. Das Olivenöl erhitzen, die vorbereiteten Zutaten darin 3 Min. anschwitzen. Semmelbrösel dazugeben und kurz mitrösten. Die Mischung vom Herd ziehen.

▪ Den Tofu halbieren. Eine Tofuhälfte mit dem Ei im Mixer glatt pürieren. Die andere Tofuhälfte mit der Gabel zerdrücken. Den zerdrückten Tofu mit dem Tofu-Ei-Püree und der Semmelbröselmasse mischen, mit Salz abschmecken. Aus der Masse mit nassen Händen 4 Laibchen (12–15 cm Ø) formen. Das Bratöl erhitzen, die Laibchen darin auf beiden Seiten 2–3 Min. braten, bis sie goldgelb und knusprig sind. Herausnehmen und auf Küchenpapier abtropfen lassen.

▪ Den Backofen auf 220° vorheizen. Die Burgerbrötchen quer halbieren und die Hälften jeweils mit Senf bestreichen. Die Gewürzgurken in dünne Scheiben schneiden. Die unteren Brötchenhälften erst mit Gurkenscheiben, dann mit Käse belegen und auf ein Backblech setzen

▪ Inzwischen für die Vinaigrette Essig, Honig, Salz, Pfeffer und Olivenöl verrühren. Die Knoblauchrauke waschen, verlesen, trocknen und in der Vinaigrette wenden. Die belegten Brötchenhälften im Backofen (Mitte) 2–3 Min. toasten, bis der Käse leicht zu schmelzen beginnt. Herausnehmen, je 1 Laibchen daraufsetzen und großzügig Knoblauchraukesalat obendrauf geben, die oberen Hälften jeweils daraufsetzen. Die Burger warm servieren.

Zutaten für 4 Portionen:

4 Burgerbrötchen (Rezept Seite 185)
Für die Laibchen:
15 g frischer Ingwer
1 Knoblauchzehe
1 kleine rote Chilischote
1 kleine Karotte
20 Zuckerschoten
1 Stängel Zitronengras
3 EL Olivenöl
120 g Vollkornsemmelbrösel
200 g weißer Tofu
1 Ei
Kristallsalz
20 ml Bratöl
Für den Belag:
1 EL mittelscharfer Senf
2 Gewürzgurken
4 dünne Scheiben Emmentaler Käse
Für den Salat:
2 EL weißer Balsamico
1 Msp. Akazienhonig
Kristallsalz
schwarzer Pfeffer
3 EL Olivenöl
80 g Knoblauchrauke

Zubereitungszeit: 20 Min.

Wenn Ihnen dieser Burger gut schmeckt, empfehle ich Ihnen Vorratshaltung. Dann haben Sie alles schnell zur Hand und sind in wenigen Minuten fertig. Neben den Brötchen lassen sich auch die Laiberl sehr gut einfrieren. Diese bei Bedarf unaufgetaut in die heiße Pfanne geben und 1–2 Min. länger als oben angegeben braten, bis sie ganz durch sind.
Alternativ zur Knoblauchrauke, die es nur im Frühjahr gibt, können Sie Rauke oder Kopfsalat und Basilikum verwenden. In diesem Fall gebe ich noch etwas zerdrückten Knoblauch ins Dressing.

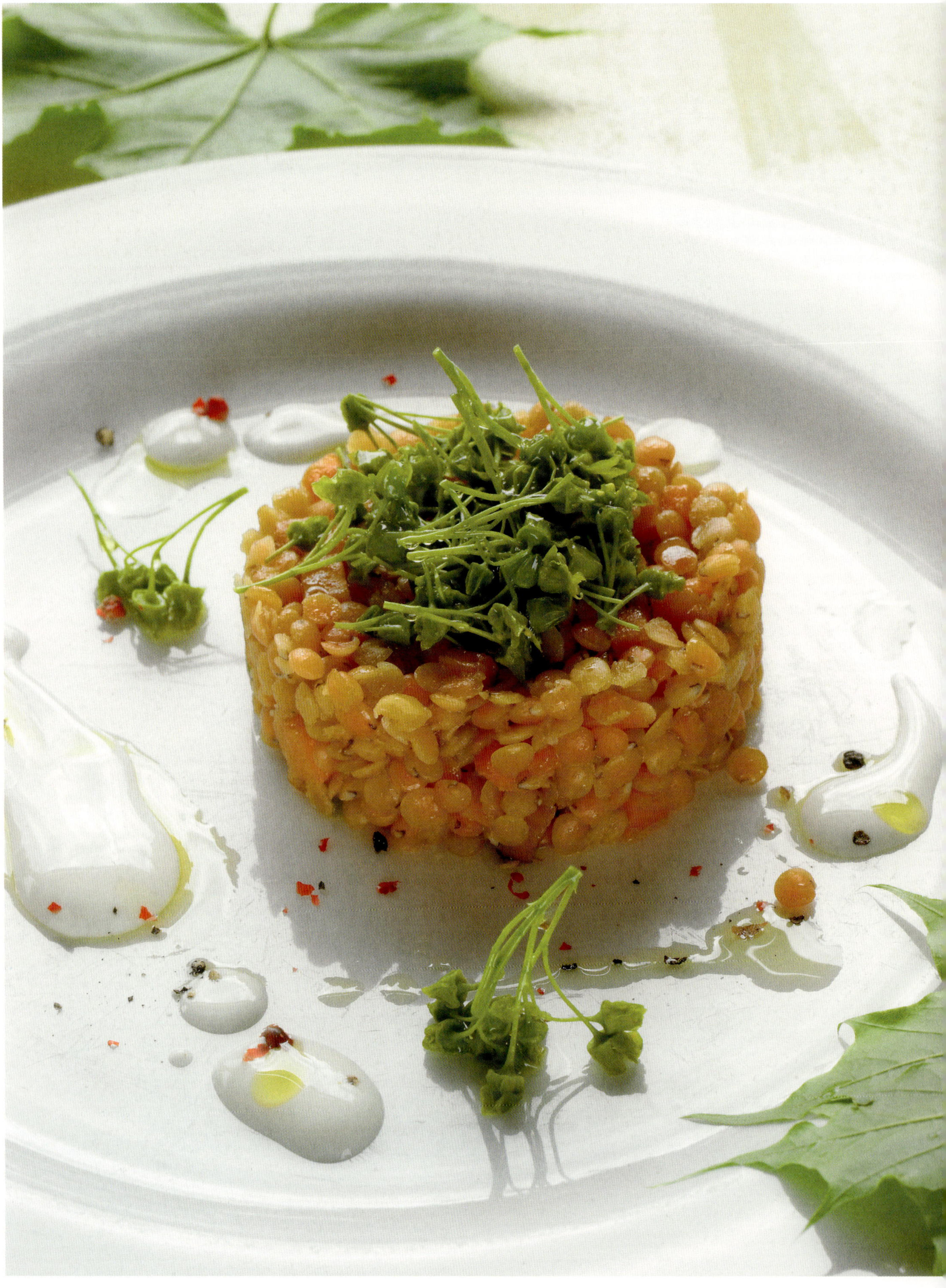

Rote Linsen
mit Spitzahornblüte und Joghurtsauce

■ Für die Linsen das Gemüse waschen, putzen und in kleine Würfel schneiden. Das Olivenöl in einer Pfanne erhitzen und das Gemüse darin 3 Min. anschwitzen. Die Linsen und den Orangensaft dazugeben und alles zugedeckt bei kleiner Hitze 10 Min. köcheln lassen. Die Linsen mit Salz abschmecken.

■ Inzwischen für die Sauce den Joghurt mit dem Leinöl verrühren und mit Salz abschmecken. Die Linsen auf Tellern anrichten, mit den roten Pfefferkörnern bestreuen und die Spitzahornblütendolden darauflegen. Mit der Joghurtsauce garnieren.

Zutaten für 4 Portionen:

1 Karotte
2 Frühlingszwiebeln
1 gelbe Paprikaschote
3 EL Olivenöl
200 g rote Linsen
300 ml frisch gepresster Orangensaft
Kristallsalz
4 EL Joghurt
3 EL Leinöl
1 TL rote Pfefferkörner
8 Dolden Spitzahornblüten

Zubereitungszeit: 30 Min.

WALD UND WIESE | 161

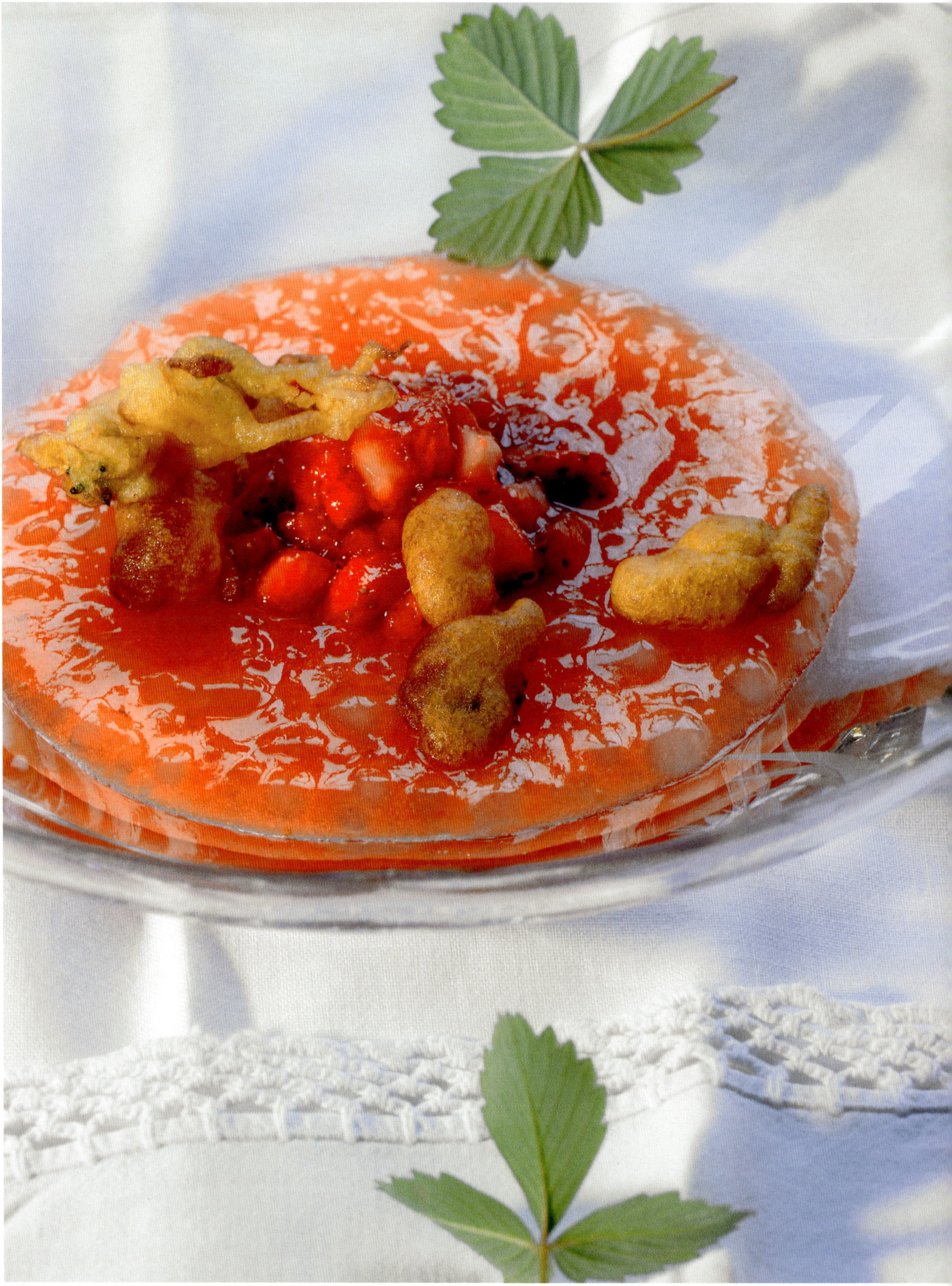

Schlüsselblumen im Safranteig
mit eisgekühlter Erdbeer-Tapioka-Suppe

■ Für die Suppe die Zitrone waschen und trocken reiben, etwas Schale hauchdünn abschneiden und den Saft auspressen. Die Vanilleschote längs aufschlitzen und das Mark herauskratzen. Vanillemark und Schote mit dem Wasser und der Zitronenschale aufkochen lassen. Die Tapiokaperlen einrühren und zugedeckt bei kleiner Hitze 30 Min. ausquellen lassen, bis sie durchsichtig sind. Vanilleschote und Zitronenschale entfernen und die Flüssigkeit etwa 1 Std. kalt stellen.

■ Inzwischen die Erdbeeren waschen und putzen. Die Hälfte der Beeren mit Zitronensaft und Honig im Mixer pürieren. Die andere Beerenhälfte in Würfel schneiden. Beides mit der abgekühlten Tapiokamasse verrühren.

■ Für den Teig die Milch erhitzen, Kardamomschoten und Safran darin 10 Min. ziehen lassen. Die Schlüsselblumenblüten verlesen. Die Milch abseihen und auffangen, mit Honig, Mehl und Ei verrühren.

■ Das Kokosfett in einem Topf erhitzen. Die Schlüsselblumenblüten einzeln durch den Teig ziehen und im heißen Kokosfett in 30 Sek. knusprig ausbacken. Die Blüten herausnehmen und auf Küchenpapier abtropfen lassen. Die Blüten noch warm mit der Erdbeersuppe servieren.

Zutaten für 4 Portionen:

Für die Suppe:
1 Bio-Zitrone
1 Vanilleschote
750 ml Wasser
40 g Tapioka
300 g Erdbeeren
50 g Akazienhonig

Für den Teig:
125 ml Milch
2 Kardamomschoten
1 Msp. Safranpulver
40 Schlüsselblumenblüten
20 g Akazienhonig
50 g Hirsemehl
1 Ei
60 g Kokosfett
   zum Ausbacken

Zubereitungszeit: 45 Min.
Kühlzeit: 1 Std.

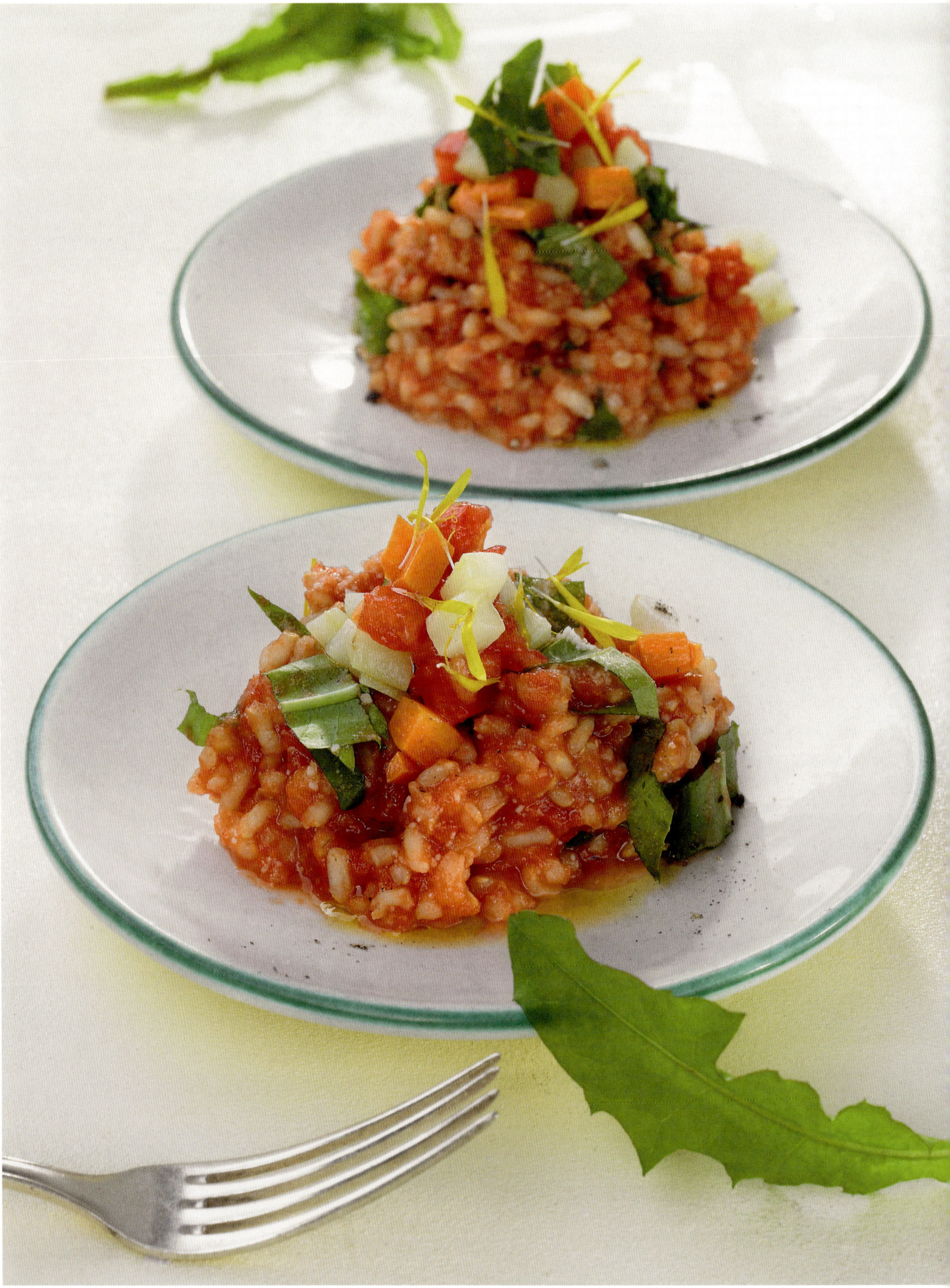

Löwenzahnrisotto
mit Tomaten

■ Die Tomaten waschen und die Stielansätze herausschneiden. 3 Tomaten an der Oberseite kreuzförmig einritzen, in kochendem Wasser 8 Sek. brühen, herausnehmen, in Eiswasser abschrecken und häuten. Die Tomaten vierteln, entkernen und die Kerne in einen Mixer geben. Das Tomatenfleisch in Würfel schneiden und beiseitestellen. Die übrigen 3 Tomaten in grobe Stücke schneiden. Die Tomatenstücke mit dem Gemüsetee ebenfalls in den Mixer geben und alles pürieren. Die Mischung durch ein feines Sieb passieren, dabei den Tomaten-Gemüsetee auffangen.

■ Die Zwiebel schälen und in Würfel schneiden. Das Gemüse waschen und putzen. Den Kohlrabi schälen. Kohlrabi und Karotte in 1 cm große Würfel schneiden. Das Olivenöl erhitzen. Zwiebel, Lorbeerblatt und Karottenwürfel dazugeben und 3 Min. anschwitzen, bis die Zwiebel glasig ist. Den Reis dazugeben und 1 Min. mitbraten. Den Tomaten-Gemüsetee dazugießen und den Reis zugedeckt bei kleiner Hitze 10 Min. ausquellen lassen. Die Kohlrabiwürfel dazugeben, umrühren und 10 Min. simmern lassen.

■ Die Löwenzahnblätter waschen, verlesen, trocknen und die Blätter grob schneiden. Die Zitrone waschen und trocken reiben, den Saft auspressen. Den Parmesan reiben. Löwenzahnblätter, Tomatenwürfel, Zitronensaft, Parmesan und Butter unter den heißen Risotto rühren. Den Risotto mit Salz und Pfeffer abschmecken. Die Sahne steif schlagen. Die Blätter der Löwenzahnblüten abzupfen und mit der Sahne unter den Risotto heben.

Zutaten für 4 Portionen:

6 Tomaten
500 ml Gemüsetee
   (Rezept Seite 184)
1 Zwiebel
1 mittelgroßer Kohlrabi
1 Karotte
3 EL Olivenöl
1 Lorbeerblatt
200 g Risottoreis (Bioladen,
   z. B. Vollkorn-Arborio)
200 g Löwenzahnblätter
1 Bio-Zitrone
30 g Parmesan
20 g Butter
Kristallsalz
schwarzer Pfeffer
125 ml Sahne
4 Löwenzahnblüten

Zubereitungszeit: 45 Min.

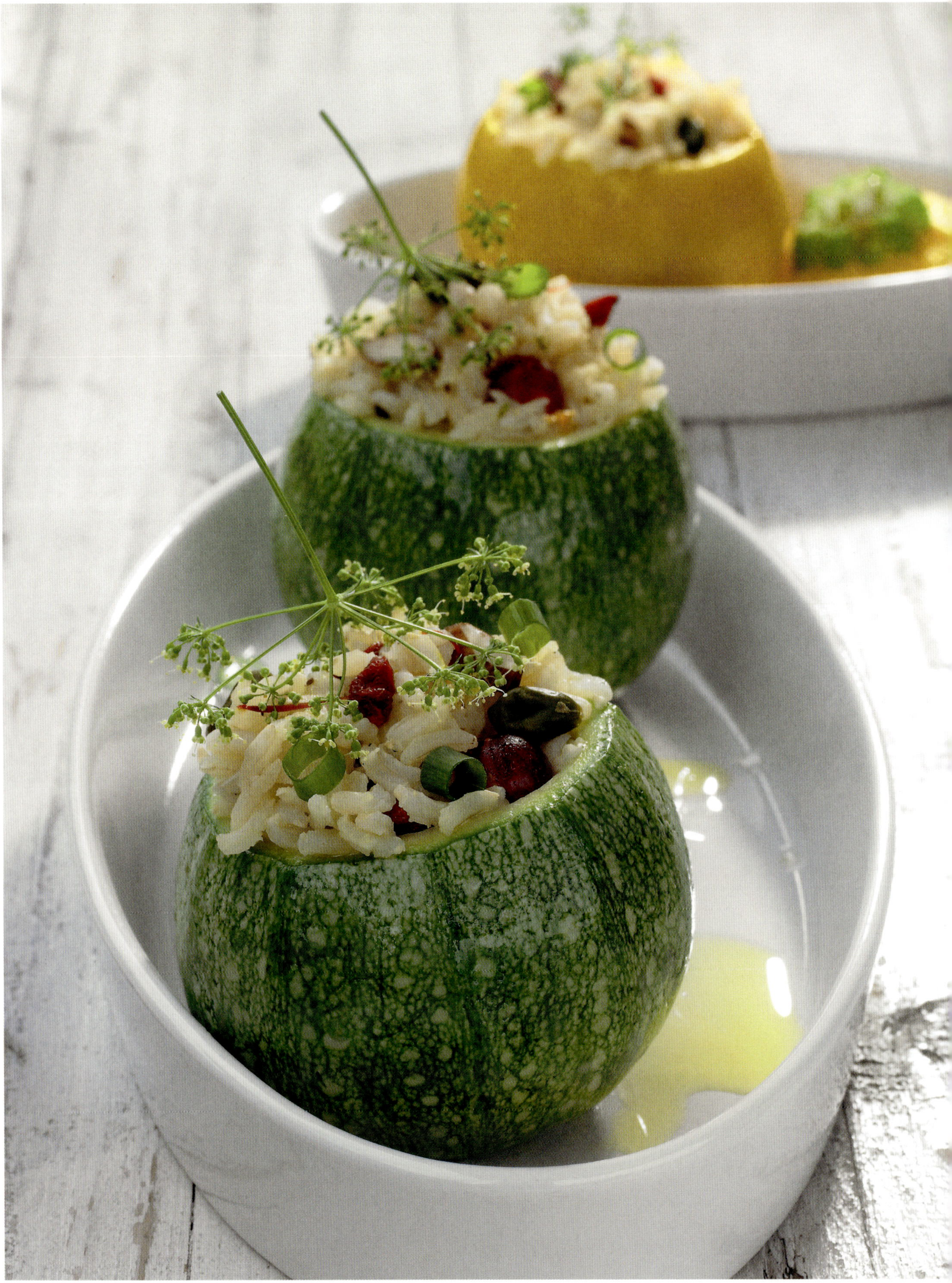

Arabischer Juwelenreis
mit Berberitzen

■ Die Zwiebel schälen und in Würfel schneiden. Das Olivenöl erhitzen, Zwiebel, Kardamomkapseln und Lorbeerblatt dazugeben und 3 Min. anschwitzen. Den Reis hinzufügen und kurz mitbraten. Mit Gemüsetee aufgießen und zugedeckt bei kleiner Hitze 30 Min. ausquellen lassen.

■ Inzwischen den Granatapfel halbieren und die Kerne herauslösen. Die Orange waschen und trocken reiben, die Schale mit dem Zestenreißer abschälen und den Saft auspressen. Den Honig schmelzen und die Orangenschale darin leicht karamellisieren lassen. Orangensaft und Safran dazugeben und alles bei kleiner Hitze 2 Min. köcheln lassen.

■ Das Frühlingszwiebelgrün waschen und in Ringe schneiden. Die Petersilie waschen, trocknen und die Blätter fein schneiden. Die Mandeln in einer trockenen Pfanne rösten und grob hacken. Orangen-Safran-Sud, Petersilie, Frühlingszwiebelgrün, Granatapfel, Butter, Berberitzen und Pistazienkerne unter den gegarten Reis mischen. Den Reis mit Salz und Pfeffer abschmecken und gleich servieren.

Zutaten für 4 Portionen:

1 Zwiebel
2 EL Olivenöl
4 Kardamomkapseln
1 Lorbeerblatt
250 g Basmati-Vollkornreis
500 ml Gemüsetee
   (Rezept Seite 184)
1 Granatapfel
1 Bio-Orange
1 EL Akazienhonig
1 Msp. Safranpulver
   (oder einige Safranfäden)
das Grün von 2 Frühlings-
   zwiebeln
½ Bund glatte Petersilie
20 g ungeschälte Mandeln
20 g Butter
50 g frische Berberitzen
   (oder 25 g getrocknete
   eingeweicht)
20 g Pistazienkerne
Kristallsalz
schwarzer Pfeffer

Zubereitungszeit: 45 Min.

Serviertipps

Dieses orientalische Gericht ist sehr reichhaltig und aromatisch – eigentlich braucht es gar nicht mehr viel dazu. Vielleicht noch ein wenig gedämpftes Gemüse, zum Beispiel Blattspinat oder Okraschoten.

Oder Sie füllen den Reis in Mini-Auberginen oder Mini-Zucchini. Dafür vom Gemüse je einen Deckel abschneiden. Das Fruchtfleisch mit einem Parisienne-Ausstecher herauslösen. Die Minis in einen Dämpfeinsatz geben und über Dampf 4 Min. garen. Dann die Auberginen oder Zucchini mit dem Reis füllen, jeweils mit den Deckeln belegen und mit Butter bepinseln. Vor dem Servieren im heißen Ofen bei 200° erwärmen.

WALD UND WIESE

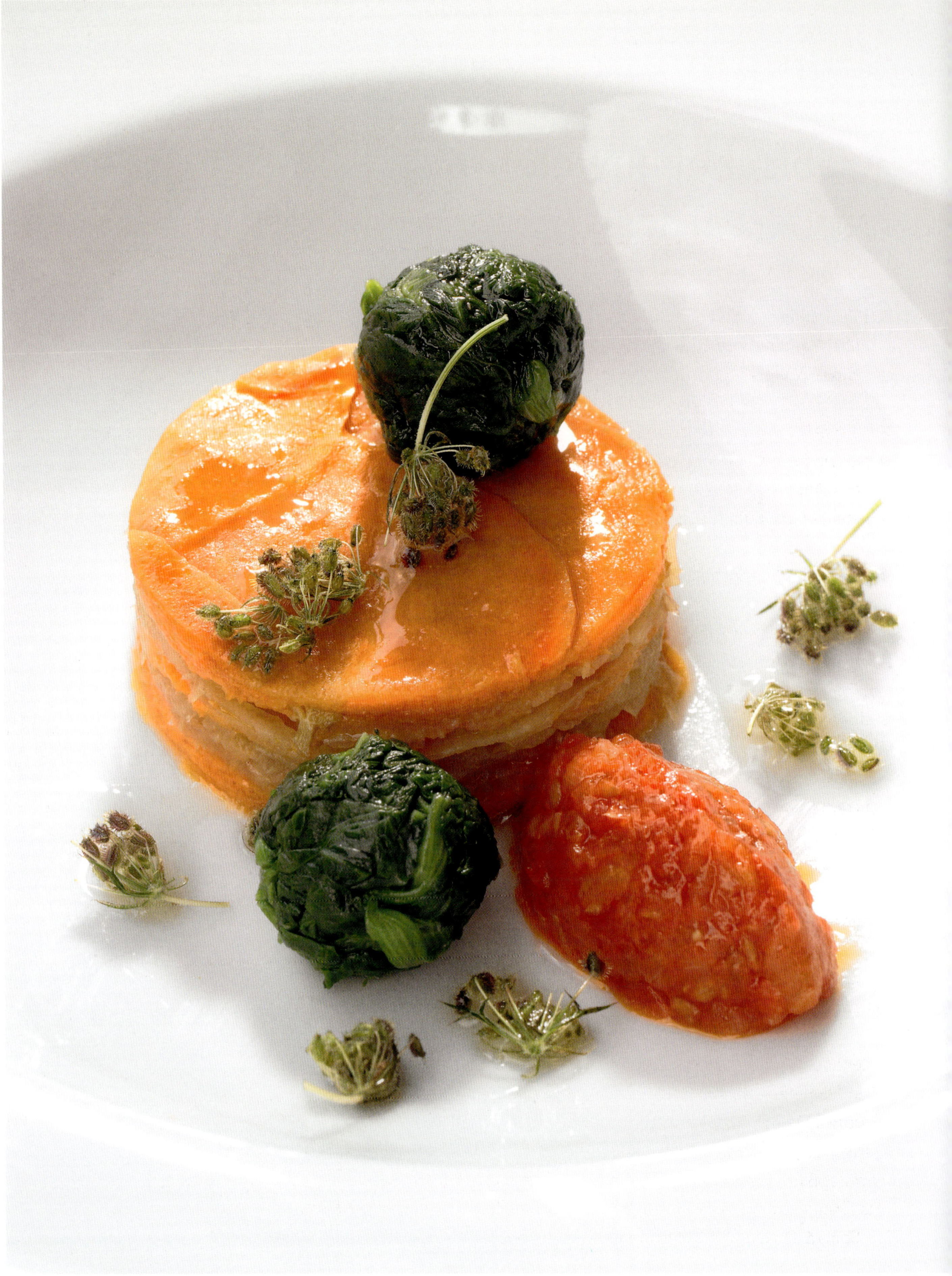

Süßkartoffel-Fenchel-Gratin
mit wilden Möhrensamen, Spinatbällchen und Tomatenkonfit

■ Süßkartoffeln und Fenchel waschen. Den Fenchel putzen. Süßkartoffeln, Zwiebeln und Knoblauch schälen. Zwiebeln und Knoblauch würfeln. Die Süßkartoffeln und den Fenchel in sehr dünne Scheiben hobeln.

■ 3 EL Olivenöl in einer Pfanne erhitzen, Zwiebeln, Knoblauch und Möhrensamen darin 3 Min. anschwitzen. Den Gemüsetee mit dem Safranpulver erhitzen. Den Backofen auf 190° vorheizen. Eine große Form oder 4 kleine feuerfeste Formen mit Butter einfetten.

■ Süßkartoffeln, Fenchel und die Zwiebel-Samen-Mischung schichtweise einfüllen. Jede Schicht salzen und pfeffern. Wenn die Formen gefüllt sind, mit einer Schicht Süßkartoffeln abschließen. So viel Safran-Gemüsetee vorsichtig dazugießen, dass die Flüssigkeit gerade an der Oberfläche sichtbar wird. Die Form oder die Förmchen mit Alufolie verschließen und das Gratin im Backofen (Mitte, Umluft 180°) 1 Std. garen.

■ Inzwischen für das Konfit die Tomaten waschen und die Stielansätze herausschneiden. Die Oberseite der Tomaten kreuzweise einritzen, in kochendem Wasser 8 Sek. brühen, herausnehmen, in Eiswasser abschrecken und häuten. Die Tomaten würfeln. Die Orange waschen und trocken reiben, etwas Schale abschneiden und den Saft auspressen. 2 EL Olivenöl erhitzen, die Tomatenwürfel mit Lorbeerblatt und Honig 2–3 Min. darin schmoren. Orangensaft, -schale und Essig dazugeben und alles offen bei kleiner Hitze reduzieren lassen, bis eine marmeladenähnliche Konsistenz entstanden ist. Mit Salz und Pfeffer abschmecken.

■ Kurz vor dem Servieren den Spinat waschen, verlesen, trocknen und in einen Dämpfeinsatz geben. Das Basilikum waschen, trocknen und die Blätter abzupfen. Den Spinat über Dampf in 1 Min. zusammenfallen lassen, das Basilikum dazugeben. Mit Salz und Pfeffer abschmecken. Aus der Mischung walnussgroße Kugeln formen und mit ein paar Tropfen Olivenöl beträufeln. Das Gratin aus der Form lösen, in Stücke schneiden oder auf Teller stürzen. Mit Spinatbällchen und Konfit servieren.

Zutaten für 4 Portionen:

800 g Süßkartoffeln
400 g Fenchel
2 Zwiebeln
2 Knoblauchzehen
5 EL + einige Tropfen Olivenöl
2 EL Samen von der wilden Möhre (ersatzweise 1 EL Koriander- oder Fenchelsamen)
250 ml Gemüsetee (Rezept Seite 184)
1 Msp. Safranpulver
Kristallsalz
weißer Pfeffer
5 Tomaten
1 Bio-Orange
1 Lorbeerblatt
1 TL Akazienhonig
1 TL weißer Balsamico
400 g Blattspinat
1 Bund Basilikum
Butter für die Formen

Zubereitungszeit: 50 Min.
Garzeit: 1 Std.

WALD UND WIESE

Croque Monsieur mit Brunnenkresse und getrockneten Tomaten

Zutaten für 4 Portionen:

8 Scheiben Wildkräuterbrot (Rezept Seite 183) oder Vollkorntoast
20 g zimmerwarme Butter
2 EL mittelscharfer Senf
100 g Gruyère-Käse
60 g Brunnenkresse
20 g getrocknete Tomaten
2 Eier
4 EL Sahne
2 EL Bratöl

Zubereitungszeit: 15 Min.

■ Die Brotscheiben leicht toasten. Die Butter und den Senf gut verrühren. Die Brotscheiben damit bestreichen. Den Käse auf dem Käsehobel in dünne Scheiben hobeln. Die Brunnenkresse waschen, trocknen und verlesen. Die getrockneten Tomaten fein schneiden.

■ Die Eier mit der Sahne verquirlen. Die Toastscheiben mit dem Käse belegen. Die getrockneten Tomaten und die Brunnenkresse daraufgeben und jeweils 2 Brotscheiben zusammenklappen und fest andrücken.

■ Das Bratöl in einer Pfanne erhitzen. Die Toasts zuerst in die Eiersahne tunken und in dem heißen Bratöl auf beiden Seiten in jeweils 3 Min. goldgelb braten. Herausnehmen und gleich servieren.

Tipp: Anstelle von Brunnenkresse kann man auch normale Gartenkresse, gekeimte Kresse- oder Raukesamen nehmen.

Salziger Kaiserschmarren mit Ziegenkäse und Scharbockskraut

■ Den Backofen auf 175° (Umluft 165°) vorheizen. Das Steinofenbrot in hauchdünne Scheiben schneiden und im Backofen (Mitte) knusprig toasten. Inzwischen die Scharbockskrautblätter waschen, trocknen und verlesen. Für die Vinaigrette Essig, Olivenöl, Salz und Pfeffer verrühren.

■ Die Eier trennen. Die Eiweiße mit 1 Prise Salz steif schlagen. Die Eigelbe unterschlagen, bis eine helle Schaummasse entstanden ist. Den Ziegenkäse dazureiben. Das Mehl und die Milch dazugeben und alles vorsichtig unterheben. Wenn nötig, die Masse je nach Käsesorte nochmals salzen.

■ In einer weiten beschichteten Pfanne die Butter zerlassen und die Eiermasse einfüllen und bei kleiner Hitze backen. Sobald die Unterseite stabil ist, den Pfannkuchen in mundgerechte Stücke reißen und die Stücke mehrmals wenden, bis sie goldgelb sind.

■ Die Scharbocksblätter in der Vinaigrette wenden und mit den Brotscheiben zum Kaiserschmarren servieren.

Zutaten für 4 Portionen:

250 g trockenes Steinofen-Roggenbrot (Sauerteig)
100 g Scharbockskrautblätter
2 EL weißer Balsamico
4 EL Olivenöl
Kristallsalz
schwarzer Pfeffer
4 Eier
125 g Ziegen-Hartkäse
125 g gesiebtes Dinkel-vollkornmehl
150 ml Milch
20 g Butter

Zubereitungszeit: 25 Min.

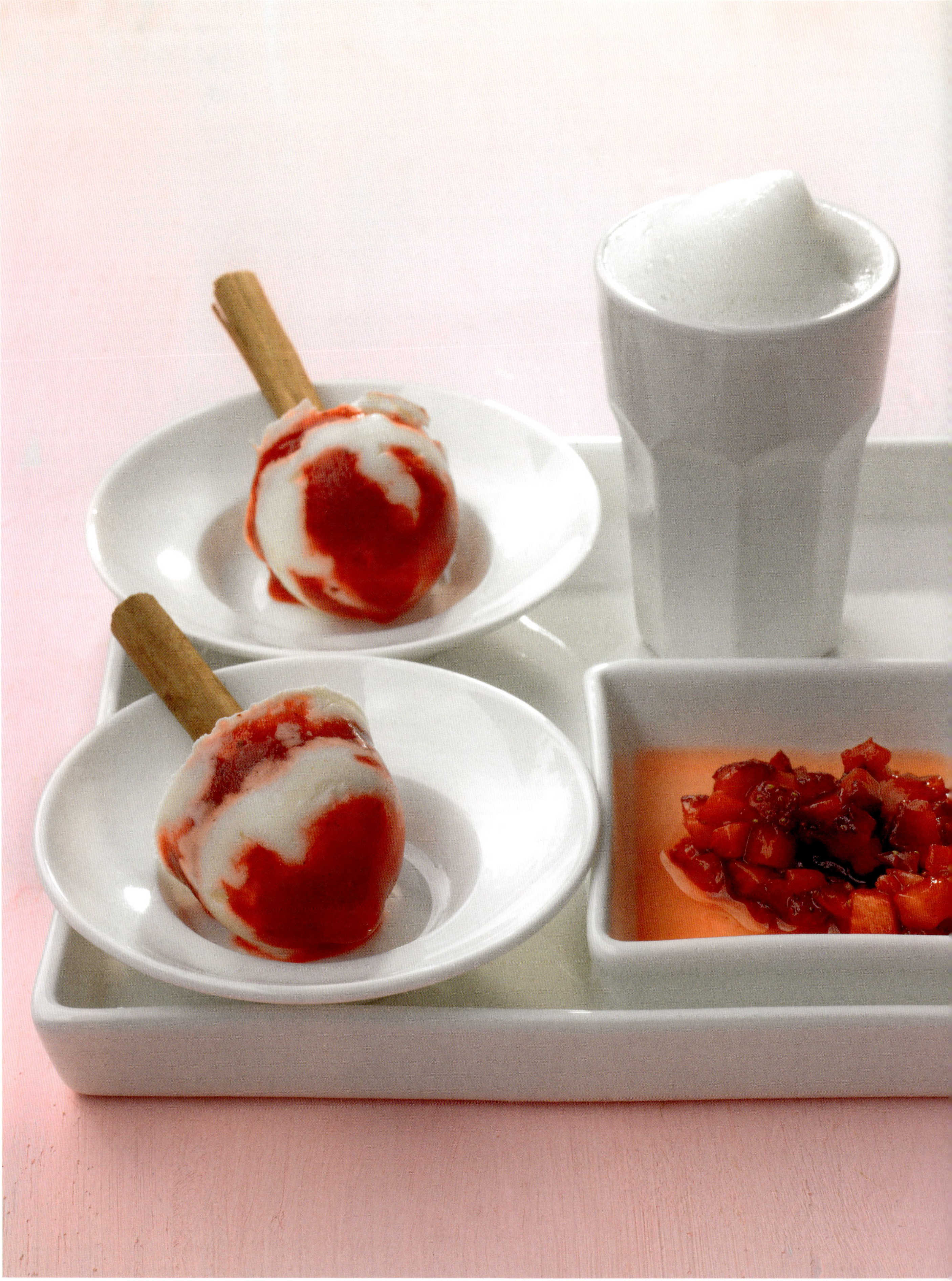

Erdbeereis am Stiel
mit Holunderblütenmilch

■ Die Zitrone waschen und trocken reiben. Die Hälfte der Schale dünn abschälen und beiseitelegen. Den Saft der Zitrone auspressen. Die Milch erwärmen, die Holunderblüten und die Zitronenschale einlegen und mindestens 1 Std. mazerieren lassen.

■ Inzwischen die Erdbeeren waschen, putzen, vierteln und im Mixer mit Zitronensaft und 1 EL Honig pürieren. Das Püree durch ein feines Sieb passieren und auffangen. Die Sahne halb steif schlagen, 1 EL Honig und die Vanille dazugeben und weiterschlagen, bis die Sahne steif ist. Erdbeerpüree und Sahne abwechselnd in Schichten in vier Eierbecher oder Mokkatassen bis zum Rand einfüllen. In die Mitte je 1 Zimtstange als Stiel stecken. Ins Gefrierfach stellen und mindestens 3 Std. gefrieren lassen.

■ Kurz vor dem Servieren die Erdbeeren für die Garnitur waschen, putzen und in Würfel schneiden. Die Erdbeerwürfel mit der Hälfte des restlichen Honigs marinieren. Die Milch abseihen und mit dem restlichen Honig nochmals erhitzen, mit einem kleinen Schneebesen oder Milchschäumer aufschäumen. In kleine Becher füllen. Die Eierbecher kurz in heißes Wasser tauchen, das Eis herauslösen und auf kleine Teller legen. Mit Erdbeersalat und der heißen Holunderblütenmilch servieren.

Zutaten für 4 Portionen:

1 Bio-Zitrone
200 ml fettarme Milch
4 Dolden Holunderblüten (frisch oder getrocknet)
200 g Erdbeeren
50 g Akazienhonig
250 g Sahne
1 Msp. Naturvanille (Bioladen)
4 Stangen Zimt
4 Erdbeeren zum Garnieren

Zubereitungszeit: 20 Min.
Kühlzeit: 3 Std.

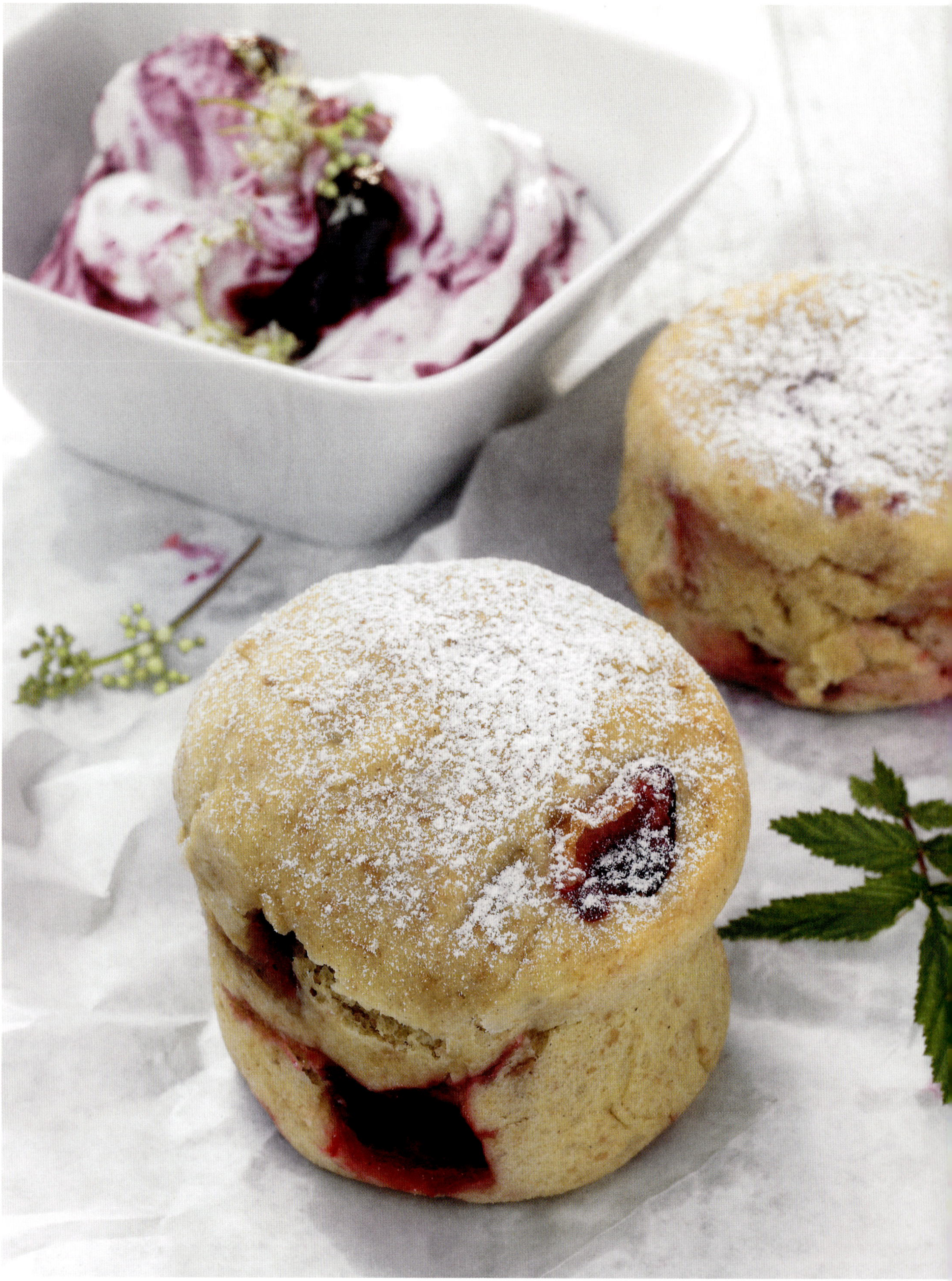

Mädesüß-Cassis-Creme
mit Pflaumenbrioches

- Die Milch erwärmen, den Honig und die Hefe darin auflösen. Das Mehl dazugeben und unterrühren. Den Teig 10 Min. gehen lassen.

- Inzwischen den Backofen auf 200° (Umluft 190°) vorheizen. Die Vertiefungen der Form mit Butter einfetten und mit Mehl ausstreuen. Die Pflaumen waschen, halbieren, entsteinen und in Stücke schneiden.

- Die Pflaumen, das Salz, die Butter und das Ei unter den Teig rühren. Den Teig in die Vertiefungen der Form füllen und 10 Min. gehen lassen. Die Brioches im Backofen (Mitte) 12–15 Min. backen. Die Form herausnehmen, die Brioches kurz ruhen lassen, dann aus den Vertiefungen lösen.

- Für die Creme die Johannisbeeren waschen und von den Rispen zupfen. Die Zitrone waschen und trocken reiben, etwas Schale dünn abschneiden und den Saft auspressen. Die Johannisbeeren mit Zitronenschale und -saft, Honig und Vanille einmal aufkochen, dann bei kleiner Hitze 5 Min. köcheln lassen. Die Johannisbeeren im Mixer pürieren und durch ein feines Sieb passieren. Das Johannisbeerpüree 30 Min. abkühlen lassen.

- Inzwischen die Orange waschen, trocken reiben und etwas Schale fein abreiben. Die Mädesüßblüten abzupfen. Die Sahne steif schlagen, die Mädesüßblüten und die Orangenschale dazugeben und untermischen. Das abgekühlte Johannisbeerpüree marmoriert unterziehen. Die noch warmen Brioches eventuell in Butterbrotpapier wickeln und zur Creme reichen.

Zutaten für eine 12er-Muffin- oder Briocheform:

Für die Brioches:
200 ml Milch
60 g Akazienhonig
20 g frische Hefe
350 g Dinkelvollkornmehl
12 Pflaumen
1 Prise Kristallsalz
40 g weiche Butter
1 Ei
Butter und Mehl für die Form

Für die Creme:
200 g Schwarze Johannisbeeren
1 Bio-Zitrone
100 g Akazienhonig
1 Msp. Naturvanille (Bioladen)
1 Bio-Orange
2 Dolden Mädesüßblüten
250 ml Sahne
Butterbrotpapier zum Einwickeln

Zubereitungszeit: 45 Min.
Ruhezeit: 20 Min.
Backzeit: 15 Min.

WALD UND WIESE

Litschis mit Orangenblütengelee
auf Vanillecreme

Zutaten für 4 Portionen:

16 Litschis
4 Bio-Mandarinen
60 g Akazienhonig
1 gestr. TL Agar-Agar
12 Orangenblüten (frisch oder getrocknet)
50 ml Bio-Orangenblütenwasser
200 ml Sahne
1 Msp. Naturvanille (Bioladen)
1 EL Bio-Vanillepuddingpulver

Zubereitungszeit: 25 Min.
Kühlzeit: 20 Min.

■ Für das Gelee die Litschis schälen, entkernen, vierteln und beiseitestellen. Die Mandarinen waschen und trocken reiben, etwas Schale abreiben und den Saft auspressen. Den Mandarinensaft abmessen und eventuell so viel Wasser dazugeben, dass die Gesamtflüssigkeitsmenge 400 ml beträgt.

■ Die Flüssigkeit in einen Topf geben. Mit 35 g Honig und Agar-Agar aufkochen lassen. Die Flüssigkeit vom Herd ziehen und etwas abkühlen, aber nicht ganz erkalten lassen. Die Blüten und das Orangenblütenwasser dazugeben. Die Mischung 15 Min. in den Kühlschrank stellen, bis die Flüssigkeit leicht geliert, aber nicht stürzfest ist.

■ Für die Creme die Sahne mit Vanille, Mandarinenschale, 25 g Honig und Puddingpulver halb steif schlagen. Die Masse in vier Gläser füllen. Das Gelee vorsichtig auf die Vanillecreme löffeln und die Litschis obendrauf geben.

Tipp: Orangenblütenwasser ist im Orient eine beliebte Würzzutat. Und sein Parfum ist betörend blumig und frisch. Wenn Sie keine frischen oder getrockneten Orangenblüten bekommen, gelingt dieses Gericht dank Orangenblütenwasser trotzdem perfekt!

Pfirsich-Delice
mit Vanillecreme und Kamillenschaum

■ Die Vanilleschote längs aufschlitzen und das Mark herauskratzen. Das Vanillemark mit Mascarpone, Sahne und 1 TL Honig cremig verrühren. Die Vanillecreme in vier hohe Dessertgläser füllen, sodass die Gläser jeweils zu einem Drittel gefüllt sind. Die Creme kalt stellen.

■ Die Zitrone waschen und trocken reiben, die Schale dünn abschneiden und den Saft auspressen. Die Milch erhitzen, Zitronenschale und Kamillenblüten darin 10 Min. ziehen lassen.

■ Inzwischen die Pfirsiche waschen, halbieren, entsteinen und in Stücke schneiden. Mit dem restlichen Honig, Zitronensaft und der ausgekratzten Vanilleschote in einen Topf geben, aufkochen und 10 Min. kochen lassen. Dann 30 Min. kalt stellen.

■ Zum Servieren das Pfirsichkompott auf die kalte Vanillecreme geben. Die Milch durch ein Sieb abgießen, erhitzen und mit dem Pürierstab oder dem Milchschäumer aufschäumen. Den warmen Kamillenschaum obendrauf löffeln. Wenn vorhanden, mit frischen Kamillenblüten garnieren.

Zutaten für 4 Portionen:

1 Vanilleschote
80 g Mascarpone
125 ml Sahne
90 g Akazienhonig
1 Bio-Zitrone
200 ml Milch
2 EL Kamillenblüten
   (frisch oder getrocknet)
500 g weiße Pfirsiche
einige frische Kamillenblüten zum Garnieren

Zubereitungszeit: 25 Min.
Kühlzeit: 30 Min.

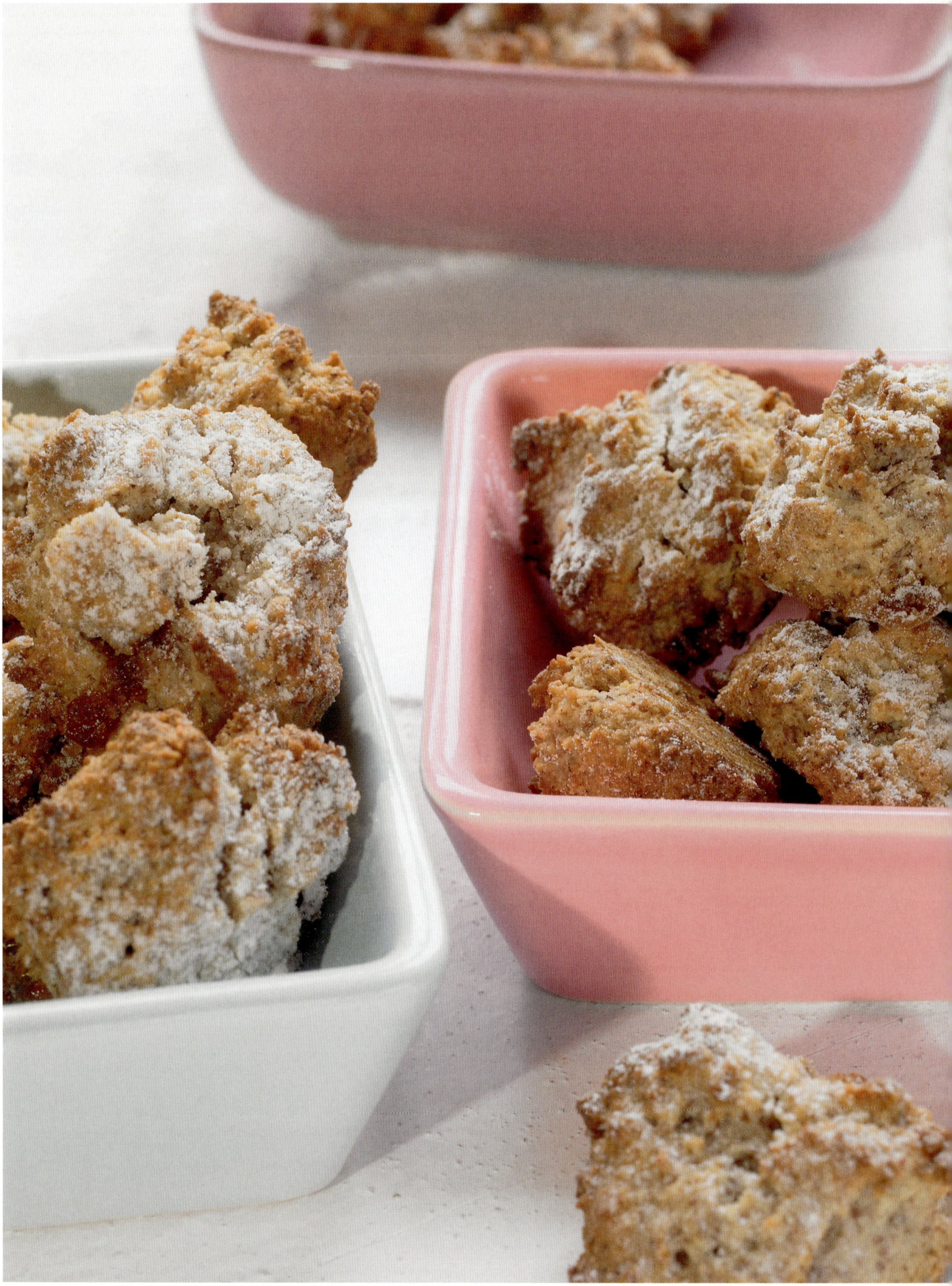

Kornelkirschen-Amaretti

■ Für die Marmelade die Orange waschen, trocken reiben und etwas Schale dünn abschneiden. Die Kornelkirschen waschen und trocken tupfen, dann mit Honig, Orangenschale, Zimtstange und Sternanis aufkochen lassen. Das Johannisbrotkernmehl unterrühren und die Kirschen 10 Min. kochen lassen. Zum Entfernen der Kerne und der Aromaten die Kirschen durch ein grobes Sieb passieren. Die Marmelade bis zur weiteren Verwendung kalt stellen.

■ Ganze Mandeln fein mahlen. Die gemahlenen Mandeln mit Mehl, Honig, Bittermandelöl, Salz und den Eiweißen verrühren. Die Amarettimasse 1 Std. kalt stellen. Ein Backblech mit Backpapier auslegen.

■ Von der Amarettimasse mit einem Esslöffel kleine Portionen abstechen, diese mit bemehlten Händen zu Kugeln formen und mit dem Daumen eine Vertiefung in die Kugeln drücken. In jede Vertiefung etwas Kornelkirschmarmelade füllen und den Teig drumherum darüberziehen. Die Amaretti auf das Backblech setzen und 4 Std. kühl stellen, dabei trocknen die Kekse an der Oberfläche an.

■ Den Backofen auf 220° (Umluft 200°) vorheizen. Die Amaretti mit den Fingern seitlich leicht eindrücken, damit Risse entstehen und die Füllung sichtbar wird. Im Backofen (Mitte) 8 Min. backen.

Zutaten für 20 Stück:

Für die Kornelkirschmarmelade:
1 Bio-Orange
250 g Kornelkirschen
200 g Akazienhonig
1 Stange Zimt
1 Sternanis
1 EL Johannisbrotkernmehl

Für die Amaretti:
250 g Mandeln (oder gemahlene Mandeln)
30 g Dinkelvollkornmehl
90 g Akazienhonig
2 Tropfen Bittermandelöl
1 Prise Kristallsalz
3 Eiweiß
Backpapier für das Backblech
Dinkelvollkornmehl zum Formen

Zubereitungszeit: 20 Min.
Kühlzeit: 1 Std.
Ruhezeit: 4 Std.
Backzeit: 8 Min.

Tipp

Anstelle von Kornelkirschen können Sie auch Sauerkirschen oder Schwarze Johannisbeeren verwenden. Die Kornelkirschmarmelade können Sie gut verschlossen bis zu 1 Woche im Kühlschrank aufbewahren.

WALD UND WIESE

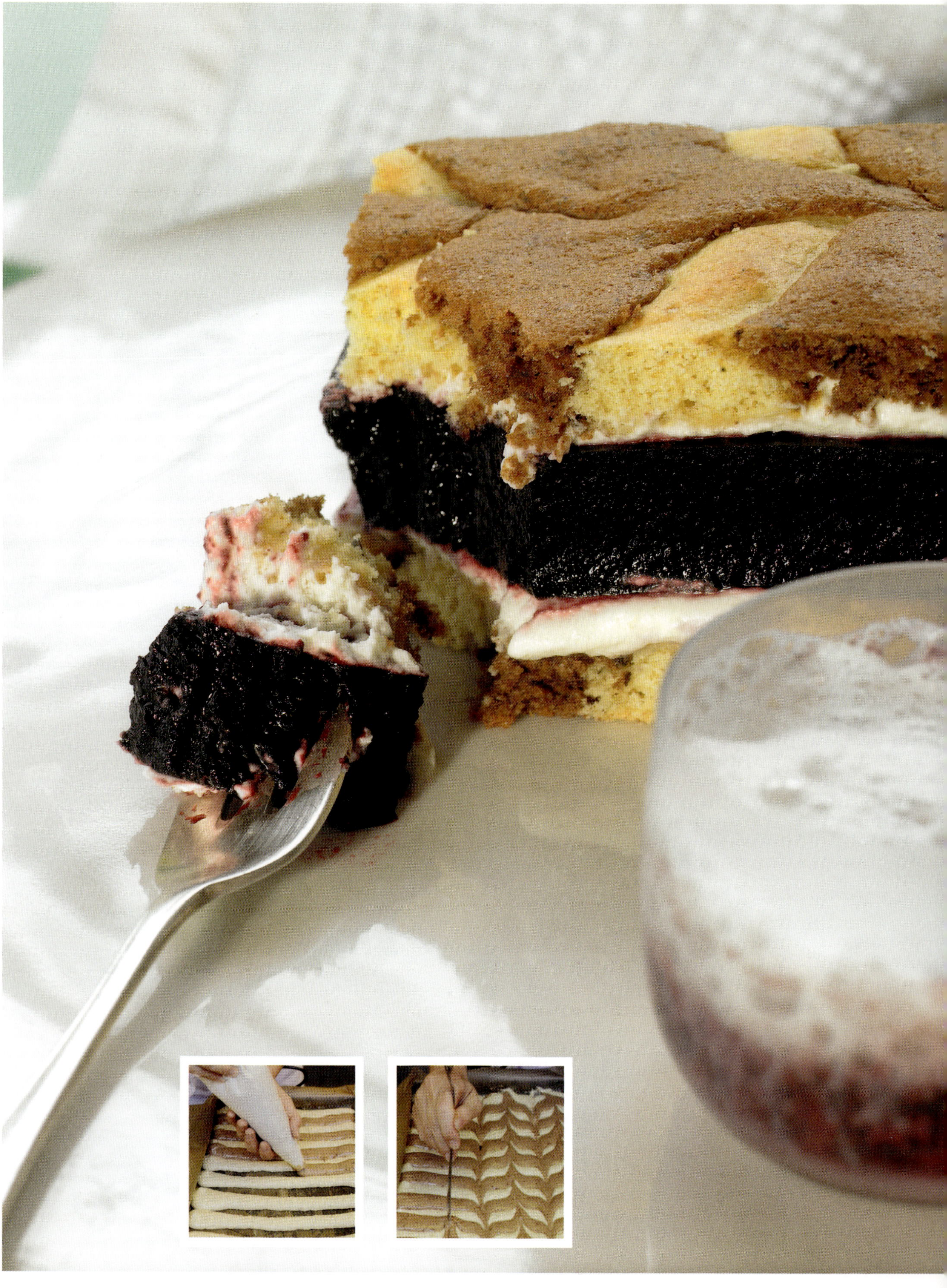

Holunderbeeren-Gewürz-Schnitte
mit Holunder-Cappuccino

■ Ein Backblech mit Backpapier auslegen und mit Butter einfetten. Die Orange waschen, trocken reiben und die Schale abreiben. Die Orange in Scheiben schneiden und für das Gelee beiseitelegen.

■ Eier trennen. Eiweiße mit Salz steif schlagen, 30 g Honig unterschlagen. Eigelbe und Orangenschale unterschlagen. Den Backofen auf 200° (Umluft 180°) vorheizen. Schokolade und Butter im heißen Wasserbad schmelzen lassen. Zimt- und Sternanispulver dazugeben. Die Eierschaummasse halbieren. Eine Hälfte mit der heißen Schokoladenmasse verrühren. Jeweils die Hälfte des Mehls unter die helle und dunkle Masse heben.

■ Die beiden Biskuitmassen in Streifen auf das Blech spritzen. Ein Holzstäbchen durch die beiden Biskuitmassen ziehen (siehe Fotos links). Im Backofen (Mitte) 10 Min. backen. Dann auf dem Blech abkühlen lassen. Den Biskuitboden in Rechtecke (ca. 5 x 8 cm) schneiden. Die Sahne mit 1 TL Honig und Vanillepuddingpulver steif schlagen und kalt stellen.

■ Die Birne waschen, halbieren, entkernen und klein würfeln. Mit Holunderbeeren, Traubensaft, Zimtstange, Sternanis und Orangenscheiben aufkochen, dann 10 Min. köcheln lassen. Orangenscheiben, Sternanis und Zimtstange entfernen. Die heiße Holundermischung im Mixer pürieren und durch ein feines Sieb streichen. 400 ml davon mit Agar-Agar und Honig aufkochen lassen. Den Rest beiseitestellen. Die Flüssigkeit etwa 4–5 cm hoch in eine nicht zu große, tiefe Glasform füllen und 1 Std. kalt stellen.

■ Das Gelee in Rechtecke (ca. 5 x 8 cm) schneiden. Die Sahne auf die Biskuitstücke streichen. Je ein Geleestück darauflegen und ein weiteres Biskuitrechteck auf das Gelee setzen. Die Schnitten kalt stellen.

■ Für den Cappuccino die Holunderblüten verlesen und mit der Milch aufkochen, dann mindestens 10 Min. ziehen lassen. Die Blüten entfernen. Den Honig unter die Milch rühren, die Milch aufschäumen. Restliche Holunderflüssigkeit erhitzen, in Cappuccinotassen füllen, den Milchschaum darauflöffeln und mit den Schnitten servieren.

Zutaten für 4 Portionen:
Für den Biskuit:
1 Bio-Orange
4 Eier
1 Prise Kristallsalz
30 g + 1 TL Akazienhonig
40 g honiggesüßte Zartbitterschokolade (Bioladen)
40 g Butter
1 Msp. gemahlener Zimt
1 Msp. Sternanispulver
100 g fein gemahlener Dinkel
200 ml Sahne
2 EL Bio-Vanillepuddingpulver
Backpapier und Butter für das Backblech
1 Holzstäbchen
Für das Gelee:
1 Birne
200 g Holunderbeeren (frisch oder tiefgekühlt)
300 ml roter Traubensaft
1 Stange Zimt
1 Sternanis
2 gestr. EL Agar-Agar
80 g Akazienhonig
Für den Cappuccino:
4 Holunderblüten (frisch oder getrocknet)
150 ml fettarme Milch
1 TL Akazienhonig

Zubereitungszeit: 50 Min.
Backzeit: 10 Min.
Kühlzeit: 1 Std.

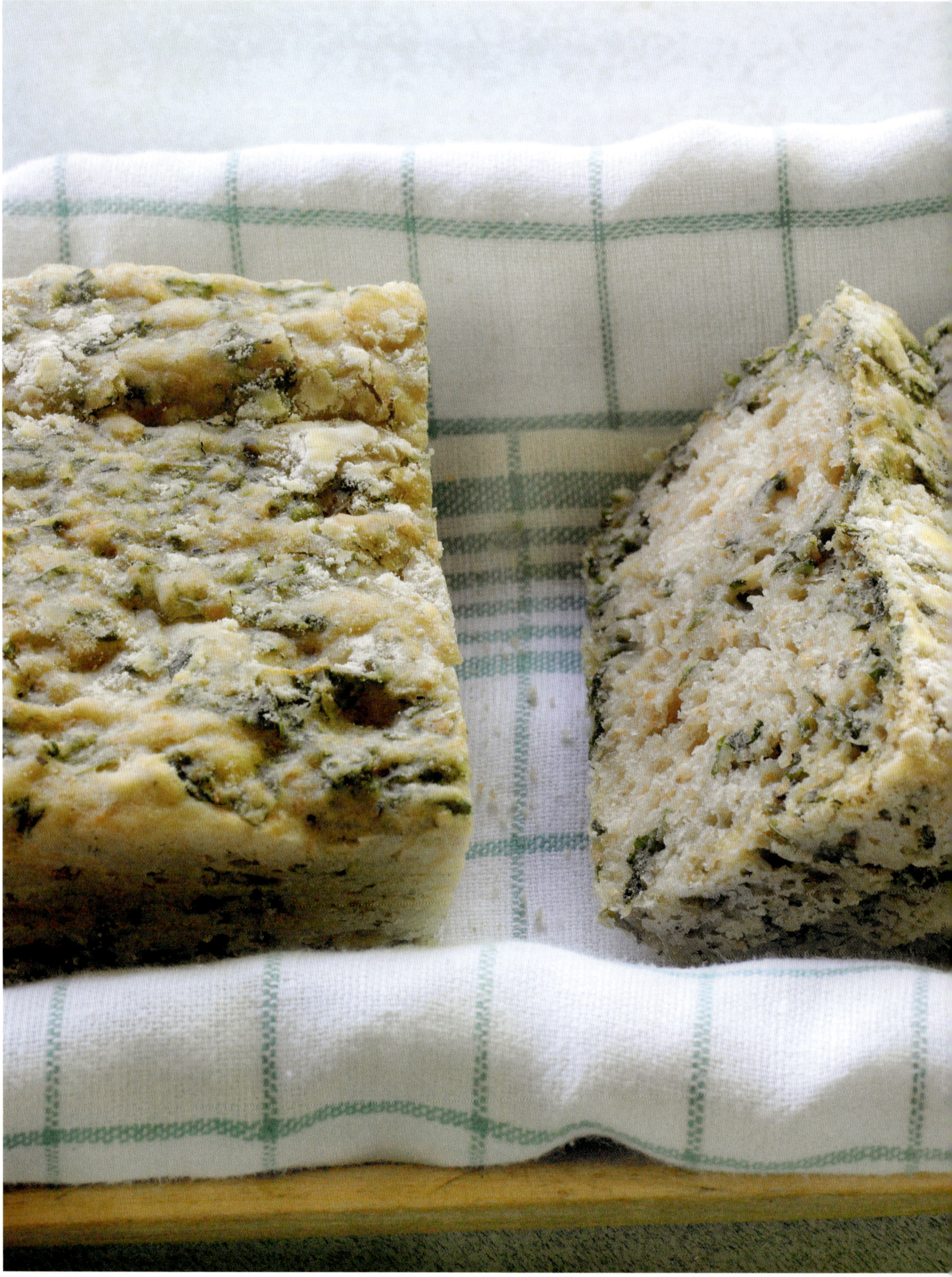

Wildkräuterbrot

- Die Zwiebel schälen und in Würfel schneiden. Bärlauch und die Kräuter waschen, verlesen, trocknen und die Blätter grob schneiden. Das Olivenöl erhitzen, die Zwiebel darin glasig anschwitzen. Die Kräuter dazugeben und 5 Min. mitschmoren, dann beiseitestellen.

- Für den Teig die Hefe und den Honig in das Wasser geben und unter Rühren auflösen. Das Mehl hinzufügen und unterkneten. Den Teig 10 Min. gehen lassen.

- Das Salz und die noch warme Kräuter-Zwiebel-Mischung samt Öl zum Teig geben und unterkneten. Eine Kastenform mit Butter einfetten und mit Mehl ausstreuen. Den Teig hineingleiten lassen und nochmals 10 Min. gehen lassen. Den Backofen auf 220° (Umluft 200°) vorheizen. Das Brot im Backofen (Mitte) 15 Min. backen. Herausnehmen und abkühlen lassen.

Zutaten für 1 Kastenform (25 cm Länge):

1 Zwiebel
20 Bärlauchblätter
50 g Kerbel
50 g Brennnesselspitzen (das sind die oberen zarten Blätter)
20 g Gierschblätter
4 EL Olivenöl
20 g frische Hefe (½ Würfel)
½ TL Akazienhonig
200 ml Wasser
250 g Dinkelvollkornmehl
1 TL Kristallsalz
Butter und Dinkelmehl für die Form

Zubereitungszeit: 20 Min.
Ruhezeit: 20 Min.
Backzeit: 15 Min.

Tipp

Das Kräuterbrot stelle ich das ganze Jahr über her, nicht nur mit den oben genannten Frühlingskräutern. Die Kräuter wechseln je nach Jahreszeit. Im Sommer schmeckt es zum Beispiel auch toll mit Salbei, wildem Oregano (Dost) oder wildem Thymian.

Grundrezepte

Gemüsetee

Zutaten für 1 ½ l:

½ Zwiebel
1 Knoblauchzehe
2 Lorbeerblätter
2 Nelken
300 g Karotten
100 g Knollensellerie
80 g Lauch (evtl. mit Wurzeln)
80 g Tomaten (oder Schalen und Tomatenkerne)
400 g Weißkohl, Wirsing oder Brokkoli
je 1 rote und gelbe Paprikaschote
3 Stängel Petersilie
3 Wacholderbeeren
1 EL Korianderkörner
2 ½ l kaltes Wasser

Zubereitungszeit: 1 Std. 45 Min.

■ Zwiebel und Knoblauch schälen. Die Zwiebel mit Lorbeerblättern und Nelken spicken. Die Knoblauchzehe halbieren. Das Gemüse und die Petersilie gründlich waschen und das Gemüse in Stücke schneiden. Die Wacholderbeeren zerdrücken.

■ Die gespickte Zwiebel mit der Schnittfläche nach unten auf den Boden eines Suppentopfes legen und ohne Fett goldbraun anrösten. 2 ½ l kaltes Wasser dazugießen, Gemüse, Petersilie und Gewürze dazugeben und alles bis kurz unter den Siedepunkt erhitzen. Das Gemüse bei kleiner Hitze mindestens 1 Std. 30 Min. ziehen lassen. Den Gemüsetee durch ein Sieb gießen.

> *Wichtig*
> *Den Gemüsetee nicht kochen, sondern ziehen lassen, damit die Inhaltsstoffe aus dem Gemüse schonend in die Kochflüssigkeit übergehen und der Gemüsetee hellgelb und klar bleibt. Je mehr Gemüse im Topf ist, desto intensiver schmeckt der Fond. Ich nenne ihn Tee, weil er eben nicht kocht, sondern nur zieht. Ich hebe alle Gemüseteile auf, die ich nicht verwende und die kein Abfall sind. Dazu gehören beispielsweise Tomatenschalen und das Innere der Tomaten, schöne Brokkolistiele und makellose Kohlrabischalen.*
> *Tipp*

Rosmarin-Ananas-Relish

Zutaten für 1 Schraubglas:

1 Knoblauchzehe
1 Zwiebel
1 Chilischote
1 Zweig Rosmarin
2 Scheiben Ananas
2 EL Olivenöl
25 g Akazienhonig
2 EL weißer Balsamico
Kristallsalz

Zubereitungszeit: 30 Min.

■ Den Knoblauch und die Zwiebel schälen und in Würfel schneiden. Die Chilischote längs aufschneiden, entkernen, waschen und fein schneiden. Den Rosmarin waschen, trocknen die Nadeln ebenfalls fein schneiden. Die Ananas in Würfel schneiden.

■ Das Olivenöl in einem Topf erhitzen. Knoblauch, Zwiebel, Chili und Rosmarin dazugeben und anschwitzen, bis der Knoblauch und die Zwiebel glasig sind. Die Ananaswürfel, den Honig und den Essig dazugeben und bei kleiner Hitze 20 Min. simmern lassen. Mit Salz abschmecken.

> *Serviertipps*
> *Das Relish hält sich gut verschlossen im Kühlschrank mehrere Tage und passt nicht nur zu den Grünkernbällchen auf Seite 38. Zum Beispiel könnten Sie das Relish auch zu den mit Polenta gefüllten Nachtkerzenblüten (Rezept Seite 37) reichen anstelle des Zucchinigemüses. Es schmeckt auch sehr fein zum Aperitif!*
> *Tipp*

Burgerbrötchen

Für 10 Brötchen:

125 ml warme Milch
100 ml warmes Wasser
20 g frische Hefe (½ Würfel)
1 TL Akazienhonig
375 g gesiebtes Dinkel-
 vollkornmehl
25 g zimmerwarme Butter
½ TL Kristallsalz
Dinkelmehl für die
 Arbeitsfläche

1 runder Ausstecher
 (ca. 8,5 cm Ø)
Backpapier für das
 Backblech
schwarze und helle Sesam-
 samen zum Bestreuen

Zubereitungszeit: 1 Std.
Ruhezeit: 25 Min.
Backzeit: 12 Min.

■ Die warme Milch und das warme Wasser mischen. Die Hefe und den Honig dazugeben und darin auflösen. Das Mehl hinzufügen und unterkneten. Den Teig zugedeckt 15 Min. gehen lassen.

■ Ein Backblech mit Backpapier auslegen. Die Butter und das Salz zum Teig geben und unterkneten. Den weichen Teig auf eine gut bemehlte Arbeitsfläche geben und vorsichtig etwa 2 cm dick ausrollen. Aus dem Teig mit einem runden Ausstecher 10 Rondellen ausstechen und mit Hilfe einer Teigkarte auf das Backblech legen.

■ Die Brötchen mit Wasser bestreichen, mit schwarzem und weißem Sesam bestreuen und 10 Min. gehen lassen. Den Backofen auf 200° vorheizen. Die Brötchen im Backofen (Mitte, Umluft 190°) 10–12 Min. backen.

Die Brötchen abkühlen lassen und portionsweise einfrieren. Bei Bedarf, zum Beispiel für die vegetarischen Burger auf Seite 159, die gewünschte Menge auftauen lassen und wieder aufbacken.

Tipp

Mein Strudelteig

Zutaten für 6 große Strudel:

300 g fein gemahlener und
 gesiebter Dinkel
75 ml Milch
20 g weiche Butter
1 TL Akazienhonig
1 Ei
1 Prise Kristallsalz

Zubereitungszeit: 15 Min.
Ruhezeit: 30 Min.

■ Den gemahlenen Dinkel mit Milch, Butter, Honig, Ei und dem Kristallsalz in eine Schüssel geben und mit den Knethaken der Küchenmaschine oder des Handrührgeräts gut verkneten. Der Teig hat die richtige Konsistenz, wenn er die Schüssel putzt, gleichzeitig aber noch kleben bleibt.

■ Den Teig in Klarsichtfolie wickeln und mindestens 30 Min. bei Zimmertemperatur ruhen lassen. Dann den Strudelteig in 6 gleich große Teile schneiden. Jedes Stück hauchdünn ausrollen und über den Handrücken dehnen, bevor er je nach Verwendungszweck süß oder pikant gefüllt wird.

Den Strudelteig können Sie sehr gut je nach Belieben portionsweise einfrieren. Die Zutatenmenge lässt sich wegen der Eimenge nicht halbieren, ohne dass die Qualität des Teiges leidet.

Tipp

GRUNDREZEPTE

Kleines Lexikon
der Kräuter und Wildpflanzen

Akazie (oder Robinie)
🔍 Garten
1️⃣ Frühjahr
✂️ Blüte

Aloe vera
🔍 Garten
1️⃣ Frühjahr bis Herbst
   (Topfpflanze ganzjährig)
✂️ Blatt, Gel

Bärlauch
🔍 Waldrand
1️⃣ Frühjahr
✂️ Blatt, Knospe, Blüte

Basilikum
🔍 Garten, Topfpflanze
1️⃣ Sommer
✂️ Blatt

Berberitze
🔍 Waldlichtungen, Garten
1️⃣ Spätsommer bis Herbst
✂️ Frucht

Bergbohnenkraut
🔍 Bergwiesen
1️⃣ Sommer
✂️ Blatt, Blüte

Bohnenkraut
🔍 Garten
1️⃣ Sommer
   (Topfpflanze ganzjährig)
✂️ Blatt, Blüte

Borretsch
🔍 Garten
1️⃣ Sommer
✂️ Blatt, Blüte, Samen

Brennnessel
🔍 Wald- und Wiesenrand, Garten
1️⃣ Frühjahr (Blattspitzen),
   Sommer (Blattspitzen, Wurzel),
   Herbst (Samen)
✂️ Blatt, Samen, Wurzel

Brunnenkresse
🔍 Gewässer
   (nur aus klaren, fließenden
   Gewässern verwenden!)
1️⃣ Frühjahr, später Herbst
✂️ Blatt

Buche (… Linde, Birke, Haselnuss)
🔍 Wald, Garten, Wiesenrand
1️⃣ Frühjahr
✂️ Junge Baumblätter

Dill
🔍 Garten
1️⃣ Frühjahr bis Herbst
   (Topfpflanze ganzjährig)
✂️ Blatt, Blüte, Samen

Dost (wilder Oregano)
- Garten, Bergwiesen
- Frühsommer bis Herbst
- Blatt, Blüte

Duftjasmin
- Garten
- Sommer
- Blüte

Duftpelargonie
- Garten, Topfpflanze
- Sommer
- Blüte, Blatt

Duftveilchen
- Garten, Waldrand und Waldlichtungen
- Frühjahr und Herbst
- Blüte

Engelwurz
- Garten
- Sommer bis Herbst
- Wurzel, Blatt, Stiel

Estragon
- Garten, Topfpflanze
- Sommer (Topfpflanze ganzjährig)
- Blatt

Flieder
- Garten
- Frühjahr
- Blüte

Gänseblümchen
- Wiese
- Frühjahr bis Herbst
- Blüte, Blattrosette

Giersch
- Wald und Wiesenrand, Garten
- Frühjahr bis Herbst
- Blatt, Blüte

Glockenblume
- Garten, Topfpflanze
- Sommer bis Herbst
- Blüte

Gundelrebe
- Wiese
- Frühjahr bis Herbst
- Blüte, Blatt

Holunder
- Waldrand, Garten
- Frühjahr (Blüte), Herbst (Beere)
- Blüte, Beere

Hopfen
- Garten
- Frühjahr
- Sprossen

Huflattich
- Wiese, Wegrand
- Frühjahr (Blüte), Sommer bis Herbst (Blatt)
- Blüte, Blatt

Ingwer
- Garten
- Sommer (Topfpflanze ganzjährig)
- Rhizom

Kaffir-Limette
- Topfpflanze
- Ganzjährig
- Blatt

LEXIKON | **187**

Kamille
- Garten, karge Wiesen
- Sommer
- Blüte

Kapuzinerkresse
- Garten, Topfpflanze (Balkon)
- Sommer bis Herbst
- Blatt, Blüte

Kerbel
- Garten
- Frühjahr bis Herbst
- Blatt, Blüte, Samen

Klee (Wald- und Wiesen-)
- Wiese und Waldlichtungen
- Frühjahr bis Herbst
- Blatt, Blüte

Knoblauchrauke
- Wiesenrand, Garten
- Frühjahr
- Blatt

Koriander
- Garten
- Frühjahr bis Herbst (Topfpflanze ganzjährig)
- Samen, Blatt

Kornelkirsche
- Garten
- Spätsommer
- Frucht

Lavendel
- Garten, Topfpflanze
- Sommer
- Blüte

Liebstöckel
- Garten
- Frühjahr bis Herbst (Topfpflanze ganzjährig)
- Blatt, Blüte, Samen

Löwenzahn
- Wiese
- Frühjahr, Sommer
- Blatt, Blüte, Wurzel

Lorbeer
- Garten, Topfpflanze
- Sommer bis Herbst (Topfpflanze ganzjährig)
- Blatt

Mädesüß
- Feuchtwiese, Sumpfgebiet
- Sommer
- Blüte

Magnolie
- Garten
- Frühjahr
- Blüte

Malve (Hibiskus, Eibisch)
- Garten
- Sommer bis Herbst
- Blüte, Wurzel

Melisse
- Garten
- Frühjahr bis Herbst (Topfpflanze ganzjährig)
- Blatt

Minze (diverse Sorten)
- Garten
- Frühjahr bis Herbst (Topfpflanze ganzjährig)
- Blatt

Wo kommt die Pflanze vor? Wann wird geerntet? Was wird verwendet?

Nachtkerze
- Garten
- Sommer
- Blüte

Orangenbaum
- Garten (Topfpflanze)
- ganzjährig
- Blüte, Frucht

Petersilie
- Garten
- Sommer bis Herbst (Topfpflanze Winter, Frühjahr)
- Kraut, Blüte, Samen, Wurzel

Pimpernelle
- Garten, Wiese
- Frühjahr bis Herbst
- Blatt, Blüte

Rauke
- Garten
- Sommer bis Herbst
- Kraut, Blüte

Ringelblume
- Garten, Topfpflanze
- Sommer
- Blüte

Rose
- Garten, Topfpflanze
- Sommer bis Herbst
- Blüte

Rosmarin
- Garten
- Frühjahr bis Herbst (Topfpflanze ganzjährig)
- Blatt

Salbei
- Garten, Topfpflanze
- Frühjahr bis Herbst (Topfpflanze ganzjährig)
- Blatt, Blüte

Schafgarbe
- Wiese
- Frühjahr bis Herbst
- Blatt, Blüte

Scharbockskraut
- Waldrand, Sumpfauen, Garten
- Frühjahr
- Blatt

Schlehe
- Hecken, Wiesenrand
- Spätherbst nach dem ersten Frost
- Frucht

Schlüsselblume
- Wiese, Waldrand
- Frühjahr
- Blüte

Schnittlauch
- Garten, Topfpflanze
- Frühjahr bis Herbst (Topfpflanze Winter)
- Kraut, Blüte, Samen

Senf
- Garten
- Sommer bis Herbst
- Blatt, Blüte

Spitzahorn
- Waldrand
- Frühjahr
- Blüte

LEXIKON | 189

Straußlattich
- Waldlichtungen
- Frühjahr (nach der Schneeschmelze)
- Junge Knospen

Taglilie
- Garten
- Sommer
- Blüte

Tanne (… Fichten, Latschenkiefer)
- Wald, Gebirge
- Frühjahr
- Junge Triebe

Taubnessel
- Waldrand, Wiese, Garten
- Frühjahr, Sommer
- Blüte

Thymian
- Bergwiesen, Garten
- Sommer bis Herbst (Topfpflanze ganzjährig)
- Blatt, Blüte

Tripmadam
- Garten
- Frühjahr bis Herbst
- Blatt

Verbene
- Garten
- Frühjahr bis Herbst (Topfpflanze ganzjährig)
- Blatt

Vogelmiere
- Wiese, Garten,
- Frühjahr bis Spätherbst
- Blatt, Blüte

Wacholder
- Waldlichtungen mit kargem Boden
- Herbst
- Samen, Kraut (Räuchern)

Waldmeister
- Laub- und Mischwälder
- Mai, Juni
- Blätter und Blüten

Wegerich (Breit-, Zwischen-, Spitzwegerich)
- Wiese
- Frühjahr, Sommer
- Blatt, Blüte

Weinraute
- Garten
- Sommer bis Herbst
- Blatt

Wiesenbocksbart
- Wiese
- Frühjahr
- Knospe, Blüte

Wilde Möhre
- Wiese
- Frühjahr bis Spätsommer
- Wurzel, Blüte, Samen

Ysop
- Garten
- Frühjahr bis Herbst (Topfpflanze ganzjährig)
- Blatt, Blüte

Zitronengras
- Garten
- Sommer bis Herbst (Topfpflanze ganzjährig)
- Blatt

Wo kommt die Pflanze vor? Wann wird geerntet? Was wird verwendet?

Rezeptregister

A

Aloe-vera-Salat mit Koriander und Pomelo 61
Arabischer Juwelenreis mit Berberitzen 167
Aromatischer Gemüsecurry mit Kokosmilch 81
Auberginen-Kamutgrieß-Soufflé im Lorbeermantel und Ofentomaten mit Orangenaroma 93
Auberginenröllchen mit Rosmarinkartoffeln, Blattspinat und Pfeffersauce 27

B

Blaubeereis mit Feigen und Glockenblumen 108
Brennnessel-Tofu-Laibchen mit Purpur-Kartoffeln, Karotten und Brennnesselsamen-Tempura 147
Brennnesselknödel mit Ragout von jungem Wurzelgemüse 149
Brokkolisalat mit bunten Taubnesselblüten 133
Buchweizenbällchen am Haselzweig mit Berberitzenchutney 153
Bunter Frühlingsblütensalat mit Fliederessig-Vinaigrette 131
Burgerbrötchen 185

C

Croque Monsieur mit Brunnenkresse und getrockneten Tomaten 170

D

Dill-Pancake-Türmchen mit Sommergemüsesalat 29
Dillgnocchi mit Möhrenblüten im Parmesanteig und dicken Bohnen 36
Dinkel-Muffins mit Salbei und Zwiebeln 45
Duftgeranium-Frappé 114
Dunkler Fliederessig (Variante) 123

E

Erdbeereis am Stiel mit Holunderblütenmilch 173
Estragon-Lauch-Püree in der Pellkartoffel 31

F

Feigen-Carpaccio mit Duftgeranium-Sabayon 44
Fliederessig 123
Frischkäsebällchen mit Frühlingskräutern und Blüten 139

G

Gebrannte Creme mit Ringelblumen 103
Gebratene Hopfenknospen und Fenchel mit aromatischem Fenchelpüree 71
Geeiste Orangenblüten-Mascarpone-Creme mit Ingwerorangen und Orangenbaiser 107
Gefüllte Artischockenböden mit Tapenade, Tripmadam und Quinoa 85
Gefüllte Datteln im Salbeimantel 19
Gekräuterte Grießroulade mit Sommerblütensalat und Kürbiskernöl 73
Gemüsetee 184
Geröstete Pastinaken und Birnen mit Wacholderrahmsauce 157
Getreidekaffee-Gewürz-Mousse mit Himbeer-Rosenblüten-Spießchen 102
Grillierte Lorbeer-Schalotten-Spieße mit Berberitzen-Relish 78
Gundelrebe-Schokoladen-Petits-Fours 117

H

Heller Fliederessig 123
Hibiskus-Sauerkirsch-Sorbet mit Duftgeranium-Pistazien-Marzipan 109
Himbeer-Pfirsich-Salat mit Zitrusaromen 42
Holunderbeeren-Gewürz-Schnitte mit Holunder-Cappuccino 181
Huflattichblätter gefüllt mit Livarot und Johannisbeer-Zwiebel-Konfit 137
Hüttenkäse mit Zitrusaromen (Tipps) 63
Hüttenkäse-Wassermelonen-Türmchen mit Mango und Ringelblumenpesto mit Zitronenmelisse 63

K

Kapuzinerkresseblätter mit Kichererbsenmusfüllung auf Kapuzinerblütensalat 59
Karotten-Vichysoisse mit Knuspergiersch 70
Karotten-Tomaten-Essenz mit gefüllten Liebstöckelstielen 69
Karottentarte mit Engelwurz und Akazienhonig 91
Kartoffel-Tofu-Spieß mit Bärlauchpesto 155
Kerbel-Käse-Waffeln 47
Knusprige Tofu-Kokos-Pralinen und Gurken-Mango-Marmelade mit Borretsch 83
Knusprige Wegerichblätter und -blüten mit gebratenen Pilzen 156
Kornelkirschen-Amaretti 179

L

Lavendel-Kirsch-Trifle mit gerösteten Kakaobohnen 113
Lavendelblüten-Haferkekse 115
Linsenknödel in aromatischer Pilzessenz mit wildem Majoran oder Oregano 21
Litschis mit Orangenblütengelee auf Vanillecreme 176
Löwenzahn-Canapés mit Ricotta 136
Löwenzahnrisotto mit Tomaten 165

M

Mädesüß-Cassis-Creme mit Pflaumenbrioches 175
Magnolienblüten mit Graupenrisotto gefüllt in schaumiger Zitronensauce 87
Magnolientrüffel 101
Mein Strudelteig 185
Mein vegetarischer Burger mit Knoblauchraukesalat 159
Meine Kerbel-Käse-Waffeln 47
Meine vegetarische Shawarma mit Tripmadam 99
Mit Schafskäse gefüllte Grünkernbällchen auf Rosmarinspießchen 38
Mürbeteigböden (Für den Vorrat) 119

O

Ofengebackenes Gemüse mit würzigem Korianderpesto 79
Olivenbeignets mit Zitronenthymian 18
Orangen-Tapioka mit Pfirsichen, Aloe-vera-Fruchtfleisch und Aloe-vera-Schaum 111

P

Parmesansuppe mit Frühlingszwiebeln und Gänseblümchenprofiteroles 141
Passionsfruchtgelee mit Akazienblüten und Kokos-Limetten-Sahne 104
Pellkartoffeln und Auberginencreme mit Bohnenkraut und Ysop 30
Petersilien-Schneebällchen auf Senfsüppchen mit Senfspinat 67
Pfefferminz-Schokoladen-Cassata 41
Pfirsich-Delice mit Vanillecreme und Kamillenschaum 177
Pimpernelle-Pistazien-Mousse mit Pimpernellegelee 105
Polenta in der Nachtkerzenblüte gebacken und Zucchinigemüse mit Salbei 37
Püree von weißen Bohnen mit Bohnenkraut 33

R

Reiswraps mit asiatisch gewürztem Spitzkohl und Sprossen 65
Rettichlasagne mit Shiitakepilzen, Ysop und Nachtkerzenblüten 35
Roggen-Gewürz-Fladen mit Wacholdersauerkraut 39
Rohe Rettich- und Gurkenlocken mit Zitronengras-Tamarinden-Vinaigrette 55
Rohe Rote-Bete-Ravioli mit Dill und grünem Pfeffer 15
Rosenblütenhonig (Tipp) 102
Rosmarin-Ananas-Relish 184
Rote Linsen mit Spitzahornblüte und Joghurtsauce 161

S

Salat von wilder Bachkresse mit Radieschen auf marinierten Purpur-Kartoffeln 56
Salziger Kaiserschmarren mit Ziegenkäse und Scharbockskraut 171
Schafskäsestrudel mit Baumtomatencoulis, Engelwurz und Salbeiblüten 95
Schlüsselblumen im Safranteig mit eisgekühlter Erdbeer-Tapioka-Suppe 163
Schokoladenbiskuit (Für den Vorrat) 113
Strudelmillefeuille mit Borretsch, Kohlrabi und Karotten in Orangen-Pfeffer-Sauce 97
Strudelteig 185
Süßkartoffel-Fenchel-Gratin mit wilden Möhrensamen, Spinatbällchen und Tomatenkonfit 169
Süßkartoffelsuppe mit Straußlattichknospen 143

T

Tellerraviolo mit Brennnesselspinat und Maimorcheln 151
Toastdreiecke mit Kapuzinerkresse und Kapern 64
Tomaten-Wassermelonen-Ceviche mit Avocado und Vogelmiere-Basilikum-Salat 57
Tomatenkaltschale mit Rauketerrine und Raukeblüten 23
Tomatenterrine mit Raukesalat und Ysop-Vinaigrette 17
Topfenspätzle mit Kerbel, Huflattichblüten und Vogelmiere 75
Trevisano-Salat mit Fourme d'Ambert und Wacholdervinaigrette 135

V

Vegetarische Shawarma mit Tripmadam 99
Vegetarischer Burger mit Knoblauchraukesalat 159
Veilchenwasser 121

W

Warm marinierte Artischocken mit Würzkräutersalat 60
Wassermelonen-Roulade mit Estragon-Frischkäse, Pflücksalat und Safranpaprika 25
Wildkräuterbrot 183
Wildkräutersalat mit jungen Baumblättern und Kernöl-Joghurt-Sauce 132
Wildkräutersuppe mit gebackenen Schafgarbeblüten 145

Z

Zitronenkräuter-Cupcakes 118
Zitronenmelisse-Sorbet 43
Zitronenverbene-Tarte 119
Zucchinispaghetti mit gebratenen Schnittlauchknospen und Schnittknoblauch-Kapern-Sauce 77
Zuckerschoten mit Amaranth-Ringelblumen-Beignets 89

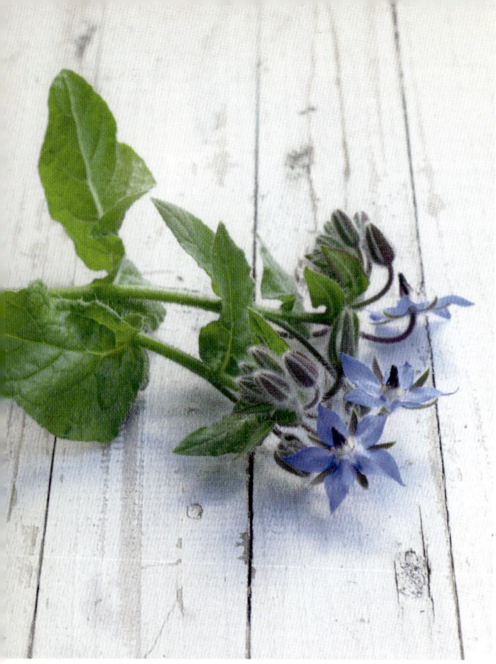
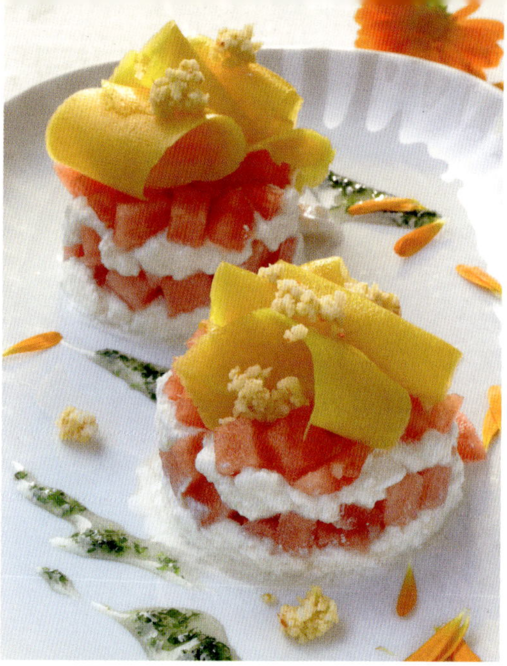
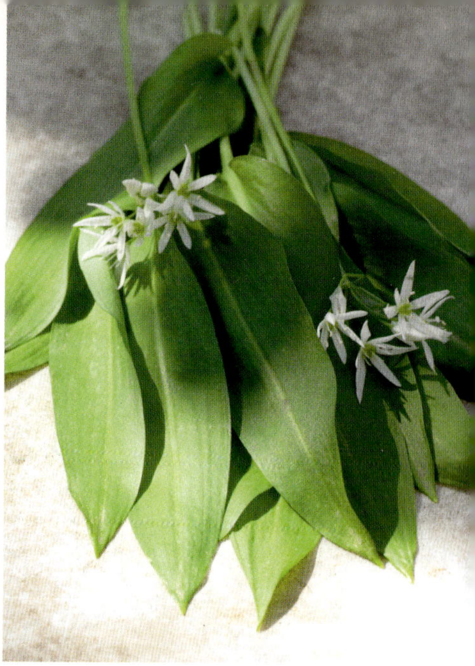
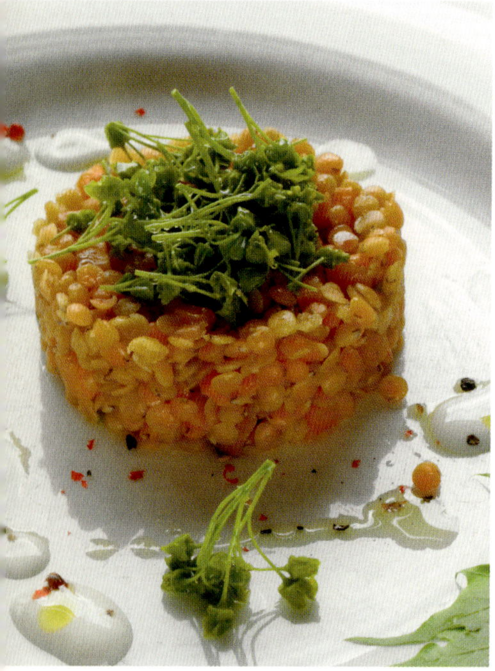
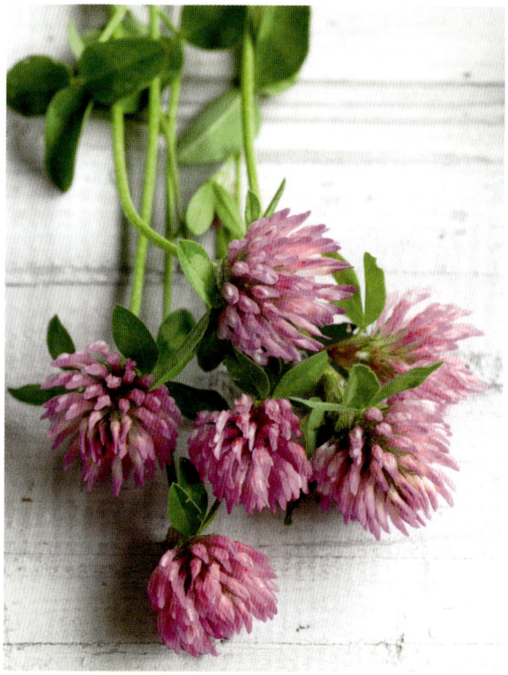
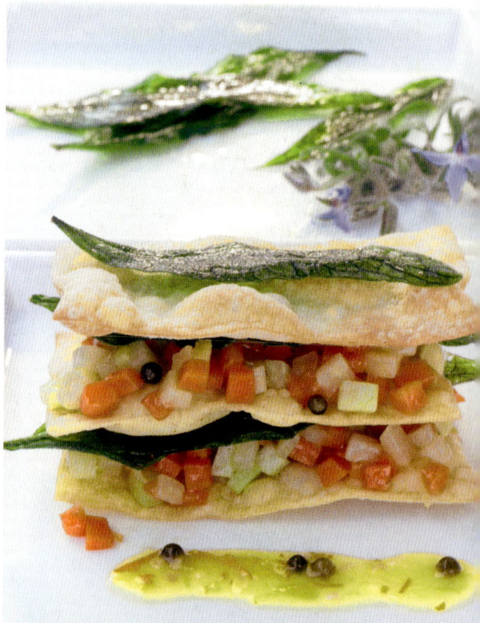
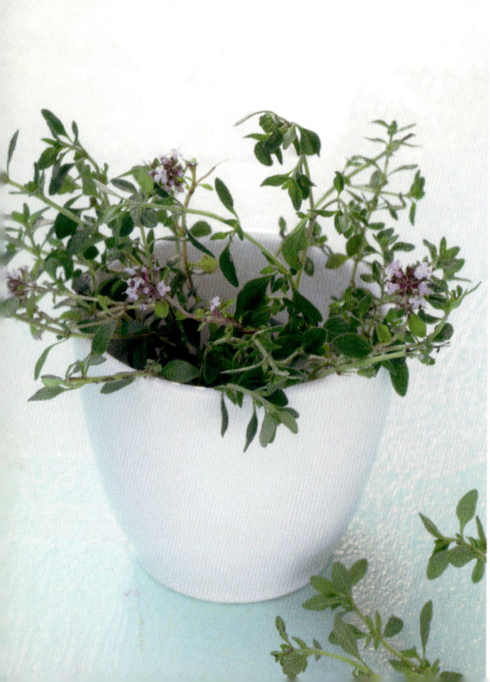
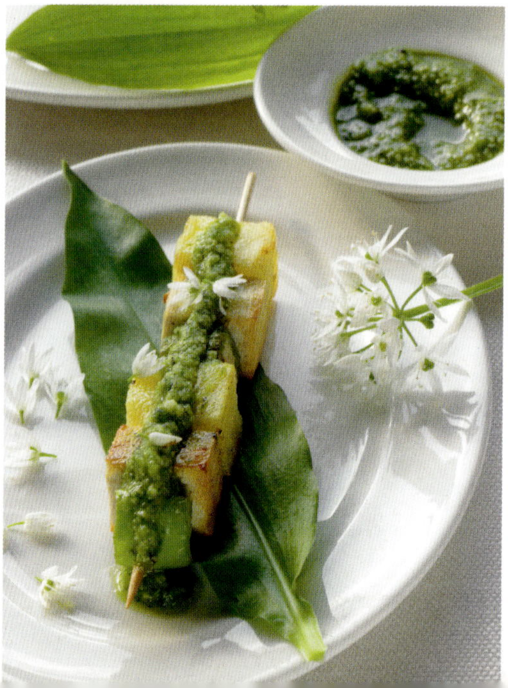
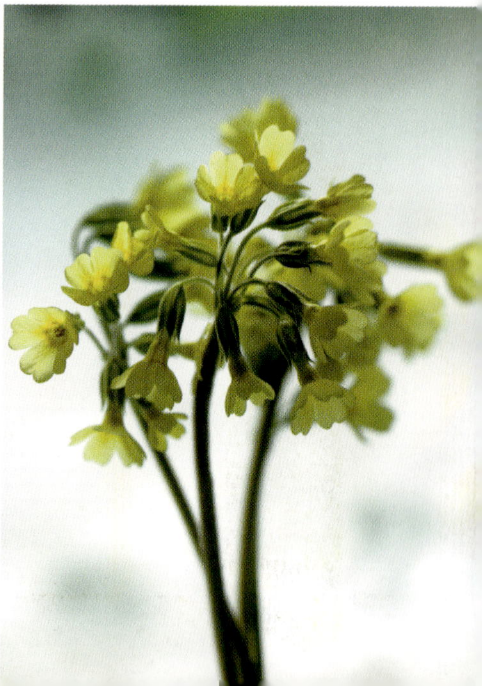